Effectiveness Research on
Credit Service Mechanisms in Online Transaction

网上交易中的
信用服务机制有效性研究

崔　睿◎著

图书在版编目（CIP）数据

网上交易中的信用服务机制有效性研究/崔睿著.—北京：经济管理出版社，2018.6
ISBN 978－7－5096－5841－3

Ⅰ.①网… Ⅱ.①崔… Ⅲ.①电子商务—信用制度—研究 Ⅳ.①F713.363

中国版本图书馆CIP数据核字(2018)第133355号

组稿编辑：申桂萍
责任编辑：赵亚荣
责任印制：黄章平
责任校对：陈 颖

出版发行：经济管理出版社
（北京市海淀区北蜂窝8号中雅大厦A座11层 100038）
网 址：www.E－mp.com.cn
电 话：（010）51915602
印 刷：北京玺诚印务有限公司
经 销：新华书店
开 本：720mm×1000mm/16
印 张：11.75
字 数：203千字
版 次：2018年10月第1版 2018年10月第1次印刷
书 号：ISBN 978－7－5096－5841－3
定 价：49.00元

联系地址：北京阜外月坛北小街2号
电话：（010）68022974 邮编：100836

前　言

我国网络购物发展迅速，逐渐成为国民经济的重要增长点。随着电子商务的高速发展，信用、物流、支付等支撑环境建设不够完善，网络欺诈、虚假促销、以次充好、售后服务不当等问题变得越来越突出，消费者对于网购安全和网购服务的要求越来越高，网络欺诈和信用缺失成为制约网上交易的重要瓶颈。在我国网络交易政策法规不健全的环境下，建立有效的信用服务机制，应该能够减少交易主体之间的不信任感和信息不对称，降低网上交易成本与信用风险，提升网上交易的信用服务水平，促进交易效率的提高和交易规模的扩大。基于目前我国网上交易中的信用服务实践，究竟这些信用服务机制是否起到了有效的作用？在不同的交易模式下，各种信用服务机制的作用是否有差异？它们怎样影响消费者的网络购买意愿？对网上交易中信用服务机制的有效性进行理论研究及实证检验，不仅将充实和完善电子商务及信用服务研究领域的理论与方法体系，而且对于提高信用服务机制的有效性、促进我国信用服务业的发展等能够提供理论依据与对策建议。

本书以理性交易理论、消费者行为理论和电子商务链理论为思想基础，围绕平台自营和平台入驻商家经营两种交易模式，构建了网上交易中信用服务机制有效性研究的分析框架，阐明了信用服务信息在电子商务链中的传导机制及作用机理，通过理论分析与实证研究相结合，对网上交易中参与主体间信用服务机制的有效性进行博弈分析，对不同交易模式下信用服务机制的有效性进行了结构方程检验与对比分析。本书的主要成果与创新点如下：

（1）构建了基于信用服务机制有效性的消费者网络购物行为的分析框架。本书梳理并界定了信用服务的内涵，以电子商务链为路径视角，发现阐明了信用服务信息的传导机制及作用机理，构建了由五大主体、三条主线、两大层面所组成的基于信用服务机制有效性的消费者网络购物行为的分析框架。五大参与主体是指买卖双方、交易平台、第三方机构和政府；三条主线是基于理性行为理论的信任信念—信任倾向—信任行为的演进逻辑，平台、商家、消费者与外在环境等交易信任的影响因素，以及电子商务链中信用服务信息的传导机制；两大层面是指平台自营和平台入驻商家经营两种交易模式。

（2）采用博弈分析的方法论证了网上交易参与主体之间信用服务机制的有效性。无政府与无第三方监管下的网上交易市场中的买卖双方博弈无法达到均衡，最终导致囚徒困境；在引入声誉反馈机制后可以有效减少卖方的欺诈行为，在一定程度上缓解了“柠檬问题”，激励买卖双方诚信交易，但对于信誉度高的卖方缺乏有效激励，无法解决重新进入、卖家共谋和恶意评价的问题；政府监管成本较高，且无论怎样政府管理者的收益都是负值，不可能完全杜绝失信行为，只有根据折现因子判断网上交易者的类型，据此决定惩罚力度，决定其监管力度；相比之下，第三方中介监管效率较高，分别对是否采用数字认证与信用印章、支付担保、平台保障服务三种情况下交易主体的策略进行了分析。

（3）构建了平台入驻商家经营模式下信用服务机制有效性的研究模型，并且通过结构方程建模进行实证检验。基于理性行为理论和消费者行为理论，引入“感知风险”中介变量与“网站熟悉度”调节变量，结合平台中的商家特征，选择五种信用服务机制作为消费者感知平台信任的前因，探索平台保障机制、支付担保机制、信用印章机制、声誉反馈机制和投诉惩罚机制的有效性对于交易信任的促进作用。研究结果表明：平台和商家作为两个不同的信任客体，信用服务机制的感知有效性显著影响平台信任，卖家声誉和规模显著影响卖家信任，信任在个人信任倾向、平台信任与卖家信任间实现了传递与转移；平台信任显著增加消费者网络购买意愿，感知风险显著降低网购意愿，平台中的卖家信任对于消费者网购意愿没有显著影响；网站熟悉度在消费者感知信用服务机制的有效性与平台信任之间的调节效应显著。

（4）构建了平台自营模式下信用服务机制有效性的研究模型，并将两种交易模式下信用服务机制的有效性进行实证检验与对比分析。结合我国信用服务实践将网上交易分为平台自营和平台入驻商家经营两种交易模式，分别构建了两种模式下信用服务机制有效性的研究模型，并采用结构方程建模的方法对信用服务机制的有效性进行实证检验与对比分析。结果表明：声誉反馈、投诉惩罚、支付担保、信用印章机制的有效性对平台信任均有显著的正向影响，前两者对平台信任的影响普遍大于后两者；平台保障机制对于平台信任的作用不显著。两种交易模式下对于不同信用服务机制的感知有效性是有差异的，支付担保和声誉反馈机制的感知有效性在平台入驻商家经营模式下更为重要，信用印章的感知有效性在平台自营模式下更显重要，投诉惩罚机制在两种交易模式中的差异不明显。最

后，基于电子商务链视角下的理论分析框架、博弈分析和结构方程检验的结果，以提高我国网上交易信用服务机制有效性为目标，分别从政府、第三方中介、商家和消费者四个层面提出具体的对策建议。

目　录

1　绪论 …… 1

1.1　研究背景与研究意义 …… 1

1.1.1　研究背景 …… 1

1.1.2　研究意义 …… 9

1.2　研究对象、研究目标与研究方法 …… 9

1.2.1　研究对象的界定 …… 9

1.2.2　研究目标 …… 11

1.2.3　研究方法 …… 11

1.3　研究内容与研究架构 …… 12

1.3.1　研究内容 …… 12

1.3.2　研究架构 …… 13

1.4　本书创新点 …… 14

2　文献综述 …… 16

2.1　网络交易相关理论与模型 …… 16

2.1.1　网络交易行为理论 …… 16

2.1.2　网络交易研究模型 …… 20

2.2　信任与交易信任 …… 23

2.2.1　信任与信用 …… 23

2.2.2　交易信任的内涵 …… 23

2.2.3　交易信任的影响因素 …… 27

2.3　信任的形成机理及有效性研究 …… 29

2.3.1　信任的形成机理 …… 29

2.3.2　信任的建立机制及其有效性 …… 31

2.4 研究现状评述 …… 38
本章小结 …… 39

3 网上交易中信用服务机制有效性研究的分析框架 …… 40

3.1 信用服务 …… 40
3.1.1 信用服务的内涵 …… 41
3.1.2 信用服务的种类 …… 44
3.2 信用服务实践 …… 49
3.2.1 信用服务业发展现状 …… 49
3.2.2 B2C 自营平台类信用服务实践 …… 52
3.2.3 C2C 平台类信用服务实践 …… 52
3.2.4 两种交易模式下的信用服务实践比较 …… 55
3.3 基于电子商务链的信用服务机制的作用机理 …… 56
3.3.1 电子商务链理论应用 …… 57
3.3.2 基于电子商务链的信用服务机制的作用机理 …… 59
3.4 基于信用服务机制有效性的消费者网络购物行为分析框架 …… 64
本章小结 …… 66

4 网上交易主体间信用服务机制有效性检验：博弈分析 …… 67

4.1 无监管下的一次博弈与重复博弈 …… 67
4.1.1 单次博弈 …… 67
4.1.2 重复博弈 …… 69
4.2 引入声誉反馈机制的模型 …… 71
4.2.1 无噪声条件下的模型 …… 71
4.2.2 有噪声条件下的模型 …… 74
4.2.3 结果讨论 …… 80
4.3 政府监管下的管理者与交易者博弈分析 …… 81
4.3.1 博弈假设 …… 81
4.3.2 博弈模型 …… 81
4.3.3 结果讨论 …… 84
4.4 第三方中介监管下的交易主体博弈分析 …… 84
4.4.1 数字认证与信用印章的采用博弈 …… 85
4.4.2 支付担保服务的采用博弈 …… 87
4.4.3 平台保障服务的采用博弈 …… 89

本章小结 …… 91

5 不同交易模式下信用服务机制有效性检验：结构方程建模 …… 93

5.1 研究模型与研究假设 …… 93
5.1.1 研究模型 …… 93
5.1.2 研究假设 …… 95
5.2 研究设计 …… 99
5.2.1 变量的定义与测度 …… 99
5.2.2 问卷的形成与预调研 …… 102
5.2.3 正式问卷的发放与回收 …… 104
5.3 数据分析 …… 104
5.3.1 样本描述性统计 …… 104
5.3.2 信度与效度检验 …… 108
5.3.3 背景变量的影响分析 …… 113
5.4 结构方程建模与假设检验 …… 121
5.4.1 结构方程建模分析方法 …… 121
5.4.2 平台自营模式下的结构方程模型 …… 122
5.4.3 平台入驻商家经营模式下的结构方程模型 …… 129
5.4.4 两种交易模式下实证结果的比较分析 …… 144
本章小结 …… 148

6 对策建议 …… 150

6.1 政府推动电子商务信用服务业发展的对策建议 …… 150
6.1.1 建立和完善电子商务信用服务相关法律法规 …… 150
6.1.2 加强政府、第三方和企业联动共治信用环境 …… 151
6.1.3 推动公用信用信息和市场信用信息数据共享 …… 151
6.2 第三方中介促进信用服务行业发展的对策建议 …… 152
6.2.1 强化第三方中介服务机构的自身信用建设 …… 152
6.2.2 完善现有信用服务机制，提高服务透明度 …… 152
6.2.3 推进电商信用服务的产品创新与机制创新 …… 153
6.3 在线商家促进网上交易顺利达成的对策建议 …… 154
6.3.1 注重自身声誉的建立与维护 …… 154
6.3.2 合理使用消费者保障标识 …… 154
6.3.3 注重与消费者的互动沟通 …… 155

6.4 消费者提高信用服务感知有效性的对策建议 …… 155
6.4.1 加强对信用服务机制进行判别的能力 …… 155
6.4.2 选择熟悉的优质网络平台进行购物 …… 156
6.4.3 加强与商家及其他消费者的互动沟通 …… 156
本章小结 …… 156

7 结论与展望 …… 157

7.1 研究结论 …… 157
7.2 研究展望 …… 159

附录 …… 160

参考文献 …… 165

1 绪 论

1.1 研究背景与研究意义

1.1.1 研究背景

本书的选题来自教育部人文社科项目“基于电子商务链的网上交易信用服务体系研究”，该课题研究拓展了本书的研究视角与思路，为本书研究提供了一定的理论借鉴与方法支持。本书的研究背景主要基于以下四个方面：

（1）政府政策的支持为电子商务及电子商务信用服务业提供了良好的发展环境。

电子商务已经成为一种新的生产力，电子商务能节约60%的运输成本、30%的在途时间、55%的营销成本，甚至节约47%的渠道费用，将对传统落后的生产关系进行变革（荆林波，2013）。电子商务的快速发展将带动电子商务服务业发展，助推传统产业转型升级，正成为我国经济发展的新动能和新引擎。

中国政府高度重视以互联网为代表的新一代信息技术革命所带来的发展契机，大力发展以电子商务为代表的数字经济，努力打造经济发展新引擎（李鸣涛，2017），为电子商务及相关服务业发展营造良好的政策环境。国家早在“十二五”规划中就明确提出全面提高信息化水平，积极发展电子商务，完善面向中小企业的电子商务服务，推动面向全社会的信用服务、网上支付、物流配送等支撑体系建设。

第一，电子商务法制环境不断完善，促进电子商务行业规范发展。2013 年底，中国电子商务立法正式启动，由全国人大财经委牵头，成立了由 12 个部委参加的立法领导小组、工作小组。2016 年 12 月 19 日，《电子商务法（草案）》

（以下简称《草案》）由全国人大财经委首次提请十二届全国人大常委会审议，全国人大常委会于2016年12月27日向社会公布草案并公开征求意见。对于电子商务刷信用等损害电子商务信用评价的行为，《草案》予以禁止；对于争议解决，《草案》在适用传统方式的基础上，根据电子商务的发展特点，积极构建在线纠纷解决机制。2017年10月31日，十二届全国人大常委会第三十次会议第二次审议《中华人民共和国电子商务法（草案）》，本次审议稿与一审稿相比，结构及条文内容变化较大，调整内容涉及电子商务主体类型及其登记、报备程序，电商平台交易规则制定、公示及修改方式，电商平台知识产权保护责任等内容。

2016年11月7日，第十二届全国人民代表大会常务委员会第二十四次会议通过了《中华人民共和国网络安全法》（以下简称《网络安全法》），于2017年6月1日起施行。《网络安全法》明确了网络空间主权的原则，明确了网络产品和服务提供者的安全义务，明确了网络运营者的安全义务，进一步完善了个人信息保护规则，为网上交易提供安全保障。

2016年11月16日，国务院法制办公室《关于公布〈消费者权益保护法实施条例（送审稿）〉公开征求意见的通知》，规定网络交易平台经营者应当自行或者与平台内经营者协议建立消费者权益保证金制度或者先行赔付制度，并公开消费者权益保证金及赔付款项的管理和使用办法；网络交易平台经营者不得挪用消费者权益保证金及赔付款项。

2018年1月1日起，《中华人民共和国反不正当竞争法》（以下简称《反不正当竞争法》）正式生效。目前《反不正当竞争法》已经过三次修订，修订后的法律对于遏制电子商务领域虚假宣传的条款进行了充实完善，明确经营者不得利用广告或者其他方法，对商品的质量、制作成分、性能等做引人误解的虚假宣传，不得在明知或者应知的情况下，代理、设计、制作、发布虚假广告，有利于规范行业竞争，切实保障经营者与消费者的权益。

第二，国务院出台多项政策措施，保障电子商务行业健康发展。早在2005年，我国电子商务第一个政策性文件《国务院办公厅关于加快电子商务发展的若干意见》中就提到加快信用体系建设，建立科学、合理、权威、公正的信用服务机构；建立健全相关部门间信用信息资源的共享机制，建设在线信用信息服务平台；严格信用监督和失信惩戒机制，逐步形成既符合我国国情又与国际接轨的信用服务体系。

2015年5月，国务院发布《关于大力发展电子商务加快培育经济新动力的意见》，强调加强信用体系建设。建立健全电子商务信用信息管理制度，推动电子商务企业信用信息公开；促进电子商务信用信息与社会其他领域相关信息的交换共享，推动电子商务信用评价，建立健全电子商务领域失信行为联合惩戒机制；推动电子商务领域应用网络身份证，完善网店实名制，鼓励发展社会化的电子商务网站可信认证服务；发展电子商务可信交易保障公共服务，完善电子商务信用服务保障制度，推动信用调查、信用评估、信用担保等第三方信用服务和产品在电子商务中的推广应用。建立电子认证信任体系，促进电子认证机构数字证书交叉互认和数字证书应用的互联互通，推广数字证书在电子商务交易领域的应用。

近两年，国务院大力推进电子商务与跨境电商发展，出台“互联网 + 流通”“互联网与制造业”“互联网 + 政务服务”等多领域的实施意见，例如《关于同意在天津等 12 个城市设立跨境电子商务综合试验区的批复》《关于深入实施“互联网 + 流通”行动计划的意见》《关于深化制造业与互联网融合发展的指导意见》《关于同意建立市场监管部际联席会议制度的函》《关于推进电子商务与快递物流协同发展的意见》，为电子商务与跨境电商的发展指明了方向。

第三，国家各部委制定规章和政策性文件，促进和规范电子商务发展。商务部《“十二五”电子商务发展指导意见》提出要大力发展第三方信用评估服务机构，建设电子商务信用评估认证体系，支持鼓励符合条件的第三方机构按照独立、公正、客观原则，对电子商务交易平台和经营主体开展信用评价与认证服务；支持开展行业自律；鼓励电子签名、电子发票在电子商务中的应用。工业和信息化部《电子商务“十二五”发展规划》提出到“十二五”末期，形成覆盖全国的网络身份认证服务体系，基本形成可靠的电子签名认证体系，发展可靠的电子签名与认证服务体系，推动可靠电子签名、电子认证和电子合同在电子商务中的实际应用，提高电子交易的安全性和效率；建立健全电子商务诚信发展环境，对电子商务经营主体开展商务信用评估，为交易当事人提供信用服务。2016 年 5 月 20 日，国家发改委、商务部、中国人民银行、海关总署、国家税务总局、国家工商总局、国家质检总局的办公厅联合发布《关于推动电子商务发展有关工作的通知》，启动第三批电子商务示范城市创建工作，重点支持电子商务共性信息基础设施建设，包括电子商务可信交易服务平台、电子印章管理及电子合同应用、电子发票推广工程、电子商务支付技术创新与安全服务等。

在打击制假售假和侵犯知识产权方面，2016 年 2 月 5 日，国家质量监督检验检疫总局发布关于印发《质量技术监督电子商务产品执法协查工作规范》的通知，明确了各部质监部门在电子商务产品执法协作工作中的职责与分工，为电子商务产品执法打假提供了制度保障。

在电子商务诚信体系建设方面，2016 年 12 月 24 日，商务部、国家发改委、中央网信办联合发布《电子商务“十三五”发展规划》，完善电子商务发展顶层设计，规划提出要进一步加强电子商务可信交易保障公共服务平台建设，建设电子商务市场主体、客体信息库和共享服务平台，推进电子商务信用信息公示，提高电子商务交易的安全性和可信度；加强信息资源利用，积极发展电子商务征信服务；加强平台电子商务失信信息的整合、共享和推送，健全网络交易失信惩戒制度，完善政府与社会联动的电子商务平台治理机制。2016 年 12 月 30 日，国家发改委、中国人民银行、中央网信办等九部门联合发布《关于全面加强电子商务领域诚信建设的指导意见》，是贯彻执行《社会信用体系建设规划（2014 - 2020 年）》的一项重要工作，围绕构建以信用为核心的市场监管体系提出四条举措：其一，加强电子商务全流程信用建设，包括建立实名登记和认证制度，完善网络交易信用评价体系，加强网络支付管理，建立寄递物流信用体系和强化消费者权益保障措施；其二，全面推动电子商务信用信息共建共享，包括建立健全信用记录，建立事前信用承诺制度，建立产品信息溯源制度，推动建立线上线下信用信息共享机制；其三，大力实施电子商务信用监管，包括加强第三方大数据监测评价，健全政府部门协同监管机制，提高电子商务平台的信用管理水平，落实电子商务平台主体责任，更好发挥第三方机构和社会组织在电子商务信用监管中的积极作用；其四，广泛开展电子商务信用联合奖惩，包括建立电子商务平台相关信息披露制度以加大信用信息公示力度，建立守信主体“红名单”制度以加大对守信主体的激励力度，建立失信主体“黑名单”制度以加大对失信主体的惩戒力度，通过对交易行为的监控和检查，严厉打击整治电子商务领域违法失信行为。

在消费者权益保护方面，国家工商行政管理总局出台的自 2014 年 3 月 15 日起施行的《网络交易管理办法》要求，网络商品经营者销售商品，消费者有权自收到商品之日起七日内退货，且无须说明理由；鲜活易腐、定做等四类商品除外。该办法的出台使消费者享受七天退换的售后服务有法可依，降低了消费者网络购物的顾虑。2016 年 10 月，国家工商总局印发了《关于加强互联网领域消费者权益保护工作的意见》，决定用 3 年左右时间，开展网络消费维权重点领域监管执法，有效遏制互联网领域侵权假冒行为；加大对网络商品经营者销售不合格商品违法行为的处罚力度，严厉查处网络虚假违法广告、虚假宣传、商标侵权、传销和非法直销等网络交易违法行为以及网络虚假认证、刷单炒信等典型涉网消费欺诈行为，依法打击网购七日无理由退货、消费者个人信息保护、售后修理更换服务等方面存在的侵害消费者权益的违法行为；要求网络交易平台提供者建立和完善赔偿先付制度，提供快速解决消费纠纷的“绿色通道”。2017 年 3 月 15 日，由国家工商总局发布的《网络购买商品七日无理由退货暂行办法》正式实施，办法规定七日是自商品签收的次日开始起算，明确了不适用七日无理由退货的内容，包括消费者定做的商品，鲜活易腐的商品，交付的报纸、期刊等。此次将七日无理由退货单独立法，并规范了相关细则，保障了网购消费者的合法权益。

第四，政府部门联合电商企业开展失信惩戒行动。2016 年 10 月 25 日，阿里巴巴、腾讯、京东等八家企业共同签订了《“反炒信”信息共享协议》，提出各平台加强内部信用管理，监控、记录并通过全国信用信息共享平台定期共享，自觉接受政府部门指导。国家发改委将涉嫌违法违规的炒信黑名单推送到各相关部门，并会同有关部门依法对“炒信”主体进行联合惩戒。截至 2017 年底，“反炒信”联盟企业增加至 15 家，联盟已发布五期刷单炒信黑名单，共计 22 家“炒信”团伙和 346 家刷单炒信商家，打击“炒信”取得了良好成效。

这些政策法规的出台将为我国电子商务快速发展营造一个健康、安全的信用环境，为电子商务信用服务业发展提供了良好的外部环境。

（2）网络购物市场蓬勃发展，B2C 成为网购市场的主要推动力。

随着网民购物习惯的日益养成，网络购物法规的逐步建立，中国网络购物市场逐渐由高速增长向高质量发展转变。商务部数据显示，2017 年全国网上零售额达到 7.18 万亿元人民币，同比增长 32.2%，增速较去年提高了 6 个百分点（见图 1－1）。其中，实物商品的网上零售额达到 5.48 万亿元，增长 28%，占社会消费品零售总额的比重为 15%，比上一年提升 2.4 个百分点。对社会消费品零售总额增长的贡献率为 37.9%，比上年提升 7.6 个百分点。网络零售对消费的拉动作用进一步增强。

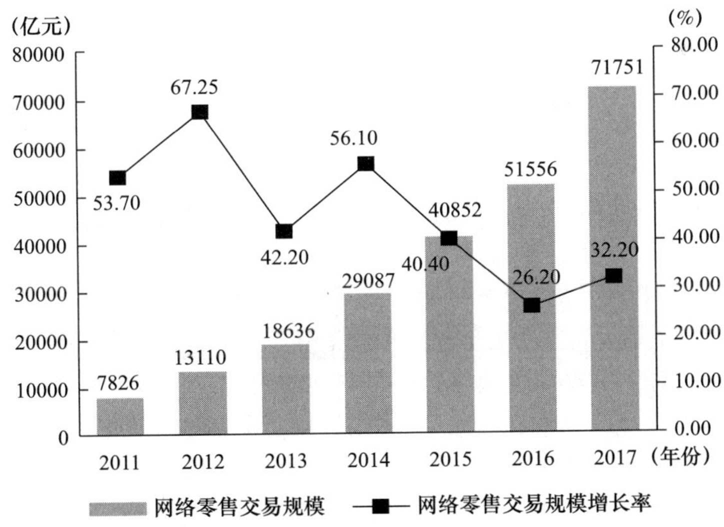

图 1－1 中国网络零售市场规模

资料来源：国家统计局、商务部：《中国电子商务报告》。

B2C 在信誉和质量保障方面更能得到网购用户信任，成为网购市场发展的主要推动力。B2C 占比从 2015 年首次超过 C2C，并保持稳定。艾瑞咨询数据显示，2016 年中国网络购物市场中 B2C 交易规模达 2.6 万亿元，占中国整体网络购物市场交易规模的比重达到 55.3%，较 2015 年提高 3.2 个百分点；从增速来看，2016 年 B2C 网络购物市场增长 31.6%，远超 C2C 市场 15.6% 的增速。2012～2019 年中国网络购物市场交易规模结构如图 1－2 所示。从电商格局看，2017 年 B2C 电商交易规模占比已达 57.9%，天猫仍以 60% 左右的市场份额位居 B2C 市场首位，京东、苏宁位列第二、第三，增速方面苏宁易购以近三年（2015～2017 年）70% 的 GMV 复合增长率处于明显领先。

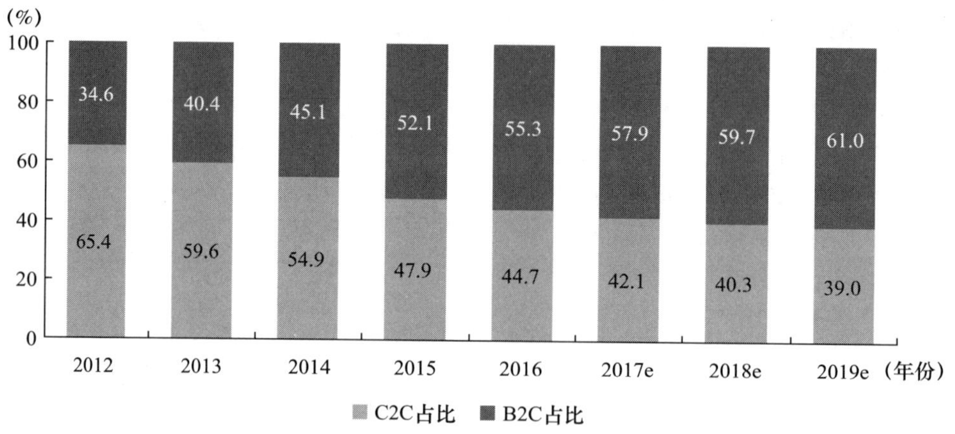

图 1－2　中国网络购物市场交易规模结构

资料来源：艾瑞咨询：《2017 年中国网络经济年度监测报告》2017 年 5 月。

（3）面对消费者的网络购物模式之间的界限趋于模糊，缺乏有效的信用服务机制。

按照交易对象，面对消费者的网络购物模式主要划分为 B2C 和 C2C 两种。C 为 Customer，B 为 Business，传统意义上的 C2C 为个人卖家对消费者，B2C 为商家对消费者，而在现有的 C2C 平台上已经很少有个人卖家对消费者的销售模式，只有所谓的跳蚤市场才是真正意义上的 C2C 模式，例如淘宝闲鱼、58 转转、腾讯闲贝、京东优品等二手电商平台。

京东等以自营为主的 B2C 平台除了自营商品外，也开始逐渐招募优质商家入驻开放平台，开放平台和自营平台趋于融合发展，配合消费金融、供应链与物流服务，力求打造更为健康、完善的产业链。苏宁、国美等传统零售商也纷纷进军电子商务，寻找线上线下资源的优化整合，除了自建平台外，更多传统零售企业选择入驻到开放 B2C 平台。因此，传统的 B2C 与 C2C 模式的分类标准，已经远远不能适应电子商务实践的日新月异，B2C 又细分为“平台类 B2C”（例如天猫商城）和“自主销售式 B2C 网站”（例如京东、亚马逊等）两类。但是，随着越来越多的商家入驻类似京东等以自营为主的平台，形成商家经营、商家发货和负责售后的模式，消费者对于平台自营商品和平台中商家销售商品的感知风险和信任倾向应该有所差异。对于平台中商家销售的模式，消费者首先要信任平台才会对平台中的商家逐渐产生信任，而有效的信用服务机制可以消除消费者的不确定性与感知风险，增进消费者对平台、对平台中商家的信任，提高消费者的购买意愿。对于平台自营的商品，消费者只要信任平台，信任平台提供的信用服务机制，自然会产生较强烈的网络购买意愿。因此，有必要区分平台自营和平台中商家经营这两种不同的模式下，信用服务机制对于平台信任、平台中卖家信任以及消费者网络购买意愿间的相互作用。

B2C 和 C2C 模式虽然在我国同时起步，但 C2C 的市场份额一直大于 B2C，C2C 模式较先在消费者中普及，随之拉动传统零售企业开展电子商务。因此，C2C 中的声誉反馈和支付担保等信用服务机制较为广大消费者所熟知和利用，而 B2C 的信用服务机制主要由效仿 C2C 和照搬国外模式而来，尚未形成适合中国实际的、较为完善的信用服务体系，信用环境远远滞后于电子商务实践，探索适合中国网上交易市场的信用服务机制颇为重要。

（4）网络欺诈和信用缺失成为制约电子商务发展的瓶颈。

随着互联网和移动设备的普及，以及消费者网络购物习惯的养成，网络购物凭借其方便、快捷、全天候等优点，已经成为众多消费者首选的购物途径。中国互联网络信息中心（CNNIC）报告数据显示，截至 2017 年 12 月，中国网民规模达 7.72 亿，其中手机网民占 97.5%，互联网普及率为 55.8%。

在网络环境下，信息不对称的加重使其较之传统经济产生更为严重的欺诈倾向。CNNIC 调查数据显示，2016 年，中国网民遇到的首要网络安全问题是网上诈骗，39.1% 的网民遭遇过网上诈骗，而向公安机关报案的不足 15%。网络欺诈、电商价格战、虚假促销、以次充好、售后服务不当，个人信息被泄露，电子商务引发的合同问题、知识产权问题、信息安全问题、纳税问题，以及围绕互联网支付、理财发展越来越热的互联网金融问题，伴随中国网购市场的高速发展，正变得越来越突出，网购信用问题仍是消费者关注的重中之重。随着网购用户规模的不断增大，消费者对于网购信用与网购服务的要求也越来越高，诸多调查均显示售后服务、退换货和物流是影响消费者网络购物的重要因素。

国家发改委发布的《2016 年“双十一”网购节综合信用评价报告》数据显示，“双十一”期间，网店和电子商务平台的失信最为严重，电子商务商家占比

28.73%，电子商务平台企业占比27.99%，两者共占比56.72%（见图1-3）。物流服务差评较2015年同期有所上升，特别是家居、建材、电子产品的售后投诉率较高。家电产品的退货换最为困难，占比达24.22%。

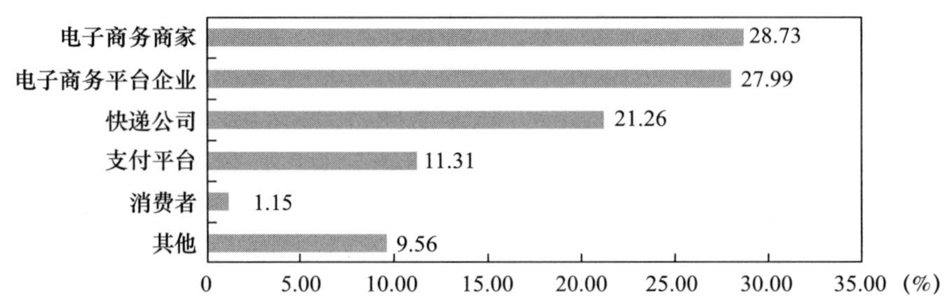

图1-3 "双十一"期间各类市场主体失信案例占比

资料来源：国家发改委：《2016年"双十一"网购节综合信用评价报告》2016年12月。

根据中国消费者协会的投诉数据，假冒伪劣、虚假宣传、退换货难、保价承诺不实等是网络零售存在的主要问题。《2016年"双十一"网购节综合信用评价报告》数据显示，"双十一"期间，媒体曝光的前十大失信案例分别为制假售假（20.89%）、误导宣传（15.56%）、折扣不实（15.14%）、网络诈骗（11.02%）、刷单炒信（6.95%）、退换货难、快递受损丢失、延迟发货、快递延迟、信息泄露。

为了减少网上交易中身份信息与商品质量信息的不对称问题，建立有效的信用服务机制、构建完善的信用服务体系是电子商务发展的助推器。在我国，与网络交易相关的政策法规和支撑体系不够健全，很多消费者遭受网络欺诈后由于立案金额没有达到法定数额，或者取证不足，导致无法追回自己的钱款，逐渐对网络购物失去信心。因此，在目前我国网络交易法律法规不健全的情况下，适用性比较强的信用服务机制相比法律法规等正式性的约束更为有效。

目前，典型的信用服务包括声誉反馈体系、平台保障服务、支付担保服务、信用印章服务等，其中既有网站自己提供的服务，也有第三方服务商提供的服务。网站期望通过这些信用服务来增进消费者对网络平台及平台中入驻商家的信任，究竟这些信用服务是否有效、是否能够得到消费者的认可，从而增加他们在网站上的购物动机呢？本书基于信任及信任建立机制等前人研究成果，梳理了目前比较典型的五种信用服务，提出了基于信用服务机制的消费者网络购物行为分析框架，对网上交易中涉及的各方交易主体间的博弈行为进行了分析，并从平台自营和平台入驻商家经营两种不同的交易模式入手，采用结构方程建模的实证方法检验并对比了两种模式下信用服务机制的有效性及其对消费者网络购买意愿的影响，以期对平台、商家及信用服务商有所借鉴。

1.1.2 研究意义

1.1.2.1 理论意义

通过对交易信任与信任建立机制等国内外相关文献的梳理，厘清了信用服务及信用服务机制的概念，为充实网上交易中的信用服务的基础理论做出有益的尝试；并以电子商务链为视角，将现有网上交易实践中的各种信用服务机制按交易前、交易中、交易后各环节进行梳理，探讨了基于电子商务链的信用服务信息的传导机制及作用机理，拓展了信用服务机制有效性的研究视角，充实和完善了电子商务及信用服务研究领域的理论与方法体系。运用博弈论分析证明声誉反馈体系和第三方中介参与监管能够在一定程度上有效减少信息不对称与逆向选择问题。

1.1.2.2 实践意义

对于交易主体，通过信用服务机制的有效作用，能够减少交易主体之间的信息不对称，降低网上交易成本与信用风险；提升网上交易的信用服务水平，促进交易效率的提高和交易规模的扩大。本书将平台自营和平台入驻商家经营两种交易模式区分开来，有助于商家在电子商务经营活动中找准自己的定位，快速构建适合自己的信用服务机制，提高商品的售出率与售出量。

对于中介服务商，充分发挥第三方中介机构的担保、认证、评级与监督机制，有效减少买卖双方重复博弈带来的经济损失，增强交易主体在博弈中的经济正效应。网上交易的信用信息与传统的金融信用相结合，有助于降低银行小额信贷风险，助力中小企业电子商务发展。

对于政策制定者，为国家、地方政府及信用服务行业制定信用服务的相关政策提供参考，为搭建我国网上交易信用服务体系提供支撑，为促进我国电子商务健康发展提供有益借鉴。

1.2 研究对象、研究目标与研究方法

1.2.1 研究对象的界定

对于本书中所用到的信任、信用、信用服务及信用服务机制的内涵和外延进

行界定。

在本研究中，信任是动词，信用是名词。诚实、信用是对客体属性的描述，而相信、信任则表示一种主体的信念和行为。只有客体具有诚实和信用等特质，主体才会对客体具有相信和信任的信念并采取相应的行为。

对于信用的研究，大多是从信任开始的。信用服务是一个较新的概念，学者们对信用服务机制的研究也几乎空白，本书对于信用服务机制的研究主要借鉴前人对交易信任及信任建立机制的研究。

信用服务是电子商务信用研究领域中的一个较新的概念，学者们对信用服务的概念并没有得到统一的认识，提法不一、定义不一，所指既有包括多种信用服务的，例如信任服务（Trust Service）、保障服务（Assurance Service）、信任机制（Trust Mechanism）、第三方保障（Third - party Assurance），也有专指信任标记（Trust Seal）一种信用服务的。

本书将信用服务界定为包括多种服务的、仅限于网上交易环境下的广义的概念，是一种为了减少在线环境下的信息不确定性与交易风险，由电子商务企业、平台、服务业以及第三方信用机构等独立或合作提供的，在商品展示、沟通、谈判、签约、支付、配送及售后服务等不同的交易阶段为买卖双方或多方增进信任所提供的具有信用认证、信用评级及信用担保等功能的服务产品和服务机制。其中，服务产品主要体现为固化服务凝聚成的信用产品，如支付宝、诚信通、数字证书、商誉标识、消费者保障服务等；服务机制则表现为系统内部的作用机理，如声誉反馈机制、支付担保机制、平台保障机制等。

信用服务机制是一种内在的促进交易信任的机制，其理论基础主要源于交易信任的建立机制，最主要的作用是降低风险和交易成本。在实践应用中，信用服务机制主要包括信用印章机制、支付担保机制、声誉反馈机制、数字认证机制、平台保障机制、商盟机制等。

有效性，百度百科给出的定义是“完成策划的活动和达到策划结果的程度”。本书中信用服务机制的有效性特指某种信用服务机制在激励交易双方诚信交易、消除逆向选择问题、促进交易信任中发挥的积极作用，在理论研究中指这种机制是否产生有效的作用，在实证研究中可以检验是否产生有效作用及这种作用的大小。

本书将面对消费者的网络购物模式分为平台自营和平台入驻商家经营两种交易模式。独立电商网站（如海尔商城、小米手机官网）、以自营为主的平台（如京东、亚马逊）中的由平台自主经营的部分都属于平台自营模式；第三方开放平台（如天猫）和开放、自营融合的由平台中商家经营的部分都属于平台入驻商家经营模式。以亚马逊商城为例，网站中的书籍有一部分是亚马逊自营的，由亚马逊自主采购、销售和进行售后服务；另外一部分是由许多入驻商家经营的，商家负责发货和售后。如果同时提交的订单中既有亚马逊自营的，也有其他商家经营的商品，网站将对订单进行拆分，享受不同的发货时限、送货政策和售后服务。2014 年 2 月 13 日，国家工商总局官方网站公布的《网络交易管理办法》中对第三方平台经营者的责任义务新增了多项内容，要求对平台自营部分和其他经营者经营部分予以显著方式标注，认为这两种模式中网站经营者所处的法律地位和应承担的责任义务区别很大。因此，基于目前的电子商务实践，将交易模式分为平台自营和平台入驻商家经营两类是恰当的。

1.2.2 研究目标

在网上交易环境下，安全、可靠的信用服务机制可以有效减少交易信息的不确定性与感知风险，为买卖双方之间搭建起信任的桥梁，从而保障交易的顺利达成。在我国网络交易的相关政策法规和支撑体系不健全的情况下，适用性较强的信用服务机制相比法律法规等正式性约束更为有效。基于目前我国网上交易中的信用服务实践，究竟这些信用服务机制是否起到了有效的作用？在不同的交易模式下，各种信用服务机制的作用是否有差异，它们怎样影响消费者的网络购买意愿？为了解决这些疑问，在网上交易环境下探讨信用服务机制的作用机理并对其有效性进行检验是非常必要的。

本书的主要研究目标包括：

（1）厘清电子商务链下信用服务信息的传导机制及作用机理。

（2）通过博弈论证买卖方、政府及第三方各大主体之间信用服务机制作用的有效性。

（3）探寻并对比平台自营和平台入驻商家经营两大交易模式下，信用服务机制的有效性及其对消费者网络购买意愿的影响。

（4）基于研究结论，提出增强信用服务机制有效性的对策建议。

1.2.3 研究方法

本书采用规范研究与实证研究相结合、定性分析与定量分析相结合的方法，对网上交易中信用服务机制的有效性进行了理论研究和实证检验。

本书采用的研究方法主要有：

（1）文献研究。通过查阅大量国内外相关文献、研究报告，对本书研究所涉及的网络交易相关理论与模型、交易信任与信任建立机制等相关文献进行梳理，对已有文献的贡献和不足进行归纳、评述，在此基础上提出本书的研究问题。

（2）归纳演绎。在文献研读的基础上，采用理论演绎与归纳等定性分析的方法，通过总结归纳前人研究、咨询专家等，对本书研究的信用服务及信用服务机制等概念进行科学的把握与界定，并以电子商务链为视角对网上交易中的信用服务机制进行了合理的梳理，建立了相应的理论研究框架。

（3）规范推理。采用博弈论的经济学方法，对网上交易中所涉及买卖方及政府、第三方等交易主体的行为策略进行研究，探讨在无政府监管、引入声誉反馈体系、政府监管和第三方中介监管各种环境下信用服务机制的有效性。

（4）问卷调查。围绕研究假设设计调查问卷，以网络购物人群为调查对象，采用网上问卷调研的方式采集数据，为本书的结构方程模型的实证研究提供数据支持。

（5）实证分析。构建基于平台自营和基于平台入驻商家经营两种不同的交易模式下信用服务机制有效性的结构方程模型，分别对两种交易模式下网上交易中信用服务机制及对消费者购买意愿的影响作用进行实证分析，揭示各种信用服务机制对于平台信任、卖家信任及消费者最终购买意愿的影响作用。将问卷调查回收的数据应用 SPSS 统计软件测定问卷信度和效度，应用 AMOS 软件作为结构方程模型的分析工具。

1.3 研究内容与研究架构

1.3.1 研究内容

全书共分为 7 章。首先对网上交易环境下的信用服务进行界定，在此基础上，提出网上交易信用服务机制研究的分析框架，分别从电子商务链视角、主体间博弈分析、不同交易模式下的结构方程建模三个层面对网上交易信用服务机制的有效性进行了探讨与验证，最后提出增强信用服务机制有效性的对策建议。

第 1 章是绪论。从我国电子商务和信用服务产业发展的现状出发，介绍本书的选题背景和意义；界定本书的研究对象与相关概念；确立本书的研究目标、研究内容与研究方法，并建立相应的研究框架；最后对本书的创新点进行提炼。

第 2 章是文献综述。在国内外网络交易和网上信任与信用相关文献研究的基础上，从网络交易相关理论与模型、信任与交易信任、信任的形成机理及有效性

研究三个方面对国内外相关文献进行了梳理，总结了现有文献的贡献与不足，为后续研究提供理论支持与思路借鉴。

第 3 章是网上交易中信用服务机制有效性研究的分析框架。本章首先对信用服务的概念进行了梳理与界定，对我国网上交易中信用服务产业实践的现状进行了阐述，并基于电子商务链的视角，将现有实践中的各种信用服务机制按交易前、交易中、交易后各环节进行梳理，探讨了基于电子商务链的信用服务信息的传导机制及作用机理，在此基础上提出基于信用服务机制有效性的消费者网络购物行为的分析框架，为后续章节的实证检验提供了理论支撑。

第 4 章是网上交易主体间信用服务机制有效性检验：博弈分析。本章用博弈论的经济学方法，首先呈现了无政府与无第三方监管下的网上交易市场中的买卖双方博弈无法达到均衡的状况，接着探讨了在引入声誉反馈体系后买卖双方的博弈，最后分别对政府监管下的和第三方中介监管下的相关主体博弈策略进行了分析，循序渐进地对各种环境下的机制有效性进行了合理论证与比较研究。

第 5 章是不同交易模式下信用服务机制有效性检验：结构方程建模。本章依据平台自营和平台入驻商家经营将网上交易分为两类，分别建立了基于平台信任和基于平台中卖家信任的网上交易信用服务机制有效性的研究模型及研究假设，通过问卷调研获取数据，构建相应的结构方程模型，采用 SPSS、AMOS 等软件分别对样本数据进行描述性统计分析、信度和效度分析、结构方程模型检验以及参数估计与假设检验等，结合消费者的个人信任倾向与感知风险，对网上交易中的声誉反馈体系、支付担保服务、平台保障服务、信用印章等多种信用服务机制对于消费者购买意愿之间的相互作用关系进行实证分析，并选取网站熟悉度，探讨了网站熟悉度在信用服务机制感知有效性与平台信任之间的调节作用。

第 6 章是对策建议。本章基于上述理论分析框架、博弈分析和基于结构方程模型的实证检验，以提高我国网上交易信用服务机制有效性为目标，分别从政府、商家、消费者和第三方中介四个层面提出具体的对策建议。

第 7 章是结论与展望。本章对全书的结论进行归总，进一步对本书的研究局限和不足进行分析，并对后续研究工作进行展望。

1.3.2 研究架构

根据本书的研究目标和内容，提出本书的研究架构，如图 1 −4 所示。

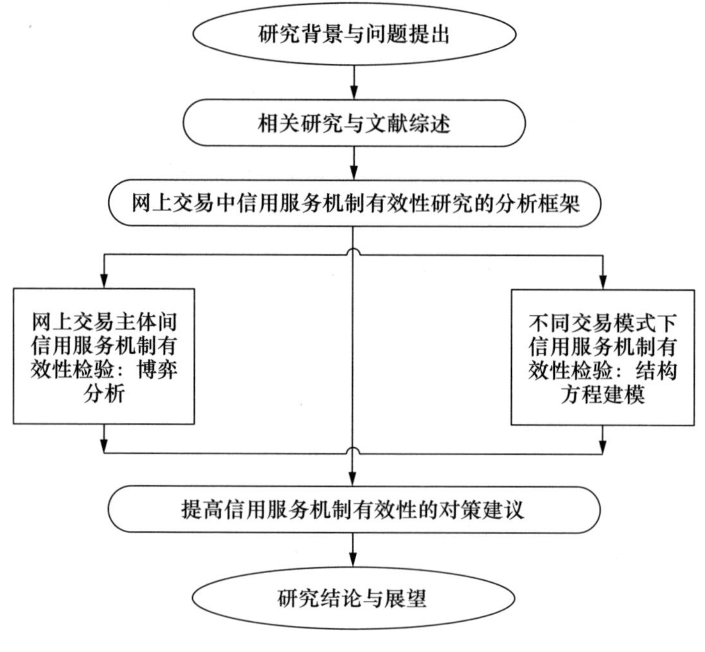

图1－4　本书的研究架构

1.4　本书创新点

（1）构建了基于信用服务机制有效性的消费者网络购物行为的分析框架。梳理并界定了信用服务的内涵，指出信用服务是在交易各阶段为买卖方增进信任所提供的具有认证、评级及担保等功能的服务产品和服务机制。以电子商务链为视角，阐明了信用服务信息的传导机制及作用机理，并在此基础上提出基于信用服务机制有效性的消费者网络购物行为的分析框架，该分析框架主要由五大主体、三条主线、两大层面及其之间的影响关系构成：五大参与主体是指买卖双方、交易平台、第三方机构和政府；三条主线是基于理性行为理论的信任信念—信任倾向—信任行为的演进逻辑，平台、商家、消费者与外在环境等交易信任的影响因素，以及电子商务链中信用服务信息的传导机制；两大层面是指平台自营和平台入驻商家经营两种交易模式。

（2）对网上交易主体之间信用服务机制的有效性进行了博弈分析与论证。

无政府与无第三方监管下的电商市场中的买卖双方博弈无法达到均衡，最终造成囚徒困境；在引入声誉反馈体系后可以有效减少卖方的欺诈行为，在一定程度上解决了“柠檬问题”，激励买卖双方诚信交易，但对于信誉度高的卖方缺乏有效激励，无法解决重新进入、卖家共谋和恶意评价的问题；政府监管成本较高，且无论怎样政府管理者的收益都是负值，不可能完全杜绝交易者的失信行为，只有根据折现因子判断网上交易者的类型，据此决定惩罚力度，最后确定监管力度；相比之下，第三方中介监管效率较高，分别对是否采用数字认证与信用印章、支付担保、平台保障服务三种情况下交易主体的策略进行了分析。

（3）基于理性行为理论和消费者行为理论，构建了平台入驻商家经营模式下的消费者网络购买意愿的研究模型，并且通过结构方程模型进行实证检验。研究结果表明，平台和商家作为两个不同的信任客体，信用服务机制有效性显著影响平台信任，卖家声誉和规模显著影响卖家信任，信任在个人信任倾向、平台信任与卖家信任间实现了传递与转移。平台信任显著增加消费者网络购买意愿，感知风险显著降低网购意愿，平台中的卖家信任对于消费者网购意愿没有显著影响。探索性地选取网站熟悉度作为调节变量，构建分组结构方程模型，实证得出网站熟悉度在消费者感知信用服务机制的有效性与平台信任之间的调节效应在平台入驻商家经营模式下显著，在平台自营模式下不显著。

（4）突破了电子商务传统的 B2C 与 C2C 交易模式的划分，结合我国信用服务实践将网上交易分为平台自营和平台入驻商家经营两种交易模式，分别构建了两种模式下的基于信用服务机制的消费者网络购买意愿研究模型，并采用结构方程建模的方法对信用服务机制的有效性进行实证检验与对比分析。结果表明，声誉反馈、投诉惩罚、支付担保、信用印章机制的有效性对平台信任均有显著的正向影响，前两者对平台信任的影响普遍大于后两者；平台保障机制对于平台信任的作用不显著。两种交易模式下对于不同信用服务机制的感知有效性是有差异的，支付担保和声誉反馈机制的感知有效性在平台入驻商家经营模式下更为重要，信用印章的感知有效性在平台自营模式下更显重要，投诉惩罚机制在两种交易模式中的差异不明显。最后，基于本书分析框架、主体博弈与结构方程模型的实证检验，以提高我国网上交易信用服务机制有效性为目标，分别从政府、第三方中介、商家和消费者四个层面提出具体的对策建议。

2 文献综述

信用服务是一个较新的概念，对于信用服务的研究近乎空白，仅有个别关于信用服务概念的理论性研究，需要充分借鉴信任与信用、信任的建立机制等方面的研究成果，结合网上交易信用服务的实践进行探索。本章从网络购物理论与模型研究、信任与交易信任、信任的形成机理及有效性三个方面，对网上交易中信用服务机制相关的国内外文献进行系统梳理与客观评述，尝试总结前人的贡献与不足，为本书找到合适的研究点。

2.1 网络交易相关理论与模型

2.1.1 网络交易行为理论

2.1.1.1 消费者购买决策过程

交易行为不仅仅是物品或劳动的交换，更是权利的交换，是具有契约形式的法权关系，是一种反映着经济关系的意志关系。

消费者行为理论是市场营销的基础理论之一，同时为我们研究消费者网络交易行为奠定了坚实的理论基础。美国市场营销协会认为消费者行为是消费者感知、认知、行为以及环境因素的动态互动过程，是人与人之间进行交易的行为基础。消费者行为是消费者为获取、使用、处置消费物品和服务所采取的各种行动，包括先于且决定这些行动的决策过程。消费者购买行为是从需求开始，到信息收集和产生购买动机，进而进行购买决策的整个消费过程，它涵盖了消费前、消费中以及消费后的所有消费活动。

Nicosia（1966）认为，消费者行为受厂商特性和消费者特性影响，他用流程图表示消费者的整个购买过程，并对消费者决策过程进行模拟。主要包含四个部

分：①信息传递，企业将商品信息等传递给消费者；②信息寻求及方案评估，消费者对商品形成态度之后，对所获得的商品相关信息，经过消费者的内化后进行评价对比，从而产生购买动机（购买意愿）；③购买行为，消费者在某种购买动机（购买意愿）的驱使下转化为实际的购买行动，从而做出购买决策，这一过程受品牌、销售商、可支配收入等因素的影响；④信息反馈，消费者购买商品之后，在商品使用过程中对商品进行全面的感知，形成商品的满意度，影响其再购行为；同时，卖方获得消费者的商品信息及满意度反馈，以此作为商品宣传、定价及其他营销策略或改进商品质量、提高服务的参考依据。

Engel、Kollat 和 Blackwell（1968）提出的 EKB 消费者行为模型是迄今为止消费者行为理论中较为完整和清晰的模型之一，该模型特别注重消费者决策达成的过程，且将人类的消费行为视为一个连续的过程而非间断的个别行动。Engel 等（1998）指出消费者行为由消费者的购买决策过程和购买行动两部分组成。具体包含以下五个阶段：①识别需求；②收集信息；③方案评估；④购买决策；⑤购后行为。其中，前四个阶段组成了完整的消费者购买决策过程。

消费者在决策时首先明确需求，然后寻找相关的信息并最终来解决问题（Wells et al.，1989），他们试图通过寻找较低的价格、更好的产品样式、更高的产品品质、较低的风险和更高的决策可靠度等信息来实现自己的利益（Hawkins et al.，1998）。消费者在进行购买决策时主要依赖五类外部的信息源：记忆、人际关系（如家庭、朋友等）、独立来源（如消费者群体）、营销来源（如广告和销售人员）和经验来源（如产品试用等）。

在过去的十几年，互联网改变了人们的生活方式，已经发展成为一个重要的外部信息来源，消费者在购物前常常通过网络搜寻产品和企业的相关信息（Miller，1996），网站此时已经代替广告和销售人员成为主要的营销来源。消费者网络购买行为是指消费者通过网络发生的购买和使用商品的行为活动，它是由一系列环节、要素构成的完整过程，是消费者需求、消费态度、购买动机、购买行为和购后使用感受的综合与统一。综上所述，一个消费者完整的网络购买决策过程包括需求确认、信息收集、方案评估、购买决策以及购买后行为这五个阶段，如图 2-1 所示。当然，并不是所有的消费者在进行购买决策时都会严格遵循这五个阶段，当消费者进行卷入程度较低的购买时，往往会颠倒其中的某些阶段，或者直接跳过其中的某个阶段。

图 2-1　消费者购买决策全过程

2.1.1.2 消费者购买决策影响因素研究

（1）消费者特征对网络购买意愿的影响。

消费者特征是指消费者内在的个体因素及行为特征，包括人口统计特征和态度、动机、感知风险、信任、满意等因素，是网络购买决策研究最为基础的视角。消费者特征可以解释4%的网络购买行为（韩艳敏，2007）。

网络购物与传统购物方式相比，消费者特征如性别、年龄、教育程度、收入水平等方面都存在显著差异（Chiu et al.，2009；Delafrooz et al.，2009；周一骑等，2005）。但是，关于消费者特征对网络购物的影响程度，学者们的实证结果不尽一致：一种观点认为性别、年龄、教育和收入等消费者特征对网络购物意愿具有正向的促进作用（Dong et al.，2006；Dundar et al.，2009）；另外一种观点则相反，认为消费者的人口统计特征本身没有经济意义，它们在实证研究中所表现出来的统计显著性是受更深层次因素的影响（Holzwarth et al.，2006；Lian et al.，2008）。王利艳（2011）针对网络购物市场中女性消费者的购买决策特点进行了研究，研究发现女性消费者对商品品种、客户服务等方面有更高的满意度要求。高收入、高教育水平的年轻消费者在日常生活中较频繁地使用互联网浏览和进行交易，属于典型的“互联网生活方式”（李欣，2009；Bosnjak et al.，2007）。消费者过去购物所形成的网络购物经验以及对网络使用的熟练程度能够减轻消费者的网络购物顾虑，增进对网上购物的信任，增强其网络购物意愿（Qiu et al.，2006；Chang et al.，2007；尹世久等，2009；Zeng et al.，2008），而没有网络购物经历的消费者会对网络购物存在更多心理顾虑，较容易受到外界因素的影响（周月书等，2010）。

网络购物的感知信任与风险是学者们研究网络购物决策涉及最多的影响因素。Doolin 等（2005）、Yan 等（2009）、吕晓玲等（2007）、李思曼等（2009）、邵兵家等（2007）、曾小春等（2007）研究了网络购物感知风险的维度、影响因素及其对网络购物意愿的影响。Chang 等（2007，2008）、Levin 等（2005）、曾小春等（2007）研究发现很多消费者仅通过网络收集信息而实际的购买行为发生在网下，导致这一现象的原因主要在于网上交易过程中的感知风险，将网络购物风险分为金融风险、商品风险、心理风险及便利损失风险，并构建模型加以验证。Pavlou（2003）、王全胜等（2007）等学者均研究得出感知风险会显著降低消费者的网络购买意愿。Lee 等（2008）、McCole 等（2010）、Jones 等（2010）、Lai 等（2009）、帅雯婷（2009）、王小宁（2009）、于坤章等（2009）研究证明，信任有助于化解消费者的感知风险，进而提高消费者的网络购买意愿。

（2）网络商家特征对消费者网络购买意愿的影响。

网络商家特征既包括其自身的声誉与规模等特征，也包括其出售商品或提供服务的特征。网络商家所提供的商品和服务对消费者网络购买决策具有最直接的影响（王海萍，2009）。商品或服务特征主要包括商品类型、商品质量、服务质量、有形性、差异性与价格等相关信息。

商家的声誉与规模是文献中涉及最多的对商家能力进行衡量的指标。McKnight（2002）证实了声誉和信任之间的积极关系，声誉能够增进消费者对商家的信任，进而影响其网络购物意愿。良好的声誉是付出“声誉租金”得来的，声誉的维持是一项长期的工程，好的声誉能够为商品带来一定程度的溢价，声誉好的商家不会轻易冒风险去从事投机行为；商家良好的声誉能够为其带来更多的顾客和交易量。Petersen（1997）对美国的企业信用进行分析，发现相比小企业，大企业能够获得更多的商业信用。

Rhee 等（2009）检验了商品知识与商品类型对网络购买意愿与采纳的影响。温琛（2012）将感知价值作为中介变量，研究得出网络商店形象能够显著影响消费者感知价值，感知价值在网店形象与消费者网络购买意愿间起显著的中介作用。胡祖光等（2013）选择服装类产品，验证了网络交易成本在消费者感知网上购买服装产品的服务质量与消费者网络购买意愿间起显著的正向调节作用。Goode（2009）认为，像 CD、书籍或罐头食品这类商品在购前不要求物质检验，消费者可以很容易地感知到实体物质的质量信息，在网上较容易出售；王海萍（2008）与董雅丽等（2007）均验证了价格对网络购买意愿与采纳具有重要的影响。

（3）系统特征对消费者网络购买意愿的影响。

系统特征指传统的信息系统属性与网络特有的因素，在技术接受模型中系统特征被广泛采用作为前因变量。传统的信息系统属性包括易用、质量、安全与可靠性等；网络特有的因素包括导航便捷、界面美观、网络访问速度、商品推荐机制等。

Lin 等（2009）、孟繁华（2010）建立消费者网络购物的采纳模型，验证了消费者感知的网络购物有用、方便、安全是影响网络购物态度和意向的三个关键决定因素；王秀芝（2008）基于技术接受模型，实证得出信任、网络购物感知方便及感知有用是影响购买态度的主要因素，而购买态度直接决定了购买意愿。

Chung 等（2009）、Parra 等（2009）验证了外观样式、搜索引擎与商品项目的导航结构对消费者网络购物采纳的影响；Goswami 等（2007）探讨了网页设计如导航、安全、搜寻属性及购物助手等对消费者重购行为的影响。

消费者在浏览网站时能够通过搜索引擎获取有用信息，提高消费者网络购物的便利性，增加消费者对购物网站的信任，进而提高消费者的网络购买意愿（Ethier et al.，2006；Farag et al.，2005）。消费者倾向于光顾界面清晰、易于浏览、商品信息丰富准确并且具有一定的个性化特色的网站，这种网站增加了消费者的“爽”体验，同时有助于降低消费者的感知风险，进而对消费者的网络购物意愿产生影响（Hong et al.，2004）。购物网站中的商品推荐机制对消费者的网络购买意愿具有积极的影响作用（Jeong et al.，2009；Lee et al.，2008）。

（4）环境特征对消费者网络购买意愿的影响。

环境特征是指源自网络购物环境的结构特征，包括与市场有关的因素（如不确定性、竞争性与集中性）、国家与国际问题（如法律结构）、贸易限制与文化等因素，通常以感知行为控制、主观规范等作为关键研究变量。

在技术接受模型中，主观规范与感知行为控制这些因素在很大程度上决定了消费者的网络购买意愿（Chiu et al.，2010）。结构性保障是一种在特定环境下存在的由法律约束、保证机制和规章条例等组成的保障体系，可以从法律约束力、监控力、核实力和反馈力四方面获得；法律约束是宏观层面的，由国家或行业制定，另外三者主要由网络平台等第三方提供（纪淑娴，2009）。

2.1.2 网络交易研究模型

2.1.2.1 理性行为理论

理性行为理论（Theory of Reasoned Action，TRA）是研究认知行为最基础、最具影响力的理论之一，由 Fishbein 和 Ajzen 于 1975 年提出。它基于人类通常是理性的并且能够系统地使用所得到信息的假设，用来预测或解释个人的实际行为，其基本模型如图 2-2 所示，信念形成态度，态度影响行为意向，最后导致实际行为。根据 TRA 理论，Davis 指出人类所表现出的行为取决于其行为意向，而行为意向又受到个人的行为态度和主观规范（个人在社会生活过程中形成的对世界事物的判断标准）的影响。其中，行为被定义为由行动、目标、环境和时间所决定的一种组合；行为意向是行为主体采取某种行为的意愿和动机，它是预测期望行为发生的变量，由行动、目标、环境和时间所决定；态度是行为主体对于实行某种行为所持有的正向的或者逆向的情感；主观规范是行为主体对于是否采取某种行为的约束力的认知，即行为主体顺从外界环境的行为标准、规范而形成的行为准则。

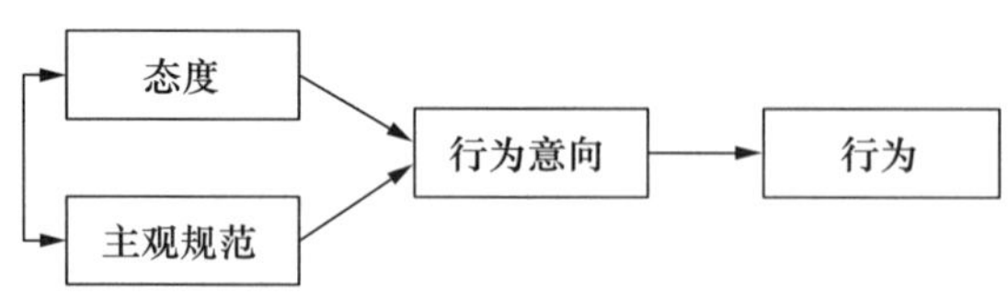

图 2-2 理性行为理论模型

理性行为理论只能预测完全理性的行为主体能够用意愿控制的行为。当行为需要技能、资源或者没有机会实现时，则很难用理性行为理论预测，如果这种情形下利用理性行为理论，该理论的预测能力就会变得很低。

2.1.2.2 计划行为理论

针对理性行为理论的缺陷，Ajzen 于 1985 年提出了计划行为理论（Theory of Planned Behavior，TPB），新增了“感知行为控制”变量，即计划行为理论认为行为意愿由三个因素共同决定，即主观规范、感知行为控制（Perceived Behavior Control）和态度，如图 2－3 所示。感知行为控制表示个人在采取行为时，对其所需资源和机会的控制能力，是感知自我控制和感知外界资源的乘积函数。计划行为理论认为个人行为意愿是预测个人从事特定行为最直接的影响因素，而其他因素都是通过行为意愿间接影响个人行为的。

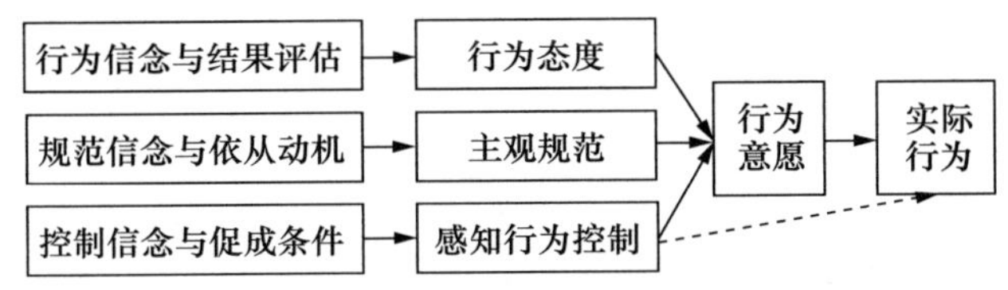

图 2－3 计划行为理论模型

TPB 比 TRA 模型对行为主体的消费行为具有更多的解释力，尤其是在行为主体不能完全控制的情况下，对于解释消费行为提供了强有力的工具。而当某种消费行为是在行为主体强意志力的控制之下执行时，两种模型对消费行为的解释和预测效果相似。然而，TPB 也存在着自身的问题。首先，TPB 中各个变量的概念及测度一直是国内外学者研究争论的焦点，大量研究发现很多行为意向和实际行为并不能被 TPB 主要变量解释；其次，TPB 依据价值期望理论定义其主要变量，并用乘积之和表示变量的测量值，牵扯到量纲问题，在实际的应用和操作中极为不便。

2.1.2.3 电子商务链理论

消费者行为理论将消费者购物过程分为购物前、购物中和购物后。购物前包括信息的检索、对比，交易双方的沟通、谈判；购物中指通过签约实现交易；而购物后则包括支付、配送和售后服务等。Atif 将电子商务交易活动划分为四个阶段：信息搜寻和沟通、建立信任路径（签约）、履行交易（支付和配送）与售后服务。Ratnasingam 将交易分为交易前、交易中和交易后、交易前指广告和沟通，交易中为签约、支付和配送，交易后主要有质量保证或退款承兑等售后服务。

商务的核心是交易，是企业为了实现某一商业目标，进行的一切与买卖商品服务相关的商业事务的总称，由交易前的准备、贸易磋商、合同与执行、支付与清算等环节构成。电子商务链由商务链衍生而来，用来描述电子商务整个交易活动过程及各交易环节间的逻辑关系，它的核心思想是利用电子化工具将商务活动的前、中、后各阶段利用效率、成本最优的原则进行整合，使参与交易的各方协同工作，节约时间和成本。

李琪（2004）在多年探索电子商务理论和实践的基础上，提出了电子商务链，并对其框架进行了分析，为电子商务的研究和应用提供了一个循序渐进、有章可循的综合分析框架。从图 2－4 中可以看到，电子商务交易中各个环节联系紧密、环环相扣，同时每一环节都有其明确的目标和任务，这些环节共同构成了完整的电子商务交易链。

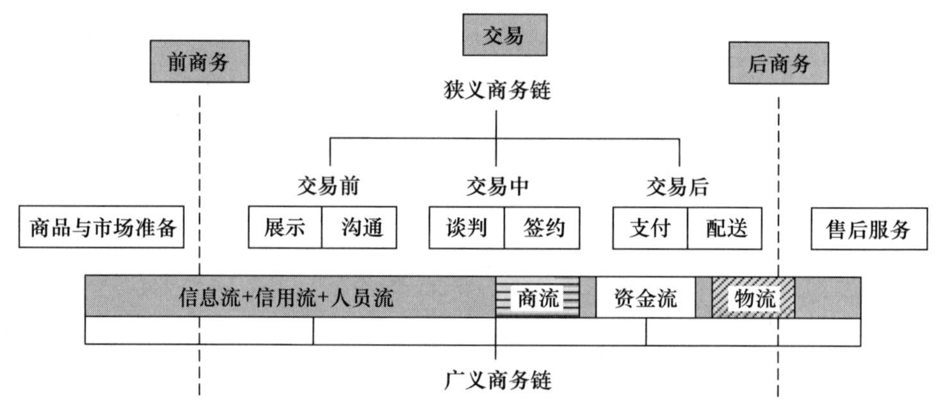

图 2－4　电子商务链概念模型

资料来源：李琪和张仙锋（2006）。

电子商务链清晰地描述了在电子商务活动中信息流、资金流、商流、物流、信用流、人员流等的运动方式，将商务和交易活动进行联系与划分。它高度抽象地将商务及交易活动表现为不同的节点，每个节点分别代表一定的经济事务，通过将这些节点有效地串联起来，共同形成了一个商务链。整个电子商务交易过程分为交易前、交易中和交易后。交易前包括商品信息的展示与沟通，交易中买卖双方利用电子商务平台针对各个交易细节进行谈判并签约，交易后表现为以货币和商品交换为主的支付和配送。狭义商务链就是指交易链，是整个商务链的核心所在。广义的商务链还包括商品与市场准备和售后服务两个环节。

2.2 信任与交易信任

2.2.1 信任与信用

对信用的研究一般是从信任开始的，信任（Trust）是一个依赖于情境的多维社会概念，指相信并愿意依赖另一方（McKnight，1998），能力、善意和正直是信任的三个维度（Mayer et al.，1995）。而信用（Credit）主要是经济范畴的概念，反映施信方与受信方之间一种权利和义务的关系，是减少不确定性和增加可预测性的一种机制。

《辞海》中对信任的解释是“相信并加以任用”；对信用的解释为“诚实，遵守诺言而取得的信任；货币借贷和商品买卖中延期付款或交货的总称，以偿还为条件的价值运动的特殊形式，包括银行信用、商业信用、国家信用和消费信用”。可见，信任与信用互为表里（郑也夫，2000），信用是行为主体的一个静态属性，即被他人信任的程度，守承诺的程度；信任多为动词，代表信任主体双方关系的动态信任行为，判断对方是否有信用。杨中芳等将“信”的含义分为两重：一是与个人自身待人有关的，包括“信用”“诚信”，是对客体属性的描述；二是个人对待他人有关的“信任”，表示主体的一种信念或行为。前一层面的“信”是后一层面“信”产生的基础或原因，只有客体具有诚实和信用等特质，主体才会对客体具有相信和信任的信念并采取相应的行为。信用培育出经济主体间的长期信任，节省了主体间的交易费用；信用既是交易行为的合作起源，又是保证交易进行的重要手段（于建红等，2006）。

信任与信用问题是经济交易活动的关键，是经济交换的润滑剂，是保障交易顺利进行的重要因素。

2.2.2 交易信任的内涵

对网上交易的研究大多是从交易信任开始的，交易信任是影响消费者网络购买的重要因素，是联系消费者与网络平台和商家的桥梁，有必要把握交易信任的内涵与研究维度，为本书后续研究奠定重要的理论基础。

2.2.2.1 传统信任的内涵

信任是一个错综复杂的、涉及多种学科的概念，心理学、社会学、经济学、组织行为学等不同的学科对信任有不同的研究视角与理解。心理学领域的学者将信任理解为个人的心理事件，关注信任的认知内容或行为表现。如 Rotter（1980）将信任定义为“对于另一个人或团体的话语、承诺、口头或书面陈述认为可靠的一般期望”。社会学领域的学者将信任看成是社会关系的一个重要维度，是与社会结构和文化规范紧密相关的社会现象。如 Barber（1983）认为，信任是“人们对社会秩序的期望、对角色的期望以及对信用和职责的期望”。韦伯将信任分为特殊信任和一般信任，特殊信任以血缘性社区为基础，一般信任以信仰共同体为基础。经济学领域的学者将信任理解为一种理性选择机制，信任行为来自于理性计算和早先交易经历。如 Axelord（1984）、Coleman（1990）、Williamson（1993）将信任与风险联系在一起，认为信任是理性行为人在内心经过成本收益计算的风险的子集，即计算性信任；福山（1995）将信任看作社会资本的一种形式，是基于共同规则在社会内部对正常的、诚实的和合作的行为的预期。Kreps（1986）、Fudenberg 和 Tirole（1992）、张维迎（2002）等学者从重复博弈的角度指出了信任可以节约交易成本，人们在追求长期利益的过程中会导致信任产生。

虽然各个学科对于信任的理解不同，但从这些概念中可以看到信任所具有的一些共性：①施信方和受信方，即信任的主体和客体。信任描述的是一种双方相互作用的关系，客体必须要有能力实现主体的意愿或利益，而主体必须在这个关系中投入一定程度的信任。②易受伤害性（Vulnerability）。信任是在充满不确定性的风险环境中存在的，因此信任主体在使用信任时客观上承担了遭受损失的风险。③主观性。信任首先来自人的主观判断，它受到个人特质与经验的影响，不同的人对于同一客体呈现出的信任程度往往是不同的。信任是在信任客体向信任主体传递一种值得信任的信号的基础上产生的，这种值得信任的信号是信任客体能力、正直、善意的综合体现，以此形成信任主体对信任客体可信的信念和良好期望。

虽然信任的内涵至今尚未达成共识，但以不同学科不同研究目的对信任的内涵进行界定是切实可行的（Rea，2000）。

2.2.2.2　交易信任的内涵

信任的研究具有跨学科性、抽象性和复杂性，学者们将对传统信任的研究延伸到网络环境，从不同的角度、综合多种学科对交易信任的内涵与维度进行了探讨，提出了多个有关交易信任的概念模型。

Sulin 和 Pavlou（2002）认为，交易信任是“在某种不确定的环境中，一方根据自己的主观判断，认为另一方将做出符合自己期望的行为”。Grabner 等（2003）认为，网络交易环境下的消费者信任指的是交易双方之间的，以及交易各方对交易系统及网络的信任，包括对卖方的信任、对系统环境的信任和个人的信任倾向。Gefen（2002）将传统环境下的信任维度扩展到网络环境，通过对美国310名MBA学生的问卷调查，证明消费者对网络交易的总体信任主要源于其对卖方的能力、正直和善意三方面的信任，在感知风险的作用下，共同对消费者购买决策产生影响。

关于交易信任的概念模型，最有价值的研究是Mayer等（1995）提出的组织间动态的信任模型（见图2－5）、McKnight等（2002）提出的跨学科的信任概念模型（见图2－6）和Tan等（2004）与Kim等（2005）提出的基于过程的多维信任模型。

（1）Mayer组织间动态的信任模型。

在电子商务交易环境下，Mayer等（1995）提出的信任概念（Trustworthness）引用最为频繁，他认为信任是“不论己方监督和控制能力如何，对方会表现出对己方某一重要行动的预期，从而愿意将自己置于因对方行为而容易受到伤害（即承担风险）的状态”。Mayer认为，能力（Ability）、正直（Integrity）、善意（Benevolence）是信任主体评判信任客体的重要依据；同时，他们还提出信任会影响信任主体对风险的预期，并最终影响其对信任客体的信任行为（见图2－5）。能力是指信任客体被认为所拥有的技能、素质和特征使其可以在某一领域具有影响力，即信任主体认为信任客体经过各种训练和学习后在其擅长的领域内较其他竞争者而言更具有竞争力。正直指的是信任主体对客体按照社会准则或其认可的原则做事的期望。善意是指信任主体认为客体愿意对其做出有益行为的程度，它暗示的是一种特殊情感，不存在利己主义或机会主义倾向。

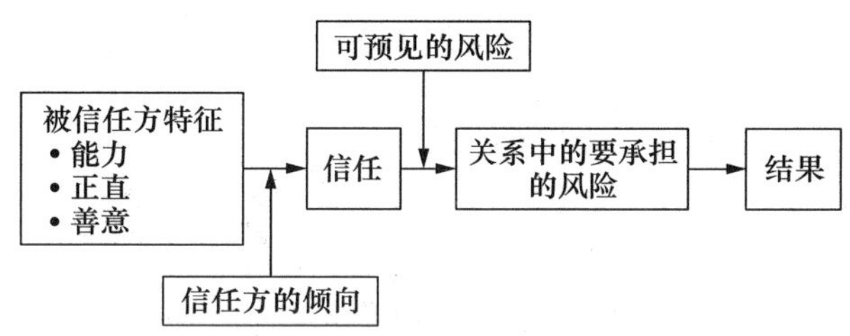

图2－5 Mayer提出的组织间动态的信任模型

（2）Mcknight跨学科的信任概念模型。

McKnight等（2002）利用语义分析综合了前人对于信任概念的研究成果，从多学科角度构建了一个交易信任的概念模型，该模型将网络交易信任解释为信任倾向、环境信任、信任信念、信任意图和信任行为间的作用机制（见图2－6）。在电子商务交易环境下，信任信念是指消费者相信网站供应商的能力、正直、善意等特征是对他有利的；信任意图是指消费者愿意或倾向于依赖网站供应商。消费者的信任倾向、基于制度的信任和网站供应商的行为（人际信任）共同影响着消费者的网上信任，信任最终影响着与信任相关的购买、合作及信息共享等消费者行为。

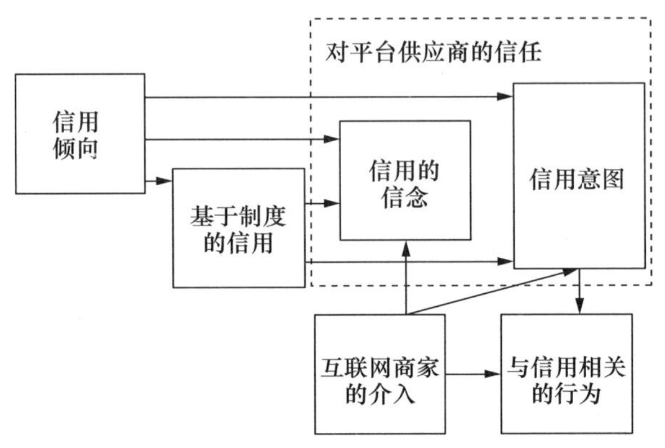

图 2－6　Mcknight（2002）提出的跨学科的信任概念模型

（3）基于过程的多维信任模型。

Tan 等（2004）建立了 B2C 环境下网络商业信用的多维模型，把消费者对企业的信用分为个人信任倾向（消费者维度）、人际信任（卖方维度）和制度信任（环境维度）三个维度，三个维度之间相互影响，共同作用于购买决策。

Kim 等（2005）提出了基于过程的交易信任六维模型，六维包括技术维、行为维、制度维、信息维、产品维和交易维，代表了交易信任中的三大干系人：施信方（买方）、受信方（卖方）和环境（第三方和网络技术）。技术维指网络交易中的基础技术环境；行为维指影响消费者信任倾向的个人特质；制度维指第三方或者网络平台的制度性保障；信息维指网站所提供的信息内容；产品维指消费者所期望购买的产品相关信息；交易维指与交易相关的商品的配送及售后服务等。消费者网络交易过程将从信息维过渡到产品维和交易维，而技术维、行为维和制度维是保障交易顺利进行的基础。

同传统信任一样，Wang 和 Emurian（2005）认为，电子商务环境下的交易信任有三个要素：①施信方和受信方。施信方是参与网络交易的消费者，受信方是网络平台及平台中的卖家，有时也包括技术及法律制度等。②易受伤害性。在电子商务交易环境下，各种不确定性及风险相较网下更为显著，网络安全和支付问题更为担忧，从事交易过程中留下的个人隐私容易被非法商家所盗用，使消费者容易受到严重伤害。③主观性。同传统信任一样，电子商务交易信任同样受到人们主观的对于网络、对于平台及商家不同的信任倾向的影响。

网络环境下交易信任的内涵为：在网上交易存在风险和不确定的条件下，消费者通过对网络购物方式本身和交易环境，以及销售商充满能力、正直、善意的可信赖信号的感知，从而对网络购物方式本身和购物环境以及在线卖方形成良好的预期。其中，能力、正直、善意是被普遍认可的三个维度。

2.2.3 交易信任的影响因素

对于交易信任的实证研究，主要研究的是网上信任的前因、多维度的网上信任以及信任的结果之间的关系，如图 2－7 所示的拓扑模型。该节着重对影响交易信任的前因进行文献回顾，为后续章节实证模型的构建提供理论基础。

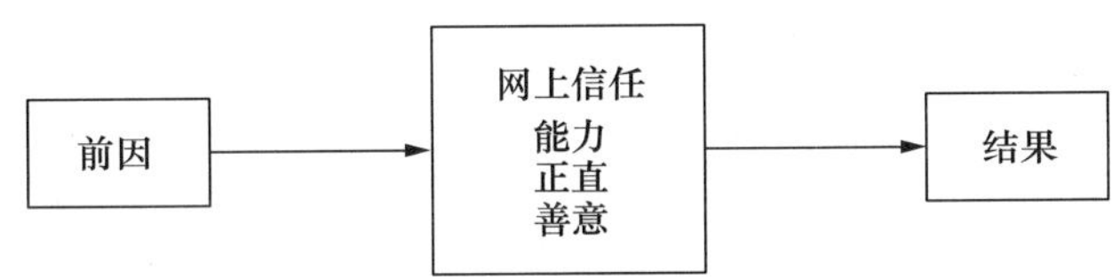

图 2－7 交易信任实证研究的拓扑模型

2.2.3.1 与消费者相关的影响因素

与消费者相关的影响因素主要包含个人信任倾向、对互联网的熟悉程度、网络购物经验以及感知风险。个人信任倾向是一种稳定的个人内在因素（Olson，2000），是个人所表现出的愿意相信他人或其他事物的程度（McKnight et al.，2002），代表了个人对于其他人或事物最基本的信任态度。有些消费者容易对人或事物产生信任，相反，也有一些消费者很难对人或事物产生信任，这主要跟消费者的生活背景以及阅历有关，显然，信任倾向不同的消费者对网络购物的本能信任也不相同，容易产生信任的消费者同样也会很容易对网络购物产生信任（Chen et al.，2010；Beldad et al.，2010；曹振华等，2006；廖以臣等，2009）。对互联网的熟悉程度以及购物经验同样影响着消费者交易信任的形成，消费者对网络环境与技术越熟悉，就越容易形成环境信任和技术信任，从而促进交易信任（Connolly R.，2006；Qureshi et al.，2009；冯炜，2010）；消费者网络购物经历越丰富，对网络购物的流程以及购物环境越熟悉，可以减少网络购物的不确定性带给消费者的心理疑虑，从而对交易信任的形成有着至关重要的作用（Xiao et al.，2008；陈艺妮，2010；庞川，2003）。张景安等（2009）研究证明，消费者对购物网站的熟悉程度以及个人信任倾向是影响在线信任的重要因素之一。李楠（2007）、Zahedi 等（2010）研究发现消费者网络购物的感知风险是影响在线信任的重要因素。

2.2.3.2 与网络商家相关的影响因素

与网络商家相关的影响因素主要包含商家声誉、规模以及是否有实体店面等。商家声誉是最宝贵的无形资产，良好的声誉需要付出“声誉租金”，声誉的维持是一项长期的工程，好的声誉能够为商品带来一定程度的溢价，声誉好的商家不会轻易冒风险去从事投机行为；商家良好的声誉能够为其带来更多的顾客和交易量；在实践中，很多商家在店铺通过展示消费者保障服务标识和商誉标识等来证明自己的良好声誉。此外，消费者普遍认为良好的商家声誉是卖方能力、正直和善意的一种体现，是商家出售商品和服务质量的综合体现，具有良好声誉的商家是值得信任的。商家规模是指消费者感知到的网络商家的规模大小，消费者认为，规模大的商家拥有更多的能力为消费者服务，最大限度地保障消费者利益。Lu 等（2007）、Sun（2010）研究发现消费者感知的商家声誉和规模对交易信任的影响程度在95%的置信区间上都是显著的。有传统店面支持的在线卖方在开展网络销售时，比纯粹的电子商务企业具有先发优势，更容易获得消费者的信任（Mukherjee et al.，2007；Tang et al.，2008）。张仙锋（2008）通过情景泛义模拟实验采集的数据对 C2C 市场中个体卖方信任的影响因素进行实证检验，结果证明消费者的感知网站质量是最主要因素，信任机制至关重要，C2C 平台市场比个体卖方作用更大，声誉的影响强于规模。

2.2.3.3 与购物网站相关的影响因素

与购物网站相关的影响因素主要包含网站的设计质量、网站的有用性和易用性以及网站的安全性和对个人隐私的保护程度等（Lee et al.，2006；Lauer et al.，2007；Miyazaki，2008；ElKordy，2009；Joinson et al.，2010）。网站质量是商家采用技术的体现，网站质量越高，商家采用技术越强，为消费者提供优质产品与服务的能力越强（金玉芳等，2004）。网站质量直接影响着消费者对网络商家的感知与评价，是影响消费者信任的一个重要因素（李沁芳等，2008；鲁耀斌等，2005；Zimmer et al.，2010）。网站的有用性和易用性是影响消费者对购物网站信任的重要因素，网站的有用性是网上交易的前提，网站的易用性是消费者网上交易是否频繁的重要前因变量（刘满成等，2015）。

2.2.3.4 与网络购物环境相关的影响因素

网络购物环境主要指宏观层面的网络购物法律法规、政策以及相关规章制度等，由国家或第三方监管机构制定政策或实施监管，为消费者营造一个安全可信的网络购物环境，这是促进消费者信任的最根本的因素。良好的网购相关法律、政策以及第三方制度等环境能够促进消费者对于网络环境的信任（王传美等，2006；Salo et al.，2007；Chiu et al.，2010）。

2.3 信任的形成机理及有效性研究

2.3.1 信任的形成机理

目前，研究如何建立信任主要有以下三种方法：

（1）利用博弈论，利用囚徒困境研究合作的动态本质，也称为信任博弈。

（2）利用回归模型，找出影响信任的具体的前因变量，也称为前因性研究。

（3）从理论上构建模型，解释信任的建立过程，也称为机制性研究。

本书研究同样遵循这一思路。首先通过定性研究，建立消费者信任的理论机制，然后针对不同机制探查反映各机制的要素，最后进行实证。理论机制的探讨作为实证研究的支撑，实证研究结果反过来验证了理论机制的有效性。

学者们围绕网上交易的过程，从主体的角度对信任的形成进行了描述。Kim 等（2005）基于 B2C 电子商务中信任形成过程中的三主体——信任主体、信任客体和环境（技术和第三方），从消费者行为、制度、信息、产品、交易和技术六个方面来描述信任的形成。金玉芳和董大海（2004）在研究消费者对企业的信任问题时，将信任的建立过程分为四类，即施信方自身的心理过程机制、施信方对受信方的判断过程机制、交往过程机制和其他外部机制，通过药房的数据实证得出核心产品、店员的基本服务、经济价值、附加服务、环境是影响消费者信任的重要因素。方健雯（2006）收集 eBay 的拍卖数据，对三种不同来源的信任机制下理性交易者的最优策略进行博弈分析及实证检验。

在电子商务交易中，除信任主体和信任客体之外，还涉及制度、技术等环境因素。McKnight 等（2001）将电子商务下的制度信任分为情境规范（Situation Normality）和结构保证（Structural Assurance）两个维度。情境规范指消费者认为市场环境井然有序、能够正常保证交易进行的程度。结构保证指交易过程中存在的合约、规章条款、担保及法律等具有保护性的结构，会促使产生有利结果的信念。早在 2000 年，Grazioli 等就提出了欺诈、信任与风险模型（Deception, Trust and Risk），其中提到了第三方印章、保证服务、媒体推介和物理店面四种保障机制，它们通过降低欺诈行为的可能性或提高对检测出的欺诈行为的惩罚力度，降低消费者对交易行为的风险认知；DTR 模型的证明书、规模和声誉三种信任机制通过传递有关商家的可信性信息，增强消费者信心，提高对商家的信任感知。Zucker（1986）认为，第三方认证和第三方契约保证等制度信任使陌生的个人或者组织间的信任得以建立，他提出了基于特征、基于过程和基于制度的三种信任建立机制。

前人对于信任建立机制的研究视角比较发散，有必要梳理各机制内部的作用机理，从总体构建网上交易环境下信任机制的研究框架。张仙锋（2006）基于信用基础构件框架和网上信用生成的周期说、因素说和 DTR 模型，提出了网上消费者信任生成机理综合模型。陆现祥（2003）从制度经济学角度，构建了基于制度经济学的正式制度和非正式制度的信任框架，如图 2 – 8 所示。谢康等（2014）提出电子商务三级技术信任的概念模型（见图 2 – 9），将电子商务信任研究从一级技术信任扩展为二级和三级技术信任，认为电子商务环境下的个体、技术、正式和非正式制度等结构性要素之间，以及这些结构性要素与现有社会结构之间存在交叉或单一的动态调适过程，最终形成三级技术信任的动态传递结构。

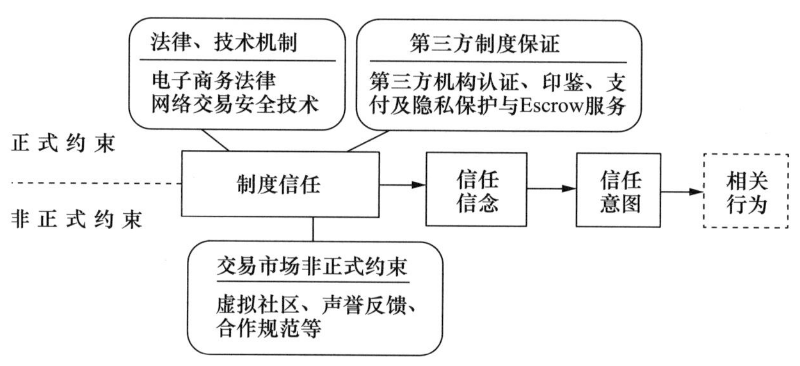

图 2 – 8　电子商务信任制度框架

网上信任机制是在网络环境的不确定风险情势存在的情况下，能促进一方主体形成相信另一方主体会按照共同的期望行事，不攻击其脆弱性的主观信念的机制。综合众多学者的研究，面向消费者的网上信任机制可分为微观卖方信任机制、正式的制度性信任机制和非正式信任机制三大类。微观卖方信任机制主要包括能力信号的发布机制、趋同性机制、保障机制和互动性机制。其中，保障机制包括消费者保障服务、退款服务、身份认证服务、商盟、补偿基金等。正式的信任机制包括法律体系、信用印章服务、第三方支付担保、第三方认证等。非正式信任机制包含文化环境、声誉反馈体系、虚拟社区等。

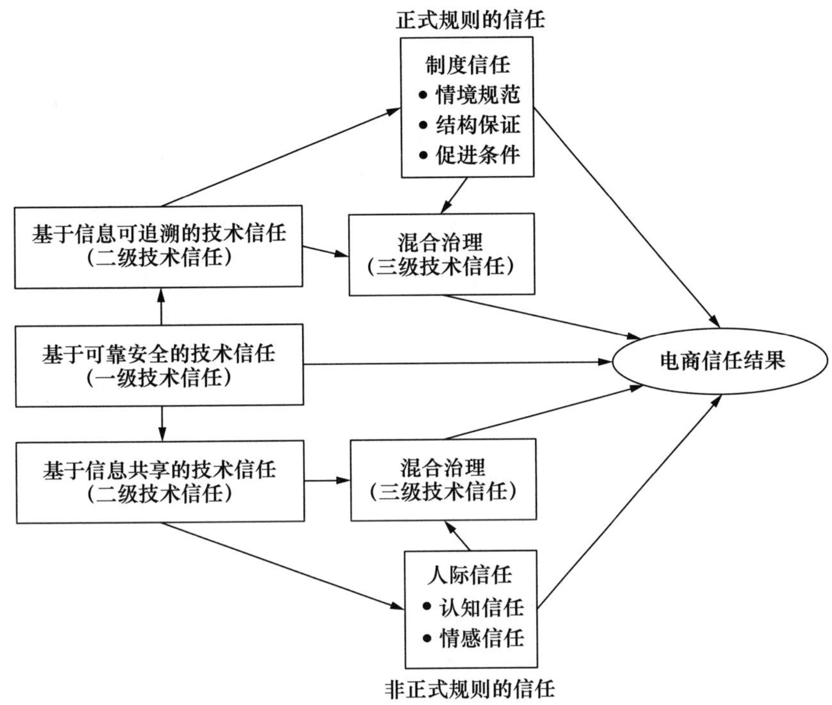

图 2-9　技术与制度混合治理下的电子商务信任概念模型

2.3.2　信任的建立机制及其有效性

目前，我国网上交易中信任的建立机制主要包括信用印章机制、支付担保机制、声誉反馈机制、消费者保障机制、商盟机制等。国内关于信任的建立机制的研究主要借鉴国外学者的已有研究，研究视角比较发散。

2.3.2.1　信用印章

国外学者对信用印章的研究开始较早，采用了多种方法对网上印章服务的功能及有效性进行了理论和实证研究。Kovar（2000）对信用印章的作用机理进行分析，认为信用印章可以为网上交易提供保障。Cook 等（2003）指出第三方印章在供应商和消费者之间建立信任方面有重要作用。Hui 等（2007）对印章作用展开了现场研究。Hu 等（2002）验证了信用印章服务有利于网上销售，并且对不同的印章的促进效果进行了对比。Zhang 等（2005）从功能性角度研究了不同印章的作用以及信用印章对于网购决定的影响，发现信用印章对缺乏经验的消费者有显著的影响作用，而且信用印章对于消费者网购意愿的影响作用独立于对印章的熟悉度。

大量研究表明，信用印章的采用有利于消费者建立对网站或商家的信任，进而增强消费者网络购买意愿，最终增加网站交易量，但信用印章能否被消费者准确感知其有效性是重要的前提条件。Kovar（2000）通过调研指出，只有56%的受试者注意到信用印章，27%进行点击和8.5%看到相关的广告。Kimery等（2006）基于信号理论研究发现由于印章的信号不能被注意或充分理解，致使TPA印章可能并不能有效地影响消费者对于网站的信任。

国内学者近些年来也开始探讨信用印章服务的经济功能并对其进行实证检验，但与国外相比，研究的广度和深度还不够。我国信用印章的实践种类单一，消费者没有对隐私和安全印章产生足够重视，信用印章的普及程度和规范使用都需要进一步加强。魏明侠等（2006）基于中国数据对信用图章的经济功能进行了实证检验，通过使用信用图章提升消费者对网上店铺的信任度进而增加销售，探讨了虚拟市场中信用图章的内涵、经济功能及发挥作用的机理。杨姝等（2009）通过实验室实验验证了隐私信用图章对于消费者信任的影响。张仙锋（2010）精选出88个B2C网站，分析我国商家对信用印章服务的采用行为，调查结果显示我国商家对7类印章服务的整体采用率较低，正确采用的比率则更低；其错误采用行为主要体现在无链接、链接到其他页面、企业自建证书扫描件等问题上，而提供方目标不明确、程序不规范、评价权威性弱和商家的采用意识差、认识不充分则是其产生的深层原因。

2.3.2.2 支付担保机制

支付担保机制可以有效降低消费者的感知不确定性和交易风险，可以方便网上交易，有利于保护买卖双方交易的进行（Patel et al.，2012），能够规避P2P中的风险（Horne et al.，2001）。风险规避的交易者最可能采用第三方支付担保服务（Antony，2001）。任天锋（2009）提出了“感知临界点”对第三方支付行为意向的影响机理，并通过回归分析建立了标准方程。李育林（2009）以不对称信息理论为范式，运用道德风险、逆向选择和信号传递模型对第三方支付的经济学原理进行了解释。方艳杰（2012）通过计量分析得出，第三方支付平台的有用性能降低消费者感知的经济风险、绩效风险、身体风险、社会风险以及心理风险；第三方支付平台的安全性能降低消费者感知的经济风险、隐私风险以及心理风险；第三方支付平台使用者的使用经历以及对其的熟悉程度能降低消费者感知的经济风险和身体风险。

对于交易方采纳支付担保服务的影响因素，学者们大多基于C2C市场展开理论和实证研究，而验证支付担保机制有效性的研究则较为缺乏。Antony等（2006）对网上拍卖市场中支付担保服务采纳的影响因素进行了实证研究，发现欺诈比率、产品价格和销售者的声誉都会显著影响对第三方担保服务的采纳，而且销售者的声誉能显著影响消费者的感知风险。吴传淑等（2007）采用实验设计方法证明了欺诈率、产品价格和卖方声誉是决定买方是否采用第三方支付担保服务的重要因素。Zhang 等（2007）采用 Monte Carlo 计算机模拟方法对第三方支付担保机制在拍卖市场中的有效性进行了验证。

支付担保服务的费率直接决定着支付担保服务提供商的收益，也影响着交易方对于支付担保服务的使用策略，只要收取的佣金不是很高，交易方都愿意采用支付担保服务完成交易。Hu 等（2001，2004）探讨了诚信交易者采用支付担保服务的策略以及支付担保服务的最优费率问题，为网上交易者构造了一个动态博弈模型，为第三方担保服务提供商构建了一个利润最大化模型。陈美荣（2008）利用动态博弈模型分析了理性交易者的第三方支付服务选择策略，得出诚信的交易者比非诚信的交易者更倾向于选择采用第三方支付系统；当整个 C2C 市场的诚信度并不是很高时，无论是买家还是卖家都会愿意选择采用第三方支付系统。徐莎莎（2011）基于双边市场理论对第三方支付的定价策略做了讨论，由于显著的网络外部性存在，第三方支付机构会选择一个非正的注册费水平，从而实现将双边用户“拉入”平台的目的；而对于交易费则采用“倾斜定价”的原则，对消费者采用较低的费率，对商户则收取较高的费用。King 等（2011）发现拥有低信誉和低安全的网站可以从第三方支付担保获益，而拥有高信誉和高安全的网站可能并不能从第三方支付担保中获益，并且当消费者感知网站安全度较高时，并不趋向于使用第三方支付担保。这也从一定程度上解释了当消费者购买知名 B2C 平台自营产品时，大多没有选择支付担保进行交易，而趋向于采用货到付款和信用卡付款的方式。

随着移动互联网的发展和支付产品的创新，学者们对一些新兴领域逐渐投入关注。Yao W.（2010）用波特的五力竞争模型来分析移动第三方支付。Hong 等（2010）进行了有关第三方支付企业和银行间的收入分配研究。Lai（2012）进行了第三方支付模式的担保交易研究，通过构建逻辑框架，比较了三个第三方支付平台的核心竞争力，定义了第三方支付成功的因素。

2.3.2.3 声誉反馈机制

声誉反馈机制吸引了众多学者的关注与研究，研究视角主要包括声誉反馈体系的市场结构、系统设计、与信任的关系及机制有效性等方面。

市场结构方面，国外研究主要围绕 eBay 市场，基于市场数据进行基础性分析和计量分析，描述了声誉反馈信息的分布状态和结构特点。Resnick 等（2002）通过 eBay 的大样本市场数据研究发现，不算“搭便车”的激励，有一半的比例都有反馈信息，几乎总是正面积极的，买方和卖方反馈之间有一个很高的相关性。Zhang 等（2006）基于 Gibrat 法则研究发现卖家声誉呈对数正态分布。针对

B2C 电子市场中声誉反馈信息不足的状况，Cho 等（2009）等提出“Q－评价者”的声誉系统来解决此问题，利用过去项目评级以及多级信源采取及产品评分聚合评级机制来加强声誉系统的可靠性。

对于市场结构的研究，国内早期主要基于淘宝、易趣和拍拍网，方法仍保留在定性分析或基础的数据分析层面。陆弘彦等（2007）从对买家身份验证、评价生效时机、信用计分制度和信用度表现方式等角度对淘宝和易趣的声誉评价体系进行比较研究，在此基础上提出改进淘宝评价机制的对策。王强（2010）基于成本搜寻理论，研究了卖家声誉和买家保留价格存在差异时，搜寻成本对网上交易市场价格水平和价格离散程度的影响，进而研究了网上交易市场声誉与搜寻成本之间的相互作用，分析出低声誉卖家最终会被逐出市场。吴克文等（2010）采用实证方法研究了现有 C2C 平台下的信誉评价结构，认为可以尝试利用 SNA 网络体系结构、数据挖掘等方法对欺诈用户的识别进行深入研究。

声誉反馈机制设计与系统设计方面，国外的研究视角更为细微，从早些年的系统框架研究逐步深入到声誉信息收集与报告方式的研究，从系统设计因素深入到影响声誉系统正常运转的威胁因素的研究，开始聚焦于针对特定市场的声誉系统研究。针对 C2C 市场中交易者可轻易获得全新身份、规避原有欺诈责任的现象，提出了基于社会成本费用的机制（Friedman et al.，2001）、声誉评价体系共享机制（Yu et al.，2002）和激发交易者诚实反馈的体系（Miller et al.，2005；Dellarocas，2005）等。Josang 等（2007）将网上交易的声誉网络架构分为中央声誉系统和分类声誉系统两种，指出声誉的网络架构决定评级和声誉分数的形成。Zhou M.（2008）提出了一个全面框架用以评估反馈系统的影响，并且指出在卖方激励提供优质的产品且信息不对称的情况下声誉反馈系统潜在的问题。Ekmekci（2010）应用了一个能够观察到所有过去信号并且能够发布公共声明的中央机制来检验声誉效应长期保持的可能性，认为从过去信号到公共声明的加工过程和加工后的公共声明共同构成了评级机制。Dellarocas（2006）研究交易者信用信息更新频度对声誉市场有效性的影响，以及网上评价操控对消费者及企业的影响。Swamynathan 等（2010）研究了不确定信息下的声誉系统的影响，确定了威胁声誉系统可靠运行的主要威胁是官商勾结和短生命周期的在线身份，基于此提出了完整的声誉系统设计方案。

对于声誉反馈机制和系统设计，国内的研究主要集中于信任模型的构建与算法的改进。张娥（2007）提出基于注册押金和注册保证金的诚信交易激励机制，有效改进了信誉指数、累计方法，并且使交易保证金与信誉指数和预期交易额密切相关，从而激励交易方诚信交易。杨震（2009）将交易价值、评分者信誉度等影响因素引入模型，将买方对卖方的评价加以细分，构建了新的声誉反馈系统。

乔岳（2012）分析了我国网上交易市场机制的演化过程，通过网上交易的博弈分析，认为网上交易前的声誉机制基本失效，惩罚、壁垒机制被依次引入。翟立宏等（2012）通过实证检验了市场宽度、市场密度、顾客特征、网络结构等对声誉机制的影响。

对声誉反馈机制与消费者信任的研究，国外主要采用实验行为研究，国内尚停留在数据的基础分析上，有待深入。Ba 等（2002）通过模拟控制实验检验了声誉反馈机制对消费者信任的影响；Bolton 等（2004）分三种市场设计了模拟控制实验，提出并验证了声誉评价体系对消费者信任及卖方声誉的作用；Pavlou 等（2006）对信用评价内容进行挖掘，提出评价内容会影响消费者信任，进而影响商品价格。Rice（2012）区分了声誉机制和具体的信任信息的作用，发现前者有关联的整体决定是否在电子市场进行交易，而后者则体现有关特定卖家购买决策的意义。纪淑娴（2009）通过对淘宝两个手机卖家数据的分析，证实声誉反馈体系能够促进交易信任，消费者对于网络平台的信任可以转移为对卖家的信任。

声誉反馈机制的有效性研究，主要集中于声誉反馈对于商品价格和产品销量的影响，在声誉反馈机制在网上交易中具有积极促进作用方面达成了共识，但由于学者们选取的平台和商品类别不一，研究结果不尽一致。Resnick 等（2002）、Dewan 等（2004）对 eBay 大样本数据实证分析得出卖方的良好信誉能有效提高其售出率。Melnik 等（2002）利用经验数据揭示了卖方声誉对于其出售商品的价格有着积极的、统计意义上显著的但是很小的影响。Livingston（2005）通过分析 eBay 的声誉系统，发现在初次揭示卖家类型的报告披露后，拥有好声誉的卖家商品更容易成交或者获得较高的声誉溢价，但是随着成交量的增多，卖家的良好声誉对他得到的回报的影响逐渐变小。Jin 等（2006）认为网上交易声誉体系并非完美无缺，普遍存在着质量宣传误导和价格被抬高的现象，通过检查网上拍卖中产品价格、产品质量、卖方宣传和卖方声誉之间的联系，发现声誉好的卖家并不一定提供质量好的产品。周黎安（2006）采用易趣数据实证研究发现，声誉评价影响拍卖商品成交价格和拍卖成功的概率，卖方声誉评价成为人们网上交易的重要决策变量。李维安等（2007）通过计量回归分析得出，卖方声誉对其销售量有正面影响，但这种影响是非线性的：存在两个临界点，低于下临界点，卖方信用度对卖家商品的销售量没有影响；高于上临界点，卖家商品的销售量也不会因为卖方信用度的提高而增加。杨居正等（2008）通过随机抽样，对易趣网七万家商家进行跟踪记录，研究了声誉和管制与市场体系的相互作用，认为信誉是维护市场秩序的有效手段。张仙锋（2009）基于淘宝网上三种电子产品的数据，采用 Logit 和 OLS 方法实证得出信誉分数对卖方售出行为存在显著影响，价格升水对售出概率存在调节作用。

声誉反馈机制的构建和完善是一个动态发展的过程，学者对声誉反馈体系市场机构及机制有效性的研究加深了对声誉反馈体系的认识，对消费者信任和体系构建的研究发现了现有体系的不足，为进一步完善反馈体系奠定基础，但国内现阶段研究尚有局限，对反馈体系的研究和构建需要进一步加强和完善。

2.3.2.4 消费者保障机制

消费者保障机制主要因我国个人信用体系和社会信用体系的不健全而产生，在国外实践中较少涉及。肖俊极等（2009）利用淘宝网的交易数据，对消费者保障服务中的“先行赔付”和“7 天无理由退换货”服务的有效性进行了实证研究，结果表明消费者保障计划增强了交易者之间的信任度，提高了网上交易的成交概率，增加了消费者福利。王小宁等（2009）以淘宝网为例，就信用评价、商盟及消费者保障机制对网上交易的影响进行了实证研究，结果表明当三者同时作用时，消费者保障对于促进信任和实现交易的影响最大，信用评价次之，商盟没有影响。张楠（2011）对淘宝网的数据分析表明，保障机制对消费者进行 C2C 网上购物时的购买态度、意向以及购买行为均有正向影响，并且进一步发现是否参加“如实描述”“七天退换”“三十天维修”三种保障机制对两种商品的浏览量、收藏量、销售量均有显著影响。肖阿妮等（2011）通过实证研究表明，与感知网站质量、网店服务、网店形象相比，第三方保障服务是影响消费者信任的最重要因素。孟祥秀（2014）认为，网络第三方支付机构的安全和信用也应该有充分的担保，即必须通过完善的信用保障机制以保障网络第三方支付机构的良好信用。

2.3.2.5 商盟机制

商盟是卖家自发成立的非正式组织，从商家加盟为会员开始，到处理交易过程中的纠纷，以及惩罚违约会员和网络商盟等，形成了事前防范、事中协调、事后惩罚三位一体的管理契约，包括区域商盟和行业商盟等。

加入商盟有利于增加消费者的信任，提高商家信誉。Greif（1993）发现 11 世纪的贸易者通过联盟声誉机制，可以从存在承诺问题的海外代理贸易中获益。Greif 等（1994）利用重复博弈模型说明行会（Merchant Guild）可以给外来客商以安全的承诺，有助于扩大贸易。Greif（2003）利用历史证据和博弈论提出了能够支持中世纪晚期欧洲非个人化交换（非面对面交换）的 CRS 系统，该系统是在一种信息不对称的环境下，通过商家的联盟来支持非个人化的交换。商家和社区的行为和预期行为使在社区间交换的时候内部化其成员的欺诈成本，而整个社区的声誉将有利于保证社区间交换的可信性。Pavlou 等（2004）发现了加入联盟的商家有利于减少消费者的感知风险，增加消费者的信任，促进网上交易。MacGregor（2004）比较了采取联盟和未采取联盟的企业在最大化收益和最小化困难方面的差别，发现参与战略联盟可以减少困难，但在收益方面却没有显著差异。

在信息不对称、电子商务法律制度不完善的环境下，通过建立商盟制度可以用来增进买卖双方的信任，促进网上交易（王小宁等，2009）。李维安等（2007）利用淘宝数据验证了商盟集体声誉的作用，发现属于商盟的卖家在给定时间的销量高于不属于任何商盟的卖家。吴德胜等（2009）通过博弈模型说明了商盟可以以其集体声誉作为抵押向买家发出可置信的承诺，约束自己的行为，并以淘宝为例，说明在法律等公共秩序缺失的情况下，私人秩序在一定程度上可以起到替代公共秩序的作用。张新香等（2010）发现第三方中介、商盟等第三方契约关注卖家机会主义行为，可以解决单边道德风险问题，商盟自发形成了基于制度的私人秩序，向买家传递可置信的信号，买家认为加入商盟的卖家都是可置信的，而不关心卖家是否初始进入。

2.3.2.6 信任建立机制有效性的综合性研究

随着各种信用服务机制的兴起，国内学者开始采用结构方程模型和实验研究的方法，各自选取不同的几种机制就其对在线信任与网上交易的影响进行实证研究。

李维安等（2007）通过收集淘宝网上魔兽世界游戏点卡的数据，验证了网上交易中的基于卖方个体声誉的信用评价和基于卖方集体声誉的商盟对交易的正面影响。王小宁（2009）在李维安研究的基础上，就基于个人声誉信任的信用评价、基于集体声誉信任的商盟及基于制度信任的消费者保障机制对网上交易的影响进行了实证研究，研究结果表明消费者保障的影响最大，信用评价次之，商盟没有影响。李沁芳（2007）通过淘宝网实证研究得出个人信任立场、系统信任（感知法律技术有效性、感知第三方有效性和感知声誉反馈有效性）和网站易用性均显著影响其在线信任信念。周涛和鲁耀斌（2008）通过问卷调查验证了反馈系统、Escrow 服务、C2C 中介等 C2C 市场中第三方信任机制对消费者感知卖方信任和交易动机的显著作用，没有发现电子商务法律法规对信任的显著作用。王全胜和吴凡（2008）采用实验的方法验证了信用印章、第三方排名和支付担保三种信用服务对于在线信任都有不同程度的显著促进作用，而对于感知风险的影响不显著。潘勇等（2012）研究发现带有中国本土特征的淘宝网的声誉评价系统和卖家商盟制度较大程度地减少了电子商务市场的逆向选择问题。肖俊极等（2012）对网上交易中声誉、消费者保障、保修服务及信息披露四种信号机制的有效性进行了实证研究，结果说明七天退换和保修服务可以作为产品质量的信号，而在其他有效信号策略存在的情况下，先行赔付以及卖家声誉作为质量信号的作用被削弱。乔岳等（2012）分析了我国网上交易市场机制的演化过程，通过网上交易的博弈分析，认为网上交易前的声誉机制基本失效，惩罚、壁垒机制被一次引入。

综合上述文献研究，学者们对于信任建立机制及其有效性的研究比较零散，没有形成完整的研究体系，而且以理论研究为主，缺乏实证检验；国外学者大多采用 eBay 数据进行实证，基于中国特色的信任建立机制的实证检验较为缺乏。

2.4 研究现状评述

信用服务是一个较新的概念，对于信用服务的研究几乎空白，而且现有研究主要基于理论层面，需要充分借鉴信任与信任建立机制等方面已有的研究成果，结合网上交易实践进行探索。这些已有成果为本书提供了思想、方法、视角等层面的借鉴，是本书研究的重要基石。

学者们对信用服务的概念没有述到统一的认识，提法不一，所指不一，主要从国外学者对于信任服务、保障服务、信任机制、信任标记等的概念延伸得出，所指包括各种具体的信用服务产品或服务机制。信用服务的主要作用在于减少不确定性，建立交易双方的信任关系。因此，对于信用服务机制的研究，多从信任的建立机制进行借鉴，学者们对于交易信任与信任机制的研究为信用服务机制的研究提供了较为丰富的研究视角。

目前，网上交易中信任的建立机制主要包括信用印章机制、声誉反馈体系、支付担保机制、消费者保障机制、商盟等。国外学者对于信用印章的隐私及安全等问题较为关注，而信用印章在国内的应用较少且不规范，致使信用印章的作用大打折扣。而消费者保障机制在国内的应用颇为广泛，表现为七天退换、假一赔三、闪电发货等服务机制，而国外对于保障机制的应用主要体现在服务条款与退换货政策等方面，学者们对于消费者保障机制对于促进消费者信任的实证研究结果不尽一致，消费者保障机制没有起到有效地保障消费者利益的作用。

国内关于信任的建立机制的研究主要借鉴国外学者的已有研究，研究视角较为发散，虽然不乏实证研究，但大多数都是深入研究其中一种信任建立机制，较少有学者全面分析各种信任机制的作用机理，而基于中国网上交易信用服务实践，理论与实证相结合的、多角度验证各种信用服务机制有效性的文献更为稀少。

本书基于信任与交易信任、信任建立机制及其有效性等现有文献，对信用服务及信用服务机制的概念进行梳理，是对现有文献研究的有益补充；信用流贯穿于整个电子商务交易活动的始终，电子商务链理论对于解释信用服务的信息传导与作用机制提供了恰当的研究视角；本书的研究视角较为新颖，并与实践应用结合紧密，探索平台自营与平台入驻商家经营两种交易模式下信用服务机制的有效性，对于政府、商家、消费者和第三方中介都具有一定的实践意义。

本章小结

本章通过国内外文献回顾对交易信任、信任建立机制等相关研究进行了梳理，为信用服务机制的研究提供有益借鉴。首先，本章在对消费者购买决策行为与模式进行概述的基础上，对理性行为理论和计划行为理论等相关网络交易研究模型进行介绍。其次，交易信任作为联系买卖双方的纽带和桥梁，是影响消费者网络购买意愿的重要因素，故本章随后对交易信任的内涵进行界定，并对交易信任的影响因素进行梳理。再次，对信任建立机制及其有效性等相关理论和实证研究进行综述。最后，对已有文献进行简单评述，分析了已有研究的贡献和不足，揭示了本书的研究特色。

3　网上交易中信用服务机制有效性研究的分析框架

信用服务机制的有效性会影响消费者对于网络平台和平台中商家的信任信念，进而影响消费者网络购买意愿。本章首先对信用服务的内涵进行界定；其次，基于现有的信用服务实践，梳理 B2C 自营平台和 C2C 平台中信用服务的应用现状与存在问题；再次，从电子商务链的研究视角，探讨了信用服务信息的传导机制与作用机理；最后，构建了基于信用服务机制有效性的消费者网络购物行为分析框架，为后续章节的研究提供理论支撑。

3.1　信用服务

在仅能掌握有限信息的条件下，消费者试图减少交易的不确定性和复杂性，而建立信任则是一种有效的方法（Luhmann，1989）。消费者往往是因为没有对网络商店产生足够的信任而没有与之发生交易（Hoffman et al.，1998）。有效的信用服务机制使消费者在面对不确定性时可以降低行为的复杂性，帮助消费者做出理性的购买决策。

信任是影响消费者网络购物意愿和行为的重要因素。国内外众多学者都对交易信任和信用问题进行过深入细致的研究，从早期的网络、技术、系统视角（Ratnasingam et al.，2003；Bamasak et al.，2004）发展到心理学、社会学、经济学、管理学各学科的深入应用，构建了较为完整的交易信用的研究框架（McKnight et al.，2002；Gefen et al.，2004；Pavlou et al.，2004）；从理论分析（Gefen，2000）到多角度的实证检验（Gefen et al.，2003；Gefen et al.，2005），交易信任问题已经形成了较为系统和完整的研究体系。

但是，着眼于消费者角度，这些影响交易信任的因素众多，消费者没有时间或能力一一辨识它们，有必要建立一种类似于传统交易中财会审计这样能够让消费者一目了然的信用服务机制，让消费者在较短时间内只要审视几个关键要素就能迅速做出商家是否值得信任的判断（Stock et al.，2001）。学者们对这种“信用服务机制”的探讨比较分散，没有形成完整的网上交易信用服务研究体系，对信用服务机制有效性的实证检验则更为缺乏。为了探索这些信用服务机制如何影响消费者信任，以及网络平台和商家如何有效利用这些信用服务机制，对于信用服务的概念和作用机理的系统梳理非常必要。

3.1.1 信用服务的内涵

3.1.1.1 信用服务的概念

信用服务是电子商务信用研究领域中一个较新的概念，查阅近些年国内外学者的相关研究文献，发现学者们对于什么叫信用服务并没有达成统一的认识，对于信用服务的提法不一、解释不一，所指既有包括多种信用服务的，例如信任服务（Trust Service）、保障服务（Assurance Service）、信任机制（Trust Mechanism）、第三方保障（Third - party Assurance），也有专指信任标记（Trust Seal）一种信用服务的。笔者在文献库中搜索信用服务、信任服务、保障服务、信任标记、信任机制、第三方保障等关键词，梳理前人文献得出信用服务相关概念汇总表（见表3-1）。文献研读中发现信用服务与信任服务和保障服务的概念所指较为接近，均指与网络技术或者网上交易相关，为了减少网上交易的不确定性和交易风险，并且拥有具体的服务提供商，只是具体涉及的服务范围和内容有所不同，而信任标记只是其中具体的一种信用服务机制。

表3-1 信用服务相关概念汇总

作者	概念名称	定义
Holstrum & Hunton，1998	保障服务	是一种和网络以及信息技术相关的关于信息的质量、安全以及内容可靠性的保障
Baldwin，Beres et al.，2001	信任服务	是一种在电子商务环境下能够为接触期、谈判期、合同签订与履行等不同交易阶段提供信任和信心的方法，并能够为买卖双方解决争议提供依据
Baldwin，2002	信任服务	是一种第三方的网络服务，允许通过某种机制或方案将一个消费者整体的信任感拆分为几个构件从而形成一个或几个特别的信任服务。每种信任服务必须明确自己提供哪方面的信任担保，并且保证这种担保是可靠的
Kimery & McCord，2002	第三方保障标记	是一种由第三方提供的关于卖方过去的行为、意图和能力的信息的客观披露，这种标记认证将给消费者传递卖方是否能够遵循担保者所要求的能够形成消费者信任的标准的信息

续表

作者	概念名称	定义
Pennington, Wilcox et al., 2003	信任机制	一种能够促进在线交易中的系统信任并能够形成对在线商家信任的方式
Steven & Robert, 2003	网络保障服务	是一种能够让消费者形成对企业网站的制度信任，是制度信任的一种表现形式
Tan & Thoen, 2003	控制机制	由独立于买卖双方的第三方提供的能够保障卖方不采取机会主义行为并由卖方按照买方的期望执行的一种方法
Buuren, Strating et al., 2004	信任服务	服务提供者通过提供相关的信息以降低不确定性并以此降低消费者做出商业决策所需要的信任等级
Cook & Luo, 2004	第三方标记	由第三方提供的关于企业是否遵守提供方指定标准的认证，例如是否符合信息安全和隐私保障的要求等
Kim, Natarajan et al., 2004	标记保障服务	是一种能够让易受伤害的消费者对在线交易更有信心并保证卖方能够按照他的承诺履约的方式，比如服务提供方保证交易信息传递的安全和可靠，保证卖方具有某种还款担保以及卖方能够保护消费者的隐私等
Chang & Cheung, 2005	信任机制	当消费者无法获得许多关于卖方的可信的信息时，这种机制能够提供某种标识从而使消费者产生对在线卖家的初始信任
魏明侠，2004	网上信用服务	是解决虚拟市场信用问题的重要方法，主要指由于电子商务交易双方的信息不对称性和交易的虚拟性，为了确保交易的安全进行，由第三方所提供信用担保、信用评估等服务
Zhang, 2004	信任标记	由第三方提供的关于企业是否遵守提供方指定标准的认证
严中华和关士续等，2005	信任促进策略	促进电子商务环境下提高在线信任进而提高在线购物的方法
吴凡，2007	信任（保障）服务	由独立于买卖双方的可以依赖的第三方提供，通过收集客观、可靠的信息或者建立某种可靠的机制而对卖方给出结论或申明以达到减少在线交易环境下信息不对称、降低不确定性的效果，使消费者能够依此迅速做出卖方是否值得相信的判断，并能够为以后买卖双方的争议解决提供可信的依据

续表

作者	概念名称	定义
杨柳，2011	信用服务	是为了有效减少信用交易过程中高额信息成本和风险成本，通过专业化的机构以市场交易方式提供信用信息和信用保障中介服务，以促进信用交易发展，维护市场运行秩序的一种新型服务行业
潘钟发，2010	电子商务信用服务	是电子商务信用服务提供者为保证电子商务交易当事人能够履行合同义务而采取的技术手段或提供的信用信息
杨艳和孟炬，2016	电子商务信用服务	依法进行采集、调查、保存、整理、提供电子商务交易主体真实身份信息、交易市场经营信息、交易过程记录信息、交易主体信用等级信息等服务，并对其资信状况进行跟踪评价

综合前人的研究成果，将信任服务、保障服务等统称为信用服务，本书所研究的信用服务基于网上交易环境，是一种为了减少在线环境下的信息不确定性与交易风险，由电子商务企业、平台、服务业以及第三方信用机构等独立或合作提供的，在商品展示、沟通、谈判、签约、支付、配送及售后服务等不同的交易阶段为买卖双方或多方增进信任所提供的具有信用认证、信用评级及信用担保等功能的服务产品和服务机制。其中，服务产品主要体现为固化服务凝聚成的信用产品，如支付宝、诚信通、数字证书、商誉标识、消费者保障服务等；服务机制则表现为系统内部的作用机理，如声誉反馈机制、支付担保机制、平台保障机制等。信用服务机制已经成为一种能够显著影响在线信任进而影响在线购物意图和行为的重要因素。通过对第三方的信任，它使消费者在短时间内判断卖家是否值得信任、是否具有提供高质量商品的能力、是否可以购买其提供的商品或服务。

3.1.1.2　信用服务的特点

信用服务最主要的作用是提高交易信任和降低交易风险，它具有以下主要特征：

（1）信用服务是一种促进信任的机制，它能够使消费者有信心参与在线交易，有助于提高消费者信任、降低交易风险和交易成本，促进消费者网络购买意愿。

（2）信用服务能够简化消费者参与在线购物决策所需考虑的因素，降低在线交易中的不确定性，使消费者方便、快速地做出商家是否可信的判断。

（3）信用服务由独立于买卖双方的第三方提供，第三方对其提供的保障承诺负有责任并可以作为以后买卖双方解决争议的证明，可以为未来买卖双方的争议提供依据，可追溯。

（4）信用服务提供方所收集的信息应该是真实、可靠的，其结果公正、可信，不偏向任何交易方。

（5）信用服务提供方不直接参与交易，但可以向买卖双方收取一定的服务费用。

（6）信用服务提供方所采用的评估标准应该是稳定、有效的，不会因为测量多次而造成结果的偏颇，即有信度。

（7）信用服务具有信任传递作用，消费者对于信用服务提供方的信任可以被传递到拥有优质信用服务的商家上，进而使消费者产生对商家的信任。

3.1.2 信用服务的种类

目前，我国基于网上交易信任机制所构建的信用服务主要有以下几类：

3.1.2.1 信用印章服务

信用印章（Online Trust Seals）又称为信用提升印章或信用促销图章，是在网络环境下用以证明商家身份的一种表征手段，能够提高买方信任，促进交易成功，增加网站交易量，它是由信用良好的第三方信用服务商对其他企业的在线商铺进行评估、衡量，通过发放徽标或建立链接的方式来传播各种有效信息的一种信用服务。信用印章服务对于建立消费者网上信任有重要的作用，而信任的建立又对网上销售和消费者的购买意愿产生正向的影响。信用印章的经济功能作用机理如图3－1所示。在国外，信用印章主要由第三方组织或企业提供，以营利为目的，而我国的信用印章主要由政府相关部门提供。

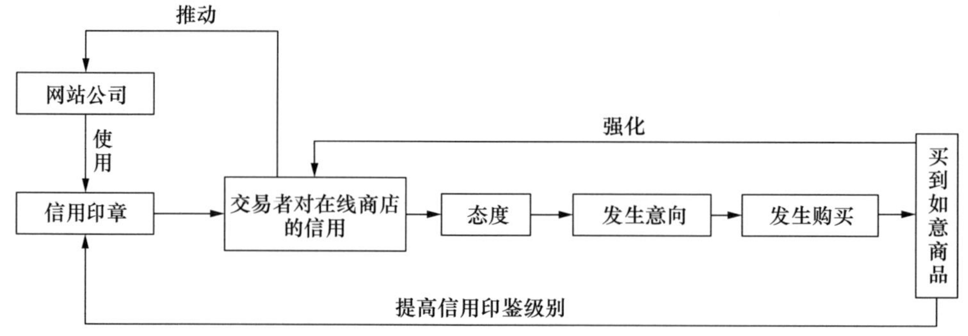

图3－1 信用印章经济功能作用机理

信用印章源于美国的B2C电子市场，应不太知名的网站的信用服务要求而产生，展示于B2C网站首页，消费者可以随时点击查证，进而增强了消费者对于这些不太知名网站或商家的信任度。目前，信用印章在全球范围内有一定应用（如TRUSTe、BBBonline等），从北美的统计来看，信用印章可以给企业带来10%左右的销售增长。对于一个没有名气的网站，可以使销售额增加33%左右，因为消费者非常需要一种安全有保障的网络购物环境。

大量研究表明，信用印章的采用有利于消费者建立对网站或商家的信任，进

而增强消费者网络购买意愿，最终增加网站交易量，但信用印章能否被消费者准确感知其有效性是重要的前提条件。Kovar（2000）通过调研指出，只有56%的受试者注意到信用印章，27%进行点击和8.5%看到相关的广告。Kimery等（2006）基于信号理论研究发现由于印章的信号不能被注意或充分理解，致使TPA印章可能并不能有效地影响消费者对于网站的信任。

3.1.2.2 支付担保服务

支付担保服务（Online Escrow Service，OES），又称支付保障中介、委托付款服务，是为了消除买卖双方不信任，由第三方中介在卖方配送商品之前，要求买方支付商品款，并将款项一直保管到买方接受商品后才向卖方予以兑付的一种服务机制，能够保护买卖双方利益，有效防范欺诈行为的发生。具体的作用机理如图3－2所示。

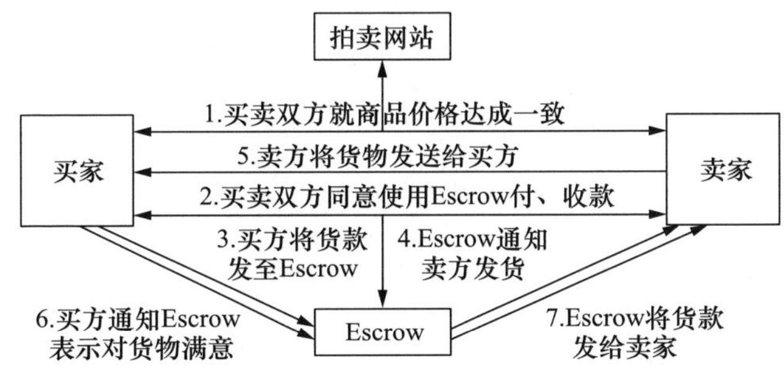

图3－2 支付担保机制的作用机理

支付担保服务是目前平台类电商使用最多的一类信用服务产品，它承担着信用中介的角色，改善了交易双方之间信息不对称和相互不信任的状况，提高了网上交易的成功率。淘宝推出的支付宝、eBay的Paypal以及国外OES提供商Escrow.com和Safebuyer.com，都被全球消费者和商家广泛采用。

支付担保服务的费率直接决定着支付担保服务提供商的收益，也影响着交易方对于支付担保服务的使用策略，只要收取的佣金不是很高，交易方都愿意采用支付担保服务完成交易。

3.1.2.3 声誉反馈体系

声誉反馈体系（Reputation Feedback System），也称为信用评价系统，是通过互联网媒介收集、发布、汇总相关交易者历史交易行为反馈信息的一种机制，作为促进交易者履行合约的激励手段，声誉反馈机制可以加快陌生交易者之间信任的达成（李琪等，2016），成为交易过程中潜在交易用户衡量对方的主要手段。这种服务机制由eBay首先创立，后来被平台类电商广泛采用，包括信用分数、好评率、言语性评价、信用星级打分等多种体现形式；相比之下，自营类电商网站中声誉反馈机制的应用则较为简单，多为信用星级打分（1～5星级）和言语性评价，而且评价大多是非强制性的。

各大电商平台对于声誉反馈的评分机制大致相同，淘宝和易趣均为好评（1分）、中评（0分）、差评（-1分），而微店采用的是1～5星级打分，具体设计上存在一些差异，如表3-2所示。在信用度的设计上，易趣网仅用一个总体的

表3-2　C2C典型平台声誉反馈体系设计比较

平台名称	评价指标	具体指标设计
淘宝网	信用度	1/好评、0/中评、-1/差评 好评率 信用分数 店铺动态评分：描述相符、服务态度、物流服务 服务评分：退款速度、退款率、纠纷率、处罚数 交易后45天内评价，单方逾期（一般为15天）不评系统自动好评“评价方未及时做出评价，系统默认好评”，区分买方信用度和卖方信用度
	信用内容	将文字评论作为给出好评、差评的补充，在信用评价中明确出“对于您的买家，您还有什么要补充的吗?”并指出评价内容在于“做出相关的解释和说明，如要求、赞扬或批评”
eBay	信用度	1/好评、0/中评、-1/差评 好评率=买卖的好评计分数/（买卖的好评计分数+买卖的差评计分数） 信用分数 付款入Paypal后15天内给出评价，其间用户未评价系统自动好评 统一的信用度表现方式，不区分买卖方
	信用内容	要求交易方必须填写文字性评价内容，对系统自动评价内容显示“系统自动好评”
微店	信用度	店长服务评价，设置标签直接对卖方予以评价 商品评价，设置1～5星对商品予以评价 交易后30天内，其间单方逾期不评系统自动好评 区分买卖角色信用度。店铺等级根据相应的信用等级分数直接显示为不同的卖家等级，依1、150、5000、200000分5级划分为无等级、心、钻、蓝冠、皇冠级卖家，但不显示具体的信用分数，信用分数主要由14天内不同买家购买的商品种类总数来判定；买方会员等级按照成长值分为普卡会员、银卡会员、金卡会员和黑卡会员，拥有不同的会员权益和升级与保级标准
	信用内容	要求买方必须填写文字性评价内容，另外对店长设置了“性价比高、发货快、值得依赖、质量好”等标签，对商品设置了“质量好、性价比高、发货快、包装精美、值得买”等标签，且标签可以添加

信用度来代表交易者信用；淘宝网将交易者信用度区分为买家和卖家信用度两类，根据相应的信用分数划分为不同的信用等级；微店将卖家等级和买家等级单独区分，店铺等级根据相应的信用分数直接显示为不同的卖家等级，而不显示具体的信用分数，买家信用则根据成长值体现为不同的信用等级，如普卡会员、银卡会员、金卡会员和黑卡会员，各阶段会员拥有不同的升级规则和保级规则。在言语性评价内容方面，易趣网要求买方必须填写文字评价，淘宝网仅将文字评论作为给出好评或差评的补充，微店要求买方必须填写文字评论，但也可以选择系统默认评论。

网络声誉是一种资本，电子商务企业树立声誉需要有足够的耐心，通过积累才会获得“声誉租金”的激励，网络声誉管理实际上是一个对“声誉链”的管理过程（潘勇，2008）。但是，声誉反馈体系的评价模型和激励机制尚存在很多问题，如评价缺乏激励、评价正向偏移、虚假评价等。

3.1.2.4　第三方数字认证

第三方认证有助于降低消费者的感知风险，提高消费者对网站的信任度（张维，2008）。调查显示，65%的消费者优先选择有第三方认证监督的网站进行购物。认证服务至关重要，身份认证处于交易活动的最前端，只有保障了交易双方的真实身份，才能最大限度地避免欺诈行为的发生。例如有些店铺利用虚假的身份证信息进行注册后大肆地骗取消费者的钱财，平台无法追查到真实的实体，只有在源头严格地对卖家身份进行核实才能避免类似行为的发生。目前除了CA机构所提供的数字证书外，各大平台均推出了自己的认证机制，通过身份证和银行卡双重验证（见图3－3），几乎都为免费，低门槛对于卖方更具可行性。

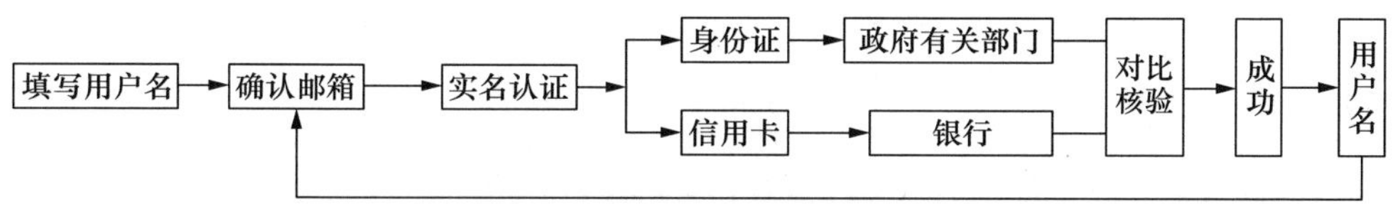

图3－3　实名认证流程

淘宝网要求所有卖家都必须实名认证，缴纳保证金通过支付宝认证的可以获得支付宝个人认证商家标识或支付宝企业认证商家标识，另外针对海外卖家还推出了全球购认证商家标识。这在一定程度上缓解了虚假身份所造成的欺诈，但仍需结合地址认证、手机认证等多种认证方式和反欺诈措施才能为消费者营造一个更为安全可靠的购物环境。阿里巴巴推出实名认证、实地认证和数据认证服务。实名认证，是验证交易主体的真实身份。实地认证，是阿里巴巴联手中国邮政和第三方认证机构中国诚信信用管理有限公司推出的认证服务，由中国邮政工作人员去公司审核资质材料，由中国诚信信用管理有限公司进行认证。数据认证服务，由阿里巴巴国际站与深圳一达通公司合作，企业会员经海关、税务验证的数据将自动生成并共享，为平台上的海外买家提供更多企业信用信息，提升国内企业的接单能力。

身份认证是保障交易的第一步，需要与声誉反馈机制相结合才能获得消费者更高的信任度。由于国内的认证和监督机制不太健全，很多商家担心自己的隐私被网络平台应用于其他商业用途，呼吁成立更为权威和专业的第三方信用服务机构、认证机构，为交易各方提供切实保障的认证服务。

3.1.2.5 平台保障服务

为了保障消费者的权益，平台所做出的承诺（正品保障、提供发票、售后服务）或者平台作为第三方信用中介，针对卖家所推出的一种保障机制（如消费者保障服务、假一赔三、七天退换），使消费者能够在平台放心交易。正品保障等主要针对平台自营部分，消费者保障服务主要针对平台中商家经营部分。通过平台保障服务，网站力图为广大网购消费者提供一个安全可靠、值得依赖的交易平台，防止欺诈行为的发生，以增进消费者信任，提高交易质量。

除声誉反馈体系和支付担保服务之外，网络平台自身也推出多种服务机制来保障交易安全。例如，淘宝网携手1000万个卖家签署消费者保障协议，设立保障基金并承诺提供全面网购保障服务，包括发货时间、退货承诺、品质承诺、破损补寄、到货承诺和指定快递等服务。消费者保障服务支持自买家完成支付宝担保交易付款之日起至交易成功后15天内保障买家权益，如有商品质量问题、描述不符或付款后未收到货等，全程支持退货退款，退货运费由卖家承担；若卖家不履行承诺，以卖家保证金给予先行赔付，保障每一个消费者的网购权益。当消费者购买带有相应标识的商品后，会享受到相应的信用服务。此外，淘宝还推出了退货运费险用于保障消费者退换货服务，引入中国人民财产保险股份有限公司、中国人寿财产保险股份有限公司、华泰财产保险股份有限公司、众安在线财产保险有限公司等多家保险公司承保。

平台保障机制主要因我国个人信用体系和社会信用体系的不健全而产生，在国外实践中较少涉及，国外商家主要通过自主承诺服务条款来进行售后保障和纠纷处理，而在我国平台保障机制的内容颇为丰富，已经成为重要的售后服务工具，尤其对于平台中商家经营的商品，能够显著增加消费者对于平台和商家的信任度。

3.1.2.6 商盟机制

商盟是卖家自发成立的非正式组织，从商家加盟为会员开始，到处理交易过程中的纠纷，以及惩罚违约会员和网络商盟等，形成了事前防范、事中协调、事后惩罚三位一体的管理契约，是一种提供可置信承诺解决囚徒困境问题的制度安排，包括区域商盟和行业商盟等。

在信息不对称、电子商务法律制度不完善的环境下，通过建立商盟制度可以增进买卖双方的信任，促进网上交易。商盟的卖家在给定时间的销量高于不属于任何商盟的卖家（李维安等，2007）。通过博弈模型说明了商盟可以以其集体声誉作为抵押向买家发出可置信的承诺，约束自己的行为，在法律等公共秩序缺失的情况下，私人秩序在一定程度上可以起到替代公共秩序的作用（吴德胜等，2009）。

3.2 信用服务实践

针对我国信用服务业的发展现状，梳理现有的网上交易信用服务，分析并比较 B2C 自营平台和 C2C 平台两种不同交易模式下的各种信用服务机制的应用实践状况，并从实践中发现问题，为后续机制有效性检验提供参考。

3.2.1 信用服务业发展现状

传统的信用服务主要涉及信用征信、信用评级和信用担保三大行业。网上交易信用服务是伴随电子商务的崛起，从传统的信用服务业演进而来，电子商务信用服务遵循着与传统信用服务机制类似的作用机理，都涉及交易方、第三方信用服务机构、政府监管机构等主体。

近年来，在国家发改委、工信部、商务部等部委及地方政府的积极推动下，电子商务信用服务业得到了大力发展。

政府和企业联合开展失信惩戒行动。2016 年 10 月，国家发改委、商务部等八部门联合在电子商务和分享经济领域开展反“炒信”行动，对“炒信”行动进行专项整治，实施联合惩戒，推动阿里巴巴、腾讯、京东等 8 家电子商务和快递企业共同签署《反“炒信”信息共享协议书》，建立反“炒信”信息共享机制，通过“信用中国”网站公示炒信失信黑名单和重点监测对象名单，国家发改委将涉嫌违法违规的炒信黑名单推送到各相关部门，并会同有关部门依法对“炒信”主体进行联合惩戒。2017 年 5 月，工商总局、国家发改委、工信部等 10 部门联合印发《2017 网络市场监管专项行动方案》，决定于 5 ~ 11 月联合开展 2017 网络市场监管专项行动，重点打击侵权假冒行为、虚假宣传、虚假违法广告行为、刷单炒信行为以及其他网络违法违规行为。在全国信用信息共享平台上有关部门共享的黑名单信息中，国家信息中心共梳理出电子商务黑名单企业 6440 家，首批 500 家已在“信用中国”网站公布。

政府会同企业建立信用建设合作备忘录，加强信用信息共享。国家食品药品监督管理总局与阿里巴巴、京东、百度、中粮等电子商务平台企业签署了《食品药品监管总局与网络食品交易第三方平台企业关于建立食品案例协作机制的备忘录》，在强化信息共享、违法信息通报与协作处置、提升平台自律等领域开展合作。国家发改委与阿里巴巴集团签署《关于推进商务领域诚信体系建设合作备忘录》，在信用信息数据共享、守信联合奖励与失信联合惩戒、信用工作试点示范和网络信用研究等领域加强合作。"信用中国"网站与携程网签署了信用承诺合作备忘录，双方在加强优势资源互补、信用信息数据共享等方面加强合作。

结合电商大促共同打造守信营商环境。近年来，国家发改委将"双十一"期间电子商务领域诚信建设作为推动电子商务信用建设的重要抓手，与阿里巴巴、腾讯、京东等 11 家知名电商企业共同签署《守信践约书》，并于 2018 年 3 月正式印发《网络交易价格举报管辖规定》，为电子商务营造诚实守信的良好氛围。自 2015 年起，中国改革报社连续三年会同国家信息中心、中诚信、易观等单位，从"双十一"网购节切入，深入挖掘网购相关信用数据，在节前和节后分别推出信用风险预警报告和综合信用评价报告，为消费者理性消费提供客观参考和科学引导，为相关管理部门制定相关法律法规或管理文件提供参考依据和建议。

信用服务的社会认知度得到不断提升，通过开展信用评级标准制定、诚信联盟系列活动等，企业与个人的信用观念、信用意识大幅度增强，不少电子商务企业主动争取信用服务机构为其进行信用评级、信用认证。信用服务机构日益发展成熟，涌现出有实力的综合性服务机构，包括中国电子商务协会、中国信用认证平台、中国互联网信用评价中心等，其中不乏第三方信用服务机构，例如中诚信征信公司、北京国富泰信用管理有限公司、北京中贸远大信用管理有限公司等。信用服务产品趋于产业化和多样化，电子商务信用服务业的信用产品主要包括交易双方的信用评价，第三方信用服务机构的信用评级报告或评估等级，支付担保服务，诚信保障基金，数字证书、数字签名等信用认证产品。中诚信等第三方信用服务机构与阿里巴巴合作开展诚信通会员企业的工商注册信息及企业法人授权信息的认证工作，每年认证企业的数量达到百万量级。商务部国际贸易经济合作研究院信用评级与认证中心开发了电子商务主体信用认证系列产品，建立了"信用+"网站向经过信用评级与认证的企业提供展示查询服务。

在政府部门、平台企业、第三方信用服务机构和消费者的共同努力下，电子商务信用环境建设取得了一定成绩，部分失信问题得到一定程度的改善。平台商品价格在电商大促期间"明降暗升"情况有较大改善，凭安信用监测数据显示，2017 年"双十一"期间实际降价商品由 2015 年的 34.62% 提升至 2017 年的 44.28%；实际涨价商品则由 2015 年的 53.57% 降低至 2017 年的 29.43%。消费者“双十一”投诉率较前两年有所降低，其中，上海市消费者权益保护委员会2017年11月22日透露的数据显示，从11月11日至11月22日18时，上海市消保委共计受理网购投诉2400件，同比下降35%，消费投诉相对平静。

但是，与国外相比，我国的信用法律环境与监管体系还不够健全，市场主体的信用意识也不足，信用服务产品的标准不统一，服务内容较单一。信用信息的数据共享较难实现，多数行业组织信息化程度不高，大量信息无法电子化、数据化，难以采集和共享；电子商务平台类企业的信用数据标准不一、来源多样，难以对接和共享；政府部门、各平台间的数据交换在法律层面和实施层面的权利和义务也亟待解决。整体来看，我国的电子商务信用服务还处于初级阶段，需要从现状中发掘目前信用服务存在的缺陷，探寻其内部的作用机理，提出有效的改进措施，进而促进我国电子商务信用服务业的健康快速发展。

针对目前我国网上交易中现有的信用服务，表3－3对各种信用服务产品及其具体的表现形式进行了示例。

表3－3 我国网上交易中的信用服务产品应用示例

信用服务	表现形式	
身份认证服务	认证资质、营业执照，如支付宝个人认证、支付宝企业认证、全球购认证等	 支付宝个人认证 2008-09-13 支付宝企业认证 2012-06-01 全球购 认证商家 100%海外精品 网店经营者营业执照信息
支付担保服务	支付宝、PayPal、微店担保	 支付宝 支付宝特约商家 PayPal
平台保障服务	消费者保障、七天退换、正品保障、提供发票、保证金等	 正品保障 提供发票 七天退换 卖家当前保证金余额 ¥50,000.00 元 卖家已向消费者承诺：消费者保障 卖家当前保证金余额 ¥5,000.00 元 该店铺的实物交易将由众安保险承保。
声誉反馈体系	信用度、好评率、言语性评论、星级打分	 卖家信用：1434536 卖家信用评价展示 好评率：99.73% 最近一周 最近一月 最近半年 半年以前 好评 中评 差评 总数 32717 75 17 美容护理 32614 75 17 非主营行业 103 0 0 商品评分：★★★★★（已有749人评价）

续表

信用服务	表现形式	
信用印章	徽标、文字链接（一般位于网站页面底端）	经营性网站备案信息 朝阳网络警察提醒您 可信网站 ICP证合字B2-20090003号 营业执照信息
卖家商盟	商盟标识（地区性商盟、行业性商盟）	北京商盟 化妆品大联盟

3.2.2 B2C 自营平台类信用服务实践

以自营为主的 B2C 平台注重产品质量和售后服务，承诺正品保障、提供发票，在一线城市保证在送货时限内快速将商品配送到消费者手中，如果商品出现质量问题，平台的退货换机制较为完善，会更多地考虑消费者的利益，为消费者进行较为方便完善的售后服务。

在支付方式上，消费者认为自营商品较有保障，对于第三方支付担保类的支付方式并不是首选，支付方式多种多样，包括货到付款（包括现金、POS 机刷卡）、扫码支付、银行卡在线支付、京东白条等消费金融等多种方式。大多 B2C 平台自营商品不需要消费者确认收货，在物流配送人员将商品投递给消费者时，签收货物的物流数据会实时反馈给系统后台，系统后台自动确认收货，加快了资金流转的速度。

信用印章在 B2C 平台应用较为广泛，很多平台拥有多个部门的多个信用印章认证，在网站资质、信用评级方面较 C2C 网站更为合规、可信。

在即时沟通方面，B2C 平台相比 C2C 平台略显不足，大多 B2C 平台只在正常工作时间有在线客服回答顾客的问题，在非客服工作时间对于具体商品的细节问题只能在商品描述页下方以留言板提问的方式向产品客服或者客服机器人询问，很难得到客服的即时回复，为消费者带来诸多不便，会带来一定的潜在消费者流失。

在声誉反馈方面，由于平台自营类商品消费者不需要确认收货，消费者事后对于商品的评价缺乏激励机制，且声誉评价体系较为简单，仅表现为星级打分与言语性评价，消费者也可以不予评价。B2C 自营平台类信用服务实践示例如表 3－4 所示。

3.2.3 C2C 平台类信用服务实践

C2C 平台类信用服务实践示例如表 3－5 所示。

表 3-4 B2C 自营平台类信用服务实践

网站	网址	信用服务实践
天猫	www. tmall. com	平台保障服务：正品保障、提供发票、七天退换、品牌直销 认证服务：支付宝企业认证、经营者营业执照 支付担保服务：支付宝、蚂蚁花呗、信用卡支付、货到付款、保证金 声誉反馈体系：星级打分、言语性评论 互动沟通工具：阿里旺旺 信用印章：浙江工商营业执照、浙公网安备、网络文化经营许可证\ 互联网药品信息服务资格证
京东	www. jd. com	平台保障服务：正品保障、提供发票、退换货政策、全国联保 支付担保服务：货到付款、在线支付、分期付款、京东白条、扫码支付 声誉反馈体系：星级打分、言语性评论、好评度 互动沟通工具：在线咨询客服、京东社区、留言板咨询 信用印章：经营性网站备案信息、北京公安网络警察、中国电子商务协会诚信网站示范企业证书、电子商务诚信示范企业、互联网药品信息服务资格证
苏宁易购	www. suning. com	平台保障服务：正品保障、提供发票、急速物流、售后无忧、特色服务 支付担保服务：苏宁支付、网银支付、快捷支付、分期付款、货到付款、任性付支付、支付宝支付、微信支付、扫码支付、企业汇款 声誉反馈体系：星级打分、言语性评论、好评率 互动沟通工具：在线咨询、电话客服、留言提问 信用印章：江苏工商营业执照、互联网诚信示范单位
国美	www. gome. com. cn	平台保障服务：正品保障、提供发票、退换货政策、退款政策 支付担保服务：货到付款、在线支付、分期付款、门店支付 声誉反馈体系：星级打分、言语性评论、好评度 互动沟通工具：在线客服、国美 E 站（社区）、留言板咨询 信用印章：上海工商营业执照、中国电子商务协会可信网站身份认证、诚信网站示范企业证书、北京公安网络警察
亚马逊	www. amazon. cn	平台保障服务：正品行货、提供发票、退换货政策、拒收政策 声誉反馈体系：星级打分、言语性评论、好评率 支付担保服务：信用卡支付、借记卡支付、支付宝支付、微信支付 互动沟通工具：网站客服、用户论坛 信用印章：北京工商营业执照、北京公安备案证书、出版物经营许可证、互联网药品信息服务资格证

表 3-5　C2C 平台类信用服务实践

网站	网址	信用服务实践
淘宝	www. taobao. com	消费者保障服务：发货时间、退货承诺、品质承诺、破损补寄、到货承诺和指定快递、保证金 认证服务：支付宝个人认证、全球购商家认证 支付担保服务：快捷支付、信用卡支付、余额宝、蚂蚁花呗、货到付款 声誉反馈体系：信用度、信用指数、好评率、言语性评论 互动沟通工具：阿里旺旺、淘宝社区 投诉惩罚机制：投诉、维权与举报政策、退款政策
微店	www. weidian. com	消费者保障服务：退换货服务、保证金 认证服务：卖家认证 支付担保服务：微店担保 声誉反馈体系：星级打分、言语性评论、老客回头率 互动沟通工具：站内信息、微信、客服电话 投诉惩罚机制：留言板投诉举报
eBay	www. ebay. com	消费者保障服务：退换货承诺 认证服务：卖家认证 支付担保服务：PayPal、银联支付、信用卡支付 声誉反馈体系：信用度、言语性评论、好评率 互动沟通工具：站内信息 投诉惩罚机制：交易纠纷投诉、违规举报

C2C 平台上入驻着大量的中小卖家，鱼龙混杂，消费者难以辨清卖家诚信与否、出售商品质量如何，因此 C2C 平台针对卖家推出了多种消费者保障服务，卖家首先要缴纳交易保证金加入消费者保障协议才能开店，除了最基本的消保外，卖家还可以选择发货时间、退货承诺、品质承诺、破损补寄、到货承诺和指定快递等特色的消保服务。淘宝响应新《中华人民共和国消费者权益保护法》“七天无理由退换货”的政策，推出了退货运费险服务，买卖双方可以在确定交易时选择投保，当发生退货时，保险公司将按照约定对参保的一方或双方由于退货产生的运费进行赔付。承诺提供相应消保服务的卖家所出售的商品上会呈现具体的消保标识，消保标识能够降低消费者感知风险，增进消费者对平台中卖家的信任。但由于 C2C 平台对于欺诈卖家的监督与惩罚机制力度不够，消费者往往在买到劣质商品后，卖家不予理睬、不兑现退换货的承诺，而消费者拿去第三方质检机构进行质检需要较高的鉴定成本，索赔程序也较为复杂和漫长，因此，结果往往是不了了之，消费者保障服务没有起到应有的作用。

声誉评价体系较为完善，提供信用等级、好评率、信用指数、言语性评论等多个指标对商家进行评价；但是，信用炒作和恶意差评在 C2C 平台上也司空见惯，许多消费者在收到劣质商品后担心如果给予差评会被卖家骚扰报复，就勉强给予中评甚至好评，需要进一步完善信用评价模型，建立更为有效的声誉反馈机制。

C2C 平台的担保交易都需要消费者在收到商品后确认收货，支付宝等支付担保服务为买家担保付款后可以收到货物，为卖家担保发货后可以收到货款，如果卖家发货后十天或十五天内消费者没有确认收货，系统会根据商品物流信息自动确认收货，并且允许消费者在之后的一段时间内可以对商品进行评价，如果超出规定期限，系统会默认给予卖家好评，在一定程度上保障了卖家的回款时限。消费者在消保商家消费时，如果发现商家欺诈或存在支付安全问题而受到损失，通过支付担保服务进行交易的商品消费者可以申请退款，可以获得支付担保服务产品的先行赔付，从根本上消除了消费者网上购物的疑虑。但是，需要提醒消费者注意的是，微店有直接付款、担保交易和货到付款三种方式，如果之前没有与该卖家交易过，最好选择担保交易才能使自己的权益受到保障，如果直接付款，消费者没有收到货物，也很难维权。

国内 C2C 平台大多建有自己的即时沟通软件（如阿里旺旺、微信等）和交易社区，增强了消费者在网上交易环境下与商家和网友的沟通与互动，减少了消费者对于商家及其出售商品信息的不确定性，从而增强了消费者对商家的感知信任与网络购物意愿。

3.2.4　两种交易模式下的信用服务实践比较

以自营为主的 B2C 平台类与 C2C 平台类的信用服务实践相比较：

平台保障服务方面，B2C 平台侧重于品质保障、优质售后和提供发票；C2C 平台主要依靠平台或者第三方服务商推出消费者保障服务，采用事先向卖家收取保证金的方式对买方实行先行赔付，但由于存在事后监督成本和鉴定成本，消费者在收到劣质商品后大多没有按照消费者保障协议进行维权，消费者保障机制没有起到有效的作用。

投诉惩罚机制在 C2C 平台类更显重要，消费者在遇到卖家欺诈时可以方便地向网站进行投诉维权；而 B2C 中平台自营商品较多，售后服务也较完善，退换货政策可以得到有效执行，大多数平台没有单独设立投诉服务版块。

信用印章大多应用于 B2C 平台，大部分 B2C 平台都拥有工商营业执照和公安备案证书，此外还有第三方信用服务机构所提供的可信网站认证以及部分特殊商品的经营许可证等。对于 C2C 平台，消费者主要依据平台的知名度进行网购，信用印章对消费者信任作用较小。

身份认证服务方面，B2C 平台对于商家的准入门槛较高，审核机制颇为严格，认证的前期工作比较到位；C2C 平台卖家入驻门槛低，需要采取统一的认证机制对中小卖家进行身份认证。

支付担保服务方面，支付担保机制在 C2C 市场交易中起到了极为重要的作用，为陌生的买卖双方进行网上交易提供最基础的资金安全保障；而 B2C 支付方式多为银行卡在线支付和货到付款，支付担保机制所起到的作用较弱；京东白条、蚂蚁花呗等消费金融方式逐渐被消费者所应用。

声誉反馈机制在 C2C 平台中起到了不可或缺的作用，表现形式较为多样化，包括信用度、信用指数、好评率、言语性评论等多种方式，消费者参照声誉反馈体系中的各种信用指标建立起对卖家的初始信任，进而确定其购买决策；而在 B2C 平台中多采用星级打分的方式，且评价非强制性，较少有言语性评价，尤其在购买 B2C 平台入驻商家所出售的商品时，消费者较难得到其他买家的购买建议，声誉反馈机制作用较弱。声誉反馈机制在很大程度上约束了买卖双方的行为，有效地降低了上当受骗的概率，但是仍然无法解决恶意差评和信用炒作等问题，仍然需要在实践中进一步完善信用评价模型，建立更为有效的声誉反馈机制。

互动沟通机制方面，C2C 平台大多提供了即时沟通工具，消费者可以方便即时地与商家进行互动沟通，同时建有交易社区供买家分享信息和购物经验，非常注重买家的社交体验；而 B2C 平台大多只在工作时间设置网站客服，针对销售商品买家只能在商品页面下端的留言板进行咨询，会造成一定的潜在买家流失，B2C 平台有必要加强买卖双方的互动沟通机制建设。

综上所述，平台自营类和平台入驻商家经营类的信用服务机制各有侧重，在平台入驻商家经营的交易模式下，为了建立起消费者对商家的信任，需要提供更丰富的信用服务机制来消除消费者的感知不确定性和交易风险，声誉反馈机制和平台保障机制存在漏洞，需要进一步设计完善；自营类平台则需要加强与消费者的互动沟通，并结合自身特点，建立有效的声誉反馈体系，激励更多的消费者对商品进行有效评价。

3.3 基于电子商务链的信用服务机制的作用机理

电子商务链的核心是交易，信用流贯穿于整个电子商务交易活动的始终，交易各方的信任关系决定着交易能否顺利达成，在网上交易环境下进行信用服务机制的研究要立足于交易的全过程和各个交易环节，环环相扣，每个环节都要建立或维系好彼此的信任关系才能保障交易各方的利益，最终促进交易达成。本书研究在不同的交易模式下，现有的信用服务机制如何通过电子商务交易平台所提供的交易环境与条件作用于交易主体，并且是否达到了期望的效果、起到了有效的作用，这就需要考察交易过程中各个交易环节的作用及其与交易主体之间的关系，而电子商务链理论恰好契合了本研究的研究思路。

3.3.1 电子商务链理论应用

3.3.1.1 电子商务链的框架

结合电子商务实践的不断发展，我们进一步将电子商务链的商务活动进行细化，在前商务阶段增加身份确认节点，在后商务阶段增加商务评价，形成如图3－4所示的用于本研究的电子商务链。交易链仍然是整个商务链的核心所在，交易链将交易过程细分为商品信息的展示、买卖双方的沟通与谈判、买卖双方达成协议并签约、买方支付货款、卖方配送商品、买方确认收货并付款六个环节。商务链既包含了交易链，也涵盖了交易前和交易后的活动，即交易前的双方身份确认，交易后的售后服务和商务评价、纠纷处理等可选环节。当然，有一些环节的繁简程度会因为交易商品、交易环境、交易主体、交易方式的不同而有所不同。

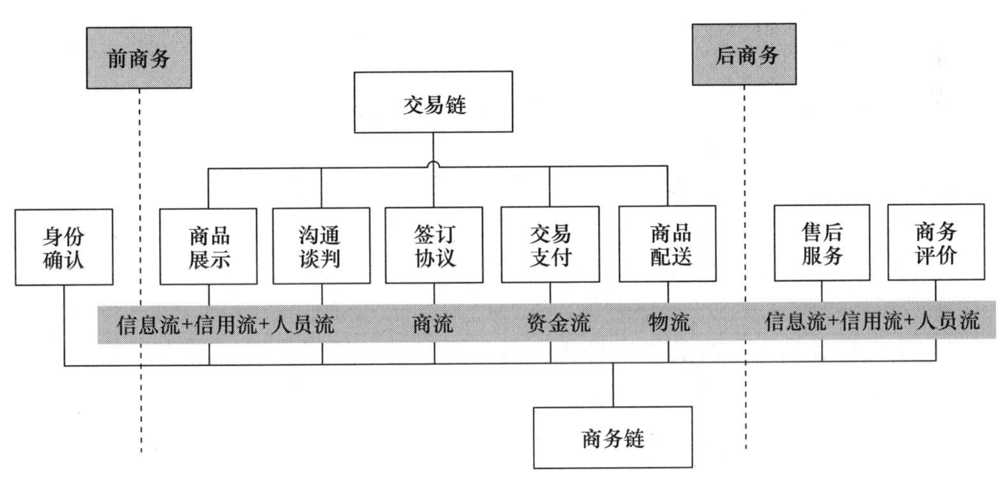

图3－4 细化的电子商务链框架

3.3.1.2 电子商务链中的“六流”

电子商务链理论认为，除了传统经济对一般商务活动所默认的“四流”——信息流、商流、资金流和物流以外，人员流和信用流始终贯穿于电子商务交易过程中，对经济活动有着重要的作用，它们共同构成了电子商务链中的“六流”(见表3-6)。信息流伴随商业活动始终，反映商业活动及其特征的各种信息；商流是伴随商品采购和售出实现商品价值形态变化或所有权转移；资金流是为了实现商品交易，货币从一方转移到另一方的过程；物流是商品实体在空间上的流动；人员流是商务活动开展过程中的人员流动；信用流是商务活动过程中的声誉的传播。目前较常见的声誉传播、控制机制有第三方的权威（如司法部门)、公正（如民间团体)、验证（如证书颁发中心)、保证（如担保体系）等中介，它们通过传播声誉，实施适当的可信惩罚或建立有共同兴趣的团体促进信任的达成，实现信任行为。

表3-6　商务链的“六流”

名称	解释	所在环节
信息流	反映商业经济活动及其特性的各种信息，从出发者向接收者运动的过程	贯穿于商务链的始终
商流	以货币为媒介，通过商品购进与销售活动实现商品价值形态的变化及所有权的转移，是商品交易的核心	存在于交易的各阶段，在签约环节实现转移
资金流	为了实现商品交易，使货币实现从一方主体转移到另一方主体或经由第三方实现资金中转等过程	存在于交易支付和确认交易环节
物流	物流是指实现商品的流动，即实现商品从最初的生产商，转移到最终的消费者的整个流通过程	主要存在于配送环节，其他环节也有存在
人员流	指围绕商务活动的人员流动	贯穿于商务链的始终
信用流	代表商务活动中信誉的传播，目前较常见的信誉传播和控制机制有第三方的权威、公正、验证、保证等	贯穿于商务链的始终

“六流”在商务链中的分布状况在突出显示商务链研究与应用重心的同时，也为完整的商务活动，特别是交易各环节的顺利实施提供借鉴。商流在签约环节实现转移，支付和配送节点则相应完成资金流和物流，信息流、信用流和人员流贯穿整个商务链。

3.3.1.3　电子商务链的环节分析

电子商务交易与传统交易有很多相似之处，都包括交易前的准备、交易中的磋商、合同的签订与执行以及资金的支付等环节，但是具体的实现方式可能是完全不同的，表3-7为电子商务链核心环节的具体说明。

表 3-7 电子商务链的核心环节说明

阶段	节点	解释
前商务	身份确认	指凭借一定的方法对交易主体的身份及其真实性进行识别、验证和确定
交易链	商品展示	卖方对其销售商品的用途、特性、优势、价格及相关信息的介绍、说明、发布等活动
	沟通谈判	买卖双方或多方就商品价格、质量等信息的交流、咨询，即围绕商品的价格、质量、交易方式等为主要内容的双边或多边磋商、洽谈
	签订协议	买卖双方或多方就商品交易而正式达成的购销协议、购销合同等，这是商务链的核心环节
	交易支付	在获得商品之前，买方按协议规定向卖方或第三方保障机构支付商品相关的部分或全部费用
	商品配送	卖方根据协议规定向买方配送物品或实施服务
后商务	售后服务	交易完成后，卖方向买方提供的咨询、维护等一系列相关活动
	商务评价	交易完成后，买方或多方对卖方或多方及其商品或服务的品质、数量等商务环节的各个方面进行口头或书面的评价

在传统交易环境下，消费者看得到实物商品，对商品可以获得直观的体验，而在网络环境下，只能通过文字描述、图片或视频进行商品展示。传统交易一般是通过面对面或者电话方式进行贸易磋商，在电子商务环境下，所有的数据和报文都通过安全的数据交换协议在网络进行传递，传统的纸质合同变成了点击合同，买方一旦点击确认即意味着协议生效，在第三方授权的情况下具有法律效应，一旦发生纠纷，可以作为仲裁依据。支付方式与传统交易也有所不同，多采用信用卡、电子现金、电子支付等形式在网上进行支付。

3.3.2 基于电子商务链的信用服务机制的作用机理

在电子商务的“六流”中，信用流和信息流贯穿于整个电子商务交易活动的始终，这一节着重介绍信用服务机制所表达的信用信息在实践中是如何应用和进行传导的。

3.3.2.1 基于电子商务链的网上交易信用服务的实践应用

将现有实践中的各种信用服务机制按照电子商务链的交易环节进行梳理，得到如表 3-8 所示的基于商务链的网上交易信用服务的实践应用。

（1）前商务阶段。

身份确认环节是整个交易链的起始环节，商家是否能够通过身份确认，决定着后续交易是否可以顺利达成，信用印章服务、身份认证与商盟在该环节都有所体现，身份认证是平台类卖家所必需的环节。信用印章主要体现在网站首页底端，包括通用型的工商、公安、第三方可信网站等信用印章，以及垂直性网站所使用的特殊印章，如互联网药品信息服务资格证、出版物经营许可证等。声誉反馈机制在身份确认环节的应用主要体现为消费者在购买商品前可以查看商家累计信用信息和他人给予商家的评论。

表3-8 基于电子商务链的网上交易信用服务的实践应用

商务链节点	信用服务模式	具体应用
身份确认	信用印章	平台通用性的信用印章，如ICP证印章、经营性网站备案印章、网络警察印章、可信网站印章、诚信网站印章等 垂直专业平台特有印章，如互联网药品信息服务资格证、出版物经营许可证、音像制品经营许可证、增值电信业务经营许可证、食品流通许可证等
	身份认证	认证资质、营业执照，如支付宝个人认证、支付宝企业认证、全球购认证等
	商盟	商盟标识
商品展示	平台保障服务	平台单独或与信用服务商合作所推出的各类消费者保障计划，如淘宝网的正品保障、七天退换、假一赔三等保障标识
	声誉反馈体系	允许潜在消费者查询已售商品评价，另外部分商家在商品的详细信息中会采用以往买家对商品的好评截图来作为商品质量展示的一种方式
	商盟	商盟标识
	商誉标识	商品展示的详情页面对商品质量及服务的鉴定性文字及证书、品牌证明
签定协议	平台保障服务	在签约时合同里的保障条款，如正品保障、提供发票
交易支付	支付担保服务	通过支付宝、微信支付、京东支付等第三方支付平台进行支付
商品配送	平台保障服务	购物前对于闪电发货、提供发票等服务的承诺
	声誉反馈服务	允许买家对物流服务进行五级打分和言语性评价
售后服务	平台保障服务	卖家根据自己对出售商品所保障的服务进行售后，例如退换货等保障服务、电器类保修服务
	声誉反馈体系	买家根据卖方所提供售后服务进行的商品或服务评价
	投诉维权	在收到商品后，卖家拒绝按照合同履行其约定的保障服务时，买家可以向平台进行投诉，申请维权
	商盟	通过商盟对卖家的售后服务进行约束和监督
商品评价	声誉反馈体系	信用分数与好评率、星级打分及商品言语性评价

（2）交易前阶段。

交易前的商品展示环节与身份确认环节类似，其信用服务的主要目的都是提高消费者对商品（或卖家）的信任度，信用服务种类包括平台保障标识、声誉反馈体系、商盟与商誉标识。电子商务企业在商品展示节点中，通过展示自身商品所具有的平台保障标识和商誉标识来增强自身的信任度，如淘宝网的正品保障、七天退换、假一赔三等服务，珠宝交易中的鉴定证书、品牌证明等。很多商家也会在商品的详细信息中加上买家对商品的好评截图、销量截图等，利用声誉反馈机制来赢得消费者信任。某些商家由于是商盟成员或其他协会组织成员，也会由此而增加其信任度。

（3）交易中阶段。

在沟通谈判环节缺少信用服务机制，仅有少数即时沟通软件的对话内容在产生纠纷时可以作为佐证，卖家的口头承诺无法通过合约和保障机制得到兑现。

签约环节的信用服务机制也比较匮乏，只有合同约定中的平台保障条款对商家起约束作用，如正品保障、提供发票。

（4）交易后阶段。

在交易支付环节，支付担保服务在交易过程中起到了决定性的作用，使消费者敢于消费、放心消费。市场份额较高的支付担保服务产品主要有支付宝、微信支付、京东支付等。商品配送节点中主要涉及物流服务，物流企业在此时的表现将关系到后续对物流服务的评价，商家之前承诺的闪电发货、提供发票等保障服务也在配送环节予以兑现。

（5）后商务阶段。

在售后服务环节，商家所承诺的平台保障服务要在该阶段得到兑现，如退换货等保障服务、电器类产品的保修服务等。消费者可以针对商家的售后表现进行评价，如果商家拒绝按照合同履行其约定的保障服务，消费者可以向平台进行投诉。商盟体系内的卖家，在商盟机制的约束下，往往具有较好的售后服务，消费者对商盟卖家会具有较高的信任倾向。

在商务评价环节，声誉反馈系统的应用尤其重要，商品和服务的好评能够增加消费者对商家的信任。好评是对卖家声誉的正向反馈，增强了消费者的信任度，促使消费者购买行为的发生。很多卖家会在商品详情页面展示卖家的好评用以获取消费者信任。声誉反馈机制的存在使卖家更重视积累自己的良好声誉，一些卖家会通过返利、优惠券、赠送小礼品等方式来博得消费者好评。

3.3.2.2 电子商务链中信用服务信息的传导机制

从各种信用服务机制的影响程度来看，身份认证和信用印章只在交易链的前端身份确认和商品展示环节起作用，支付担保机制主要作用在交易支付环节，投诉维权作用于售后服务环节，声誉反馈机制和平台保障机制几乎贯穿于整个交易链的前后。各种信用服务的信用信息，沿电子商务链向下游节点传导，影响同一交易活动的下游节点，甚至通过循环往复影响新一轮或持续几轮交易活动的上游节点，形成一种多节点交叉影响的传导模式，最终增强消费者对于商家的信任度，促进交易达成。

（1）前商务阶段。

作为交易链的初始节点，前商务阶段的身份认证节点所体现的信用信息主要源自信用印章和声誉反馈机制。信用印章服务的信用信息源自印章的审核发布方，该节点所获得的关于信用印章服务的信用信息，将沿着电子商务链向下游节点传输，影响商务链中一系列下游环节，最终起到提高消费者的信任、增强交易主体的可信度，从而提高网上销售的作用。声誉反馈的信用信息主要来自上一轮交易环节中的商务评价，通过对商家商品和服务的评价打分，量化商家的信誉得分，与店铺描述状况、商家关注度等共同构成商家身份确认鉴别体系，直接影响消费者对商品展示节点中商品的感知及下游商务环节，同时通过下游商务链环节对商品和服务的评价影响身份确认环节的声誉反馈体系。

（2）交易前阶段。

从商品展示节点开始，后面的节点所涵盖的信用来源来自两个方面：一为该节点新产生的信用，二为上游节点通过商务链向该节点传导的信用。在商品展示阶段，新产生的信用主要源自平台保障服务和声誉反馈体系中直接与产品相关的信用服务，以及从上游身份认证节点传导过来的信用信息。

关于平台保障机制，针对不同的交易阶段有着不同的保障机制，在商品展示环节会有第三方保障标识呈现，通过服务标识增强消费者对商品的信任度，影响消费者对商品的信任感知，直接影响沟通谈判及签订协议节点；交易中有正品保障、提供发票等平台保障服务，商品配送阶段兑现闪电发货、提供发票等保障服务，增强消费者对交易的信任，并通过交易链传导至后续节点；售后服务阶段为消费者兑现七天退换货、退货运费险等保障服务，直接影响后续商务评价与纠纷处理等节点。

声誉反馈体系在该阶段的信用信息主要源自历史交易中商务评价环节的商品及服务质量打分和商品评价描述，该体系在该环节所产生的与产品和服务相关的信用和在身份确认环节所产生的信用共同作用，影响下游商务链节点。另外，身份确认节点所产生的信息，均通过商务链向该节点传导，并在本环节起到增加信用的作用。

（3）交易中阶段。

沟通谈判和签订协议阶段的信用信息主要来自上游节点信用信息的传导。签约是商务链的核心环节，应当综合上游节点的信用信息，并结合本环节的特有信

息进行再次展示和确认，是交易后各环节的认定基础。其中，身份可信信息由相关的数字证书进行确认；合同可信信息标识来源于第三方公正的法律机构；单方面违约率则来源于后续纠纷处理和商务评价环节的反馈，并及时更新。同时这些信用信息向下游传导，影响下游环节。

（4）交易后阶段。

交易支付是达成交易的关键步骤，该节点新产生的信用信息源自支付担保服务，资金由支付宝、微店担保等第三方平台暂为保管，待确认收货后再进行兑付。交易支付、商品配送、确认交易三个节点环环相扣、相互影响；支付的安全便捷也会对之后的售后服务和商务评价等环节产生正向影响。另外，来源于上游节点的信用，同样作用于该节点，影响消费者的交易支付行为。最后，这些由上游节点传导过来的信用，与支付担保服务在该节点所新产生的信用共同作用，沿着商务链影响下游环节。

商品配送主要有商家自建物流和第三方物流两种方式，声誉反馈在商家自建物流中表现显著，会对下次购买产生影响，而在第三方物流中作用不大。配送质量以及闪电发货、提供发票等平台保障服务的兑现会影响后续的交易确认与商务评价环节。

（5）后商务阶段。

在售后服务阶段，平台保障机制中涉及售后服务的信用信息会影响同一交易行为的下游环节和新一轮交易行为的上游环节。对本次交易而言，卖家对售后服务是否履约以及履约程度如何可能会在后续的商务评价环节中得以体现；对新一轮交易行为而言，上一次售后服务的信用信息将会以文本信息或统计数据的形式得以保存并展现给新一轮交易的潜在消费者，进而影响消费者对卖家的身份确认、商品展示的可信度判断和对卖家承诺配送服务的可信度感知。

在商务评价阶段，声誉反馈机制中所包含的信用信息主要体现为跨期传导，即跨期作用于新一轮交易的上游环节，消费者对收到商品的质量、配送和售后服务等进行商品评价，当期的商品评价会直接作用于下一期的商品展示环节，如此循环反复。但是，与累计信用持续作用不同，言语性评价所传递的信用信息具有一定的周期时效性，一般而言，时间距离越近的言语性评价作用越大，而随着时间推移，旧评论的信用信息影响力会下降，直至消失。

综上所述，对于卖方而言，目前的信用服务机制覆盖了商务链中的大部分节点，但在沟通谈判和签订协议阶段缺少信用服务；对于买方而言，主要依靠支付担保、声誉反馈和信用印章三种信用服务机制在前商务、交易支付和商务评价环节对卖家信用进行判定；无论对于买方还是卖方，某些节点都存在信用服务机制缺失的现象。

3.4 基于信用服务机制有效性的消费者网络购物行为分析框架

基于信用服务机制的作用机理、理性行为理论以及消费者行为理论等，提出基于信用服务机制有效性的消费者网络购物行为的分析框架，如图 3 - 5 所示，该分析框架主要由五大主体、三条主线、两大层面及其之间的影响关系构成。右下直角范围内涵盖的整个图示是平台入驻商家模式的分析框架，其中虚线框内所示部分为平台自营模式的分析框架。椭圆内所示为信用服务机制在电子商务链中的作用机理；椭圆下的虚线表示第三方机构作为各种信用服务的提供商，承担着信用中介的职能，对信用服务机制的有效运行实施监管，同时，第三方机构受到政府监管。

（1）五大主体。

基于信用服务的网上交易的参与主体包括买卖双方、交易平台、第三方机构和政府，在平台自营交易模式下，卖方亦即交易平台。各类信用服务机制直接作用于交易平台，交易平台可以承担信用担保中介的职能，为交易者提供各类保障服务。第三方机构为网上交易提供认证、支付、担保、评级等多种信用服务。政府在信用服务体系建设中起着主导作用，在法律法规制定、征信和监管方面起着至关重要的作用。在第四章将通过博弈论的经济学方法详细分析各大主体之间对于信用服务的采用策略。

（2）三条主线。

第一条主线是从消费者的信任信念，到信任倾向（表现为网络购物意愿），再到信任行为（表现为网络购物行为）的演进逻辑，它基于理性行为理论、计划行为理论和消费者行为理论，是众多学者研究信任相关问题的基本逻辑框架。第二条主线是交易信任的影响因素，包括平台因素（信用服务机制的有效性）、卖家因素（卖家规模、卖家声誉）、消费者因素（个人信任倾向），各因素之间的交互作用（例如平台信任会转移为卖家信任）以及外在环境因素（政府和第三方机构的监管）等。第三条主线是电子商务链中信用服务信息的传导机制，表现为信用服务机制的有效性对于平台信任的直接作用，包括声誉反馈机制、平台保障机制、身份认证、信用印章、支付担保机制和投诉维权机制六类信用服务机制在电子商务链中各环节的应用以及相应信用信息的传导。3.3 小节中对电子商务链中信用服务信息的传导机制进行了系统分析。

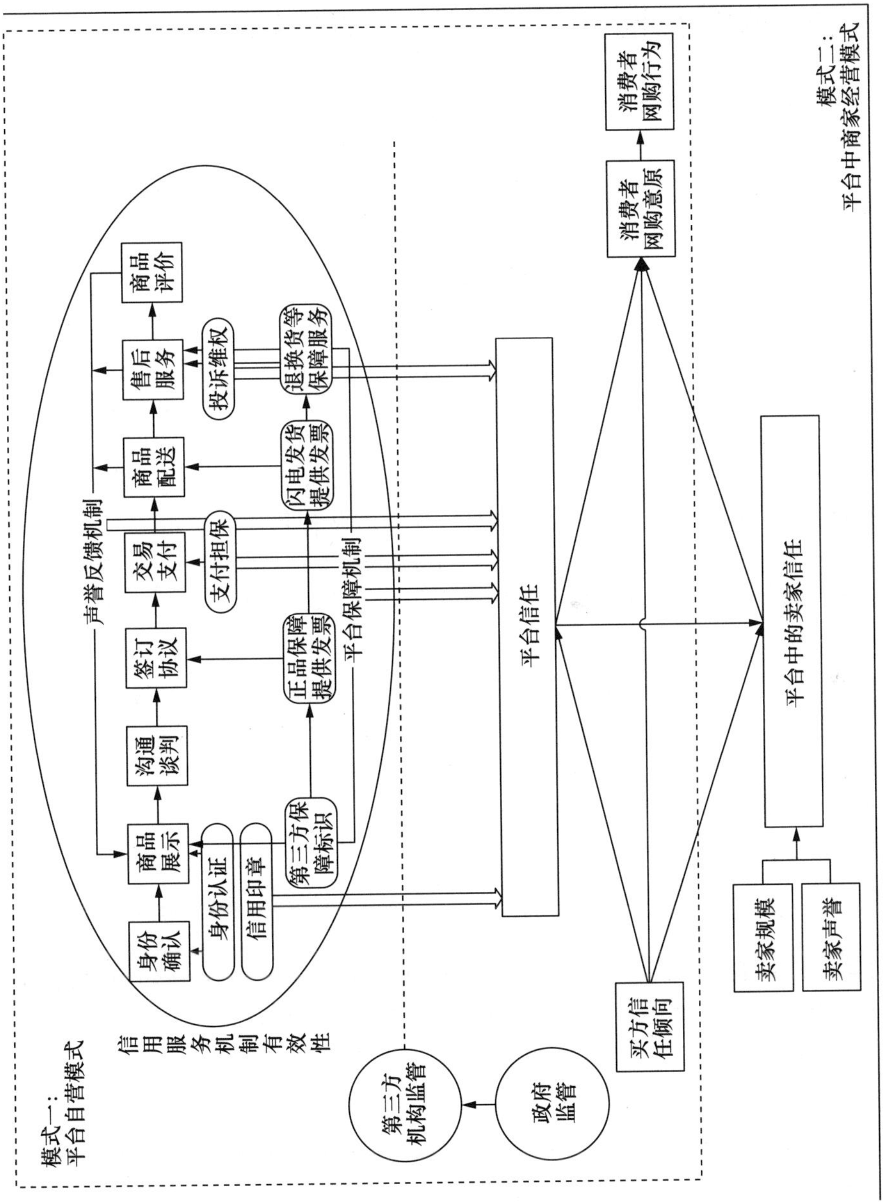

图 3-5　基于信用服务机制的消费者网络购物行为分析框架

（3）两大层面。

两大层面指平台自营和平台入驻商家经营两类不同的交易模式，两类模式的本质区别在于是否拥有卖家这一因素。平台自营交易模式下，消费者仅需要对平台建立信任；而在平台入驻商家经营的交易模式下，消费者不仅要对平台整体的交易环境产生信任，更重要的是要对平台中的卖家产生信任才能完成交易。第五章将通过结构方程模型的方法，采用问卷数据验证和对比两种不同的交易模式下信用服务机制的有效性。

本章小结

本章首先对信用服务的概念进行了梳理与界定，指出信用服务是在交易各阶段为买卖双方增进信任所提供的具有认证、评级及担保等功能的服务产品和服务机制；接着对我国网上交易信用服务产业的现状及行业实践进行了介绍，并基于电子商务链的视角，阐明了信用服务信息的传导机制及作用机理，并在此基础上提出基于信用服务机制有效性的消费者网络购物行为的分析框架，为后续章节的实证检验提供了理论支撑。该分析框架主要由五大主体、三条主线、两大层面和一定的影响关系构成：五大参与主体是指买卖双方、交易平台、第三方机构和政府；三条主线是基于理性行为理论的信任信念—信任倾向—信任行为的演进逻辑，平台、商家、消费者与外在环境等交易信任的影响因素，以及电子商务链中信用服务信息的传导机制；两大层面是指平台自营和平台入驻商家经营两种不同的交易模式。

4 网上交易主体间信用服务机制有效性检验：博弈分析

基于信用服务的网上交易的参与主体包括买卖双方、交易平台、第三方机构和政府，本章基于交易主体的研究视角，对交易主体间信用服务机制的有效性进行博弈分析。首先，阐述无政府和无第三方监管下的买卖双方一次性博弈与重复博弈；其次，将基于第三方信息来源的声誉反馈机制引入模型中，对于无噪声和有噪声条件下的模型机理进行推演；最后，对政府监管和第三方中介监管下，交易主体间的博弈行为进行探讨。

4.1 无监管下的一次博弈与重复博弈

在不存在政府和第三方监管下的传统交易机制下，买方只有同卖方直接接触才能获得关于卖方的信息，在一次交易中，买方无法获得卖方的任何信息，只有通过重复交易才能了解更多关于卖方及其出售商品质量的信息。如果买方在单次交易中失利，其对卖方的惩罚只能通过“个人实施”（Personal Enforcement），不再购买卖方的商品。

4.1.1 单次博弈

4.1.1.1 博弈假设

第一，在网上交易过程中只存在买方和卖方两个参与者，且双方都是理性的经济人，都以追求自身的利益最大化为目标。

第二，电子商务交易市场的信息是完全的，即交易双方对彼此的特征、策略空间及支付函数有准确的认识。

第三，参与方在选择策略时，将对方的策略看作给定，不考虑自身策略对他人策略的影响。

第四，没有政府和第三方的信用服务和监管机制的干预。

第五，卖方的策略有“守信”与“不守信”两种信用模式。买方的策略也有两种：“交易”与“不交易”。

第六，双方在决策前都不知道对方的行动，即双方的决策是同时进行的。

4.1.1.2　交易双方的策略分析

电子商务交易市场中卖方采取的信用模式有两种：“守信”与“不守信”。假设卖方对同一种商品可以提供两种质量水准，高质量商品的质量和消费者在专柜里看到的商品质量是一样的，可以给消费者带来预期的有用价值，卖方提供这种高质量商品的行为称为“守信”信用模式；相反，如果卖方提供的商品和网页上的产品描述有很大差别或者存在严重的质量隐患，给消费者带来很低的价值，甚至没有任何使用价值，更有甚者有些商家收到货款而不发货，凡是具有上述各种行为的卖家称为“不守信”。假设卖方提供高质量商品的成本为 C_H，提供低质量商品的成本为 C_L。

在完全信息状态下，消费者事前会知道卖方所出售商品的质量，部分消费者愿意支付高价 P_H 购买优质商品，也有一部分消费者愿意支付低价 P_L 购买劣质品。假设“守信”卖方出售优质品所付出的与消费者沟通的成本及产品的运营维护费用等所构成的营销费用为 C_1；“不守信”卖方为了伪装劣质品而付出的与消费者沟通的成本和产品的广告营运等构成的营销费用为 C_2。当市场达到均衡时，优质品的价格为 $P_H = C_H + C_1$，劣质品的价格为 $P_L = C_L + C_2$，不同需求的买方根据自己的预期支付都可以买到自己想要的商品。

在不完全信息状态下，由于信息不对称，消费者难以知悉卖方选择何种策略，难以提前判断卖方所提供的商品质量。此时，假设消费者认为卖方采取“守信”策略的可能性为 $\alpha(0<\alpha<1)$，则消费者愿意支付的商品价格为 $\alpha P_H + (1-\alpha)P_L$。消费者对高质量商品的评估价值为 V_H，对低质量商品的评估价值为 V_L。在电子商务环境下，卖方可以方便地与买方实时沟通，发布和推广商品的成本与网下实体环境相比微乎其微，因此在这里不考虑卖方的营销费用，只假设采取不守信策略的卖方会承担一定的风险 φ（因欺诈所带来的法律或行政处罚、因声誉损失而带来的长期经济利益损失等）。消费者遇到守信的卖方购买到高质量商品所获收益为 $V_H - \alpha P_H - (1-\alpha)P_L$，此时商家所获收益为 $\alpha P_H + (1-\alpha)P_L - C_H$；如果消费者遇到了不守信的卖方，得到了无用的商品，或者是付款后卖家没有发货，消费者所获效益为 $V_L - \alpha P_H - (1-\alpha)P_L$，商家所获收益为 $\alpha P_H + (1-\alpha)P_L - C_L - \varphi$。如果消费者在网上仅仅浏览商品而没有进行购买，对消费者来说只是带来些许时间的浪费和精神损失，而不会遭受大的经济损失，我们认为其效用

为0。因此，得到单次交易买卖双方的博弈矩阵，如表4－1所示。

表4－1　单次交易买卖双方的博弈矩阵

卖方＼买方	守信	不守信
交易	$V_H-\alpha P_H-(1-\alpha)P_L$，$\alpha P_H+(1-\alpha)P_L-C_H$	$V_L-\alpha P_H-(1-\alpha)P_L$，$\alpha P_H+(1-\alpha)P_L-C_L-\varphi$
不交易	0，0	0，$-\varphi$

买卖双方在交易前会根据各自的期望收益选择其交易策略。由于$\alpha P_H+(1-\alpha)P_L-C_H<0$且$V_L-\alpha P_H-(1-\alpha)P_L<0$，此单次交易博弈存在唯一纳什均衡（不交易，不守信）。在短期内，采取不守信策略的卖方受到处罚或遭受损失φ的机率较小，$\alpha P_H+(1-\alpha)P_L-C_L-\varphi>0$，采取不守信策略的卖方获得超额利润，而采取守信策略的卖方入不敷出，逐渐被驱逐出市场，形成了网上交易中的“柠檬问题”。

网上交易市场中拥有大量的买方和卖方，除了消费者对店铺和卖家拥有较高忠诚度的情况下，很少有机会双方能够再次相遇，买方无法在被卖方欺诈后得到赔偿或对卖家实施有效的惩罚。而即使卖方守信，在交易前无法得到买方的完全信任，卖方只能得到较低的价格，做亏本买卖。因此，在单次交易市场中无法得到最有效率的（交易，守信）的帕累托均衡。

4.1.2　重复博弈

单次交易中由于买卖双方缺乏信任，无法达成合作的博弈均衡，如果交易可以重复，双方在多次交易中根据对方的历史行为建立起彼此的信任，卖方就不会只关注眼前的利益，（交易，守信）就可能成为新的博弈均衡。重复交易不仅加深了双方的了解，有利于建立长远的信用关系，也为买方惩罚欺诈的卖方提供了机会。

与单次博弈时假设相同，仍假设卖方提供两种不同质量的同种商品，买方难以提前判断商品的质量好坏，买卖双方存在对于商品质量信息的不对称。卖方的策略有两种：守信与不守信。买方的策略也有两种：交易与不交易。

第一次交易时，买方事前不清楚卖方是否可信，将按照自己的预期（假设卖方守信的概率为α）支付，根据单次交易的博弈矩阵，得到买方支付：

$$\alpha[V_H-\alpha P_H-(1-\alpha)P_L]+(1-\alpha)[V_L-\alpha P_H-(1-\alpha)P_L] \tag{4-1}$$

当$\alpha[V_H-\alpha P_H-(1-\alpha)P_L]+(1-\alpha)[V_L-\alpha P_H-(1-\alpha)P_L]>0$时，消费

者才会愿意和卖方达成初次交易。此时解得，$\alpha > (P_L - V_L) / (V_H - V_L - P_H + P_L)$。

如果第一次交易中卖方选择守信策略，买方在接下来就会觉得物有所值，会继续和卖方进行下一次交易；如果第一次交易卖方选择不守信策略，买家在收到商品后会觉得没有达到他所期望的价值，得到了无用的商品，甚至卖家没有发货，则买家会拒绝与卖方进行下一次交易。

在买方策略既定的情况下，如果卖方不守信，将得到 $\alpha P_H + (1 - \alpha) P_L - C_L - \varphi$ 的短期利润，消费者收到商品感觉上当受骗后，推断卖方下次仍会采取不守信的信用模式，今后将不会与卖方进行任何交易，卖方在之后各博弈阶段的收益均为0，因此，卖方选择不守信策略的期望收益为：

$$\Pi_c = \alpha P_H + (1 - \alpha) P_L - C_L - \varphi \tag{4-2}$$

如果卖方采取守信策略，消费者下次还会认为其守信，会与其继续交易，此时卖方获得的长期收益为：

$$\begin{aligned} \Pi_h &= \alpha P_H + (1-\alpha) P_L - C_H + \delta(P_H - C_H) + \delta^2 (P_H - C_H) + \delta^3 (P_H - C_H) + \cdots \\ &= \alpha P_H + (1 - \alpha) P_L - C_H + (\delta + \delta^2 + \delta^3 + \cdots)(P_H - C_H) \\ &\approx \alpha P_H + (1 - \alpha) P_L - C_H + \frac{\delta}{1 - \delta}(P_H - C_H) \end{aligned} \tag{4-3}$$

式（4－3）中 δ 为现金贴现因子。

当 $\Pi_h > \Pi_c$ 时，卖方会一直选择守信策略，与买方诚信交易，即：

$$\delta > 1 - \frac{P_H - C_H}{P_H - C_L - \varphi} \tag{4-4}$$

从式（4－4）中可看出，风险 φ 越大，不等式的右边越小，贴现因子 δ 只需要稍稍大于0即可使不等式成立，这时卖方会选择守信策略。当贴现因子足够大时，卖方选择守信策略的长期收益大于不守信的短期收益，有一直诚信交易的动机。

与单次博弈相比，重复博弈中卖方较少对买方欺诈以获得短期利益，相反卖方为了维护自己的良好声誉，会在首次交易中采取守信策略吸引买方的再次光临，以期在多次交易中获得更多的远期利益。影响重复博弈均衡结果的因素主要是博弈重复的次数和交易方获取信息的完备性。如果买卖双方的博弈只进行一次，双方都只关心自己的当期支付，无法解决逆向选择问题。在网上交易市场中，销售同一商品的网站与商家不计其数，买卖双方进行重复交易的概率较小，通过重复博弈来消除逆向选择问题极为有限，需要采取合理的机制来激励买卖双方诚信交易。

4.2 引入声誉反馈机制的模型

买卖双方对于商品质量信息的不对称将导致逆向选择，市场的优胜劣汰机制发生扭曲，劣质商品驱逐优质商品，产生所谓的“柠檬问题”。要解决“柠檬问题”，至少要保证双方的交易是可重复的，在重复交易中积累信誉以减少买方对于卖方出售商品质量信息的不对称性。在网上交易环境下，“柠檬问题”相比传统经济下更为恶劣，买卖双方进行重复交易的概率很小，需要采取其他合理的机制来建立信誉。互联网的特性一方面加剧了质量信息的不对称性，但另一方面便利了口碑传播，使传统市场中口耳相传的声誉机制的传播范围和速度大大扩大，消费者可以参考更多买家的信誉评价来降低自己的购买风险。引入声誉反馈机制后，买方依据卖方的历史出售记录及其他买家对卖家的评价来衡量商品价值、进行购买决策；卖方为了赢得和维持良好的声誉，会选择守信策略、出售高质量商品。如果卖方曾经欺诈或者销售过低质量的商品，潜在买方可以通过声誉反馈机制无成本地知晓卖方的失信行为，将代替受害的消费者对卖方进行“社会实施”(Social Enforcement)，不再购买或者出低价购买卖方商品。

下面我们分别模拟无噪声和有噪声两种条件下，在网上交易中引入声誉反馈机制后买卖双方的博弈过程。

4.2.1 无噪声条件下的模型

在无噪声条件下，买方凭借卖方的声誉水平和其他买方给予卖方的历史评价出价，且其他买方给予卖家的评价都是真实客观的，买方对声誉反馈的理解也是无偏的，声誉反馈机制真实有效地反映了买卖双方的交易情况。在这种情况下，我们可以把与同一卖家的交易看作是买方重复、卖方不变的重复博弈过程，买方根据收到的商品质量来判断卖方守信与否，收到高质量商品则认为卖方守信并给予好评，收到低质量的商品则认为卖方不守信且给予差评；买方通过参照其他买方的评价来进行购买决策，如果在近期交易中卖方欺诈得到了差评，买方将终止与其交易或者出低价购买商品，直到经过一定的惩罚期后，才完全恢复对卖方的信任，出高价购买卖家的商品。

假设卖方对同一种商品可以提供两种质量水准，卖方提供高质量商品的成本为 C_H，售价为 P_H；提供低质量商品的成本为 C_L，售价为 P_L。当消费者不确定卖方是否守信时，认为卖方采取“守信”策略的可能性为 $\alpha(0<\alpha<1)$，此时消费

者愿意支付的商品价格为 $\alpha P_H+(1-\alpha)P_L$。

在买方策略既定的情况下，如果卖方与买方在一次交易时采取不守信策略，买方支付 $\alpha P_H+(1-\alpha)P_L$，卖方获得收益 $\alpha P_H+(1-\alpha)P_L-C_L$。买方在收到低质量商品后认为卖方不守信，给予卖方差评，在今后的交易中其他买方参照评价，将支付卖方低价 P_L。如果卖方仍旧不守信，买方继续支付低价，卖方无法收回成本，逐渐退出市场。如果卖方采取守信策略，为消费者提供高质量商品，则每次交易中所得收益为 P_L-C_H。

如果卖方一直采取守信策略，获得无数好评，买方在参照其他买方的评价后决定购买商品，当其收到高质量的商品后认为卖方确实守信，继续给予卖方好评，如此反复。因此，只要卖方一直守信，消费者购买商品愿意接受卖方所报高价 P_H，卖方在单次交易中所获收益为 P_H-C_H。

假设卖方选择守信策略时将来各期收益现值为 V_h，卖方一旦失信接受惩罚时的收益现值为 V_c。如果之前卖方一直采取守信策略，每期获得收益 P_H-C_H，收到差评后消费者无法判断其商品质量，买方认为卖方守信的概率为 α，可得今后卖方各期收益的贴现值为：

$$V_h=P_H-C_H+\delta[\alpha V_h+(1-\alpha)V_c] \tag{4-5}$$

假定卖方在经过 T 期惩罚期后回到守信策略，则有：

$$V_c=\delta^T V_h$$

$$V_h=\frac{P_H-C_H}{1-\alpha\delta-(1-\alpha)\delta^{T+1}} \tag{4-6}$$

卖方在欺诈后得到差评，将面临买方 T 期的惩罚，从卖方采取不守信策略的那一期开始卖方的收益现值为：

$$V_d=P_H-C_L+\delta^{T+1}V_h \tag{4-7}$$

V_d 代表卖方采取不守信策略时，未来各期的收益现值。

当卖方采取守信策略的收益现值高于采取不守信策略的收益现值时，卖方会在该期采取守信策略，即：

$$V_h\geqslant V_d$$

$$\frac{(1-\delta^{T+1})(P_H-C_H)}{1-\alpha\delta-(1-\alpha)\delta^{T+1}}\geqslant P_H-C_L \tag{4-8}$$

对式（4-8）进行分析，得出以下结论：

结论（1）：当 T 趋向于 0，意味着消费者在收到低质量的商品时不惩罚卖方。式左 $=P_H-C_H$，式右 $=P_H-C_L$，因 $C_H>C_L$，式左 < 式右，即 $V_h<V_d$，卖方采取不守信策略的收益大于采取守信策略的收益，此时卖方会选择不守信策略。

结论（2）：当 T 趋向于无穷大，意味着消费者在收到低质量的商品后对卖方的惩罚期无限。此时，式左 $=\frac{P_H-C_H}{1-\alpha\delta}$，式右 $=P_H-C_L$，可得 $\delta>\frac{C_H-C_L}{\alpha(P_H-C_L)}$ 时，面对买方严厉的惩罚，充分注重未来收益的卖方会在该期采取守信策略。

结论（3）：不等式左边是 T 的单调递增函数，右边是常数，随着 T 的增加不等式成立的可能性增大。可见一旦卖方失信，消费者对卖方的惩罚期越长，卖方采取守信策略的概率越大。

证明：

对式（4－8）的左边求偏导，得：

$$\frac{\partial\frac{(1-\delta^{T+1})(P_H-C_H)}{1-\alpha\delta-(1-\alpha)\delta^{T+1}}}{\partial T}$$

$$=\frac{-(P_H-C_H)\delta^{T+1}\ln\delta[1-\alpha\delta-(1-\alpha)\delta^{T+1}]+(1-\delta^{T+1})(P_H-C_H)(1-\alpha)\delta^{T+1}\ln\delta}{[1-\alpha\delta-(1-\alpha)\delta^{T+1}]^2}$$

$$=\frac{\alpha(\delta-1)(P_H-C_H)\delta^{T+1}\ln\delta}{[1-\alpha\delta-(1-\alpha)\delta^{T+1}]^2} \tag{4-9}$$

式（4－9）＞0，所以式（4－8）的左边是增函数。

结论（4）：消费者在收到低质量的商品后选择在今后的 T 期对卖方进行惩罚，在惩罚期内一直支付低价，直到 T＋1 期后完全恢复对卖方的信任，存在一个最短的惩罚期 T^* 促使卖方不偏离守信策略。

证明：

对于给定的卖方贴现因子，只要贴现因子足够高，就有：

$$\lim_{T\to 0}\frac{(1-\delta^{T+1})(P_H-C_H)}{1-\alpha\delta-(1-\alpha)\delta^{T+1}}=0$$

$$\lim_{T\to\infty}\frac{(1-\delta^{T+1})(P_H-C_H)}{1-\alpha\delta-(1-\alpha)\delta^{T+1}}>P_H-C_L \tag{4-10}$$

从式（4－10）中左边极限中的部分求导可知，函数 $\frac{(1-\delta^{T+1})(P_H-C_H)}{1-\alpha\delta-(1-\alpha)\delta^{T+1}}$ 关于 T 连续可导，因此，根据中值定理，必定存在一个 T^*，使得：$\frac{(1-\delta^{T^*+1})(P_H-C_H)}{1-\alpha\delta-(1-\alpha)\delta^{T^*+1}}=P_HC_L$

此时，T^* 即为卖方不偏离守信策略的最短惩罚期。

只要对卖方的惩罚力度得当，经过 T^* 期支付低价的惩罚，那些因偶然因素出售低质量商品的卖方可以得到一个改过自新的机会，激励卖方只有采取守信策略才能在市场中得以生存，同时提高了买卖双方的福利。

结论（5）：随着消费者对卖方惩罚期数的增加，采取守信策略的卖方的期

望收益 V_h 下降。

证明：

$$V_h = \frac{P_H - C_H}{1 - \alpha\delta - (1-\alpha)\delta^{T+1}}$$

$$\frac{\partial V_h}{\partial_T} = \frac{\partial \dfrac{P_H - C_H}{1 - \alpha\delta - (1-\alpha)\delta^{T+1}}}{\partial T} = \frac{(P_H - C_H)(1-\alpha)\delta^{T+1}\ln\delta}{[1 - \alpha\delta - (1-\alpha)\delta^{T+1}]^2}$$

根据假设 $0<\alpha<1$，$P_H - C_H > 0$，$0<\delta<1$，故 $\ln\delta<0$，上式 $\frac{\partial V_h}{\partial T}<0$，因此随着惩罚期数 T 的增加，采取守信策略的卖方的期望收益下降。

4.2.2 有噪声条件下的模型

市场中存在生存期无限的两类卖方：守信类型和不守信类型。卖方存在两种努力水平：高努力水平和低努力水平。卖方以 u_t 的概率选择高努力水平。守信类型的卖方在每次交易时都付出高努力水平，而不守信类型的卖方遵循机会主义原则，以获取最大化的各期收益为目标，他们可能在初期交易时付出高努力水平获得良好的声誉，而在后期凭借自己的声誉投机获益。

假设商品质量也存在两种水平：高质量水平和低质量水平。由于消费者对卖方行为的反馈是有噪声的，消费者无法根据收到商品的质量水平来判断卖方守信与否。当卖方付出高努力水平时，获得好评的概率为 β，获得差评的概率为 $1-\beta$；卖方付出低努力水平时，获得好评的概率为 γ，获得差评的概率为 $1-\gamma$。

假设市场中存在多个风险中立的买方，他们在市场中只存在一期，根据贝叶斯规则对卖方的声誉水平进行修正，并结合他人以及自己对商品的评价进行购买决策，以获取自身期望效用的最大化。

买卖双方的交易步骤如下：

第一步，买方依据卖方的声誉水平 α 和自己对商品的评价 V_i 选择交易与否。

第二步，卖方在收到货款后决定自己的努力水平 u_t，付出努力成本 $C(u_t)$，得到当期收益 $\pi_t = G(\alpha_t) - C(u_t)$。

第三步，买方在收到商品后，根据商品质量的好坏对卖方在此次交易中的表现进行反馈，给予卖方好评或差评。

第四步，从下一期开始，买方依据贝叶斯规则对卖方的声誉进行修正。

4.2.2.1 买方策略

交易初期，买方对卖方守信概率的先验估计为 α_0，则：

在时期 1 有：

$$\alpha_1 = \frac{\alpha_0\beta^{p_0}(1-\beta)^{n_0}}{\alpha_0\beta^{p_0}(1-\beta)^{n_0}+(1-\alpha_0)\gamma^{p_0}(1-\gamma)^{n_0}} \tag{4-11}$$

时期2有：

$$\alpha_2 = \frac{\alpha_1\beta^{p_1}(1-\beta)^{n_1}}{\alpha_1\beta^{p_1}(1-\beta)^{n_1}+(1-\alpha_1)\gamma^{p_1}(1-\gamma)^{n_1}} \tag{4-12}$$

将式（4-11）代入式（4-12）得：

$$\alpha_2 = \frac{\alpha_0\beta^{p_0+p_1}(1-\beta)^{n_0+n_1}}{\alpha_0\beta^{p_0+p_1}(1-\beta)^{n_0+m_1}+(1-\alpha_0)\gamma^{p_0+p_1}(1-\gamma)^{n_0+n_1}} \tag{4-13}$$

令 $P_t = \sum_{i=0}^{t-1} P_i, N_t = \sum_{i=0}^{t-1} n_i$，$P_t$、$N_t$ 为到时期 t 为止卖方所获得的正反馈数和负反馈数。利用数学归纳法可得时期 t 买方对卖方守信概率的先验估计为：

$$\alpha_t = \frac{\alpha_0\beta^{P_t}(1-\beta)^{N_t}}{\alpha_0\beta^{P_t}(1-\beta)^{N_t}+(1-\alpha_0)\gamma^{P_t}(1-\gamma)^{N_t}} \tag{4-14}$$

买方 i 依据卖方的声誉水平和自身对商品的评价出价：

$$G_{it} = B_t(P_t,\ N_t)V_i = [\alpha_t P_H + (1-\alpha_t)P_L]V_i \tag{4-15}$$

G_{it}为买方 i 在时期 t 对卖方商品的出价，V_i 为商品的期望价值，B_t 为卖方在时期 t 的声誉水平。

首先分析卖方收到的正反馈数对买方出价的影响。

式（4-15）对 P_t 求偏导，得到：

$$\frac{\partial G_{it}}{\partial P_t} = (P_H - P_L)V_i\frac{\partial \alpha_t}{\partial P_t} \tag{4-16}$$

由于$\frac{\partial \alpha_t}{\partial P_t} = \alpha_t$，$\frac{\partial \ln\alpha_t}{\partial P_t}$

且 $\ln\alpha_t = \ln\alpha_0 + P_t\ln\beta + N_t\ln(1-\beta) - \ln[\alpha_0\beta^{P_t}(1-\beta)N_t + (1-\alpha_0)\gamma^{P_1}(1-\gamma)^{N_t}]$

所以：

$$\frac{\partial \ln\alpha_t}{\partial P_t} = \ln\beta - \frac{\alpha_0\beta^{P_t}\ln\beta(1-\beta)^{N_t} + (1-\alpha_)\gamma^{P_t}\ln\gamma(1-\gamma)^{N_t}}{\alpha_0\beta^{P_1}(1-\beta)^{N_t}+(1-\alpha_0)\gamma^{P_t}(1-\gamma)^{N_t}}$$

$$= (\ln\beta - \ln\gamma)\cdot\frac{(1-\alpha_0)\gamma^{P_t}(1-\gamma)^{N_t}}{\alpha_0\beta^{P_t}(1-\beta)^{N_t}+(1-\alpha_0)\gamma^{P_t}(1-\gamma)^{N_t}}$$

$$= (\ln\beta - \ln\gamma)(1-\alpha_t)$$

$$\frac{\partial \alpha_t}{\partial P_t} = \alpha_t\frac{\partial \ln\alpha_t}{\partial P_t} = \alpha_t(1-\alpha_t)(\ln\beta - \ln\gamma)$$

$$\frac{\partial G_{it}}{\partial P_t} = (P_H - P_L)V_i\frac{\partial \alpha_t}{\partial P_t} = (P_H - P_L)V_i\alpha_t(-\alpha_t)(\ln\beta - \ln\gamma)$$

由于 $1 > B > \gamma > 0$，故 $\ln B > \ln\gamma$，$\frac{\partial G_{it}}{\partial P_t} > 0$，由此得出：

结论（1）：随着卖方好评数的增加，买方对商品的出价也增加，增加的速度与卖方当时的声誉水平有关。

$$\frac{\partial^2 G_{it}}{\partial P_t^2}=\frac{\partial(P_H-P_L)V_i\alpha_t(1-\alpha_t)(\ln\beta-\ln\gamma)}{\partial P_t}$$

$$=(P_H-P_L)V_t(\ln\beta-\ln\gamma)(1-2\alpha_t)\frac{\partial\alpha_t}{\partial P_t}$$

$$\frac{\partial^2 G_{it}}{\partial P_t^2}=\begin{cases}>0,\ 0<\alpha_t<0.5\\=0,\ \alpha_t=0.5\\<0,\ 0.5<\alpha_t<1\end{cases}$$

可见，当卖方的守信概率高于0.5时，随着买方对卖方好评数的增加，买方的出价增加，但增加的速度降低。当卖方的守信概率小于0.5时，随着买方对卖方好评数的增加，买方的出价增加，增加的速度也上升。由此得出，当卖方的信誉度不是很高时，每个买方的正反馈对于卖方都特别重要，随着卖方好评率的增加，买方的出价会迅速上升，卖方在未来会获得更多收益。

同理，我们接着分析卖方收到的负反馈数对买方出价的影响。

$$\frac{\partial G_{it}}{\partial N_t}=(P_H-P_L)V_i\frac{\partial\alpha_t}{\partial N_t} \tag{4-17}$$

$$\frac{\partial\alpha_t}{\partial N_t}=\alpha_t\frac{\partial\ln\alpha_t}{\partial N_t}$$

$$\ln\alpha_t=\ln\alpha_0+P_t\ln\beta+N_t\ln(1-\beta)-\ln[\alpha_0\beta^{P_t}(1-\beta)^{N_t}+(1-\alpha_0)\gamma^{P_t}(1-\gamma)^{N_t}]$$

$$\frac{\partial\ln\alpha_t}{\partial N_t}=\ln(1-\beta)-\frac{\alpha_0\beta^{P_t}(1-\beta)^{N_t}\ln(1-\beta)+(1-\alpha_0)\gamma^{P_t}(1-\gamma)^{N_t}\ln(1-\gamma)}{\alpha_0\beta^{P_t}(1-\beta)^{N_t}+(1-\alpha_0)\gamma^{P_t}(1-\gamma)^{N_t}}$$

$$=[\ln(1-\beta)-\ln(1-\gamma)]\frac{(1-\alpha_0)\gamma^{P_t}(1-\gamma)^{N_t}}{\alpha_0\beta^{P_t}(1-\beta)^{N_t}+(1-\alpha_0)\gamma^{P_t}(1-\gamma)^{N_t}}$$

$$=[\ln(1-\beta)-\ln(1-\gamma)](1-\alpha_t)$$

$$\frac{\partial\alpha_t}{\partial N_t}=\alpha_t\frac{\partial\ln\alpha_t}{\partial N_t}=\alpha_t(1-\alpha_t)[(\ln(1-\beta)-\ln(1-\gamma)]<0$$

$$\frac{\partial G_{it}}{\partial N_t}=(P_H-P_L)V_i\frac{\partial\alpha_t}{\partial N_t}=(P_H-P_L)V_i\alpha_t(1-\alpha_t)[(\ln(1-\beta)-\ln(1-\gamma)]$$

由于$1>\beta>\gamma>0$，则$1-\beta<1-\gamma$，故$\ln(1-\beta)<\ln(1-\gamma)$，$\frac{\partial G_{it}}{\partial N_t}<0$，由此得出：

结论（2）：随着卖方差评数的增加，买方对商品的出价减少，减少的速度与卖方当时的声誉水平有关。

$$\frac{\partial^2 G_{it}}{\partial N_t^2}=\frac{\partial(P_H-P_L)V_i\alpha_t(1-\alpha_t)[(\ln(1-\beta)-\ln(1-\gamma)]}{\partial N_t}$$

$$=(P_H-P_L)V_t[(\ln(1-\beta)-\ln(1-\gamma)](1-2\alpha_t)\alpha_t(1-\alpha_t)$$

$$[(\ln(1-\beta)-\ln(1-\gamma)]$$

$$\frac{\partial^2 G_{it}}{\partial N_t^2}=\begin{cases}>0,\ 0<\alpha_t<0.5\\=0,\ \alpha_t=0.5\\<0,\ 0.5<\alpha_t<1\end{cases}$$

可见，当卖方的守信概率高于0.5时，随着买方对卖方差评数的增加，买方的出价减少，且出价减少的速度递减。这表明当卖方的守信概率较高时，买方对负反馈有一定的容忍程度，因为在有噪声的环境下，买方清楚商品的生产质量和其他用户对商品的反馈信息都可能出现误差。而当卖方的守信概率小于0.5时，随着买方对卖方差评数的增加，买方的出价减少，且出价减少的速度上升。由此得出，当卖方的信誉度较低时，每个买方的负反馈对于卖方都特别重要，随着卖方差评率的增加，卖方的声誉将明显受损，买方的出价会迅速降低。

4.2.2.2 卖方策略

买方依据贝叶斯规则对卖方的声誉进行修正。

如果买方上一期收到高质量商品，给予卖方好评，则对卖方的信誉修正为：

$$P(\text{高质量/好评})=\frac{\alpha\beta}{\alpha\beta+(1-\alpha)\gamma}$$

如果买方上一期收到高质量商品，却给予卖方差评，则对卖方的信誉修正为：

$$P(\text{高质量/差评})=\frac{\alpha(1-\beta)}{\alpha(1-\beta)+(1-\alpha)(1-\gamma)}$$

如果买方上一期收到低质量商品，给予卖方差评，则对卖方的信誉修正为：

$$P(\text{低质量/差评})=\frac{(1-\alpha)(1-\gamma)}{\alpha(1-\beta)+(1-\alpha)(1-\gamma)}$$

如果买方上一期收到低质量商品，给予卖方好评，则对卖方的信誉修正为：

$$P(\text{低质量/好评})=\frac{(1-\alpha)\gamma}{\alpha\beta+(1-\alpha)\gamma}$$

卖方以 u_t 的概率选择高努力水平，卖方时期 t 的期望收益为买方的出价减去卖方的努力成本，即：

$$\pi_t=G_{it}-C(u_t)=B_t(P_t,\ N_t)V_i-C(u_t) \tag{4-18}$$

用 $\prod_t$ 表示从 t 期开始卖方以后各期收益的现值，即：

$$\prod_t=B_t(P_t,N_t)V_i-C(u_t)+\delta\prod_{t+1}$$

$$= \alpha P_H + (1-\alpha) P_L - u_t C_H - (1-u_t) C_L + \delta \prod_{t+1} \tag{4-19}$$

卖方的最优策略是在各期选择合适的努力水平使其各期的收益现值最大。

$$\hat{\prod}_t = \max \prod_t (P_t, N_t, u_t) \tag{4-20}$$

其中，$\hat{\prod}_t$ 表示卖方最优策略下的收益现值。

卖方以 u_t 的概率选择高努力水平，当卖方付出高努力水平时，获得好评的概率为β，获得差评的概率为 $1-\beta$；卖方付出低努力水平时，获得好评的概率为γ，获得差评的概率为 $1-\gamma$。在时期 t 买方收到商品后对卖方进行反馈，卖方所获得的关于正反馈数和负反馈数的修正为：

$$P_{t+1} = P_t + \beta u_t + \gamma(1-u_t) \tag{4-21}$$

$$N_{t+1} = N_t + (1-\beta) u_t + (1-\gamma)(1-u_t) \tag{4-22}$$

因为现行的声誉反馈系统在规定的期限内如果买方没有对卖方进行评价，系统会默认给予卖方好评，所以不存在反馈不完全的情况。

将好评数和差评数对卖方的努力程度求偏导，得到卖方的努力程度对其获得好评数和差评数的影响：

$$\frac{\partial P_{t+1}}{\partial u_t} = \beta - \gamma$$

$$\frac{\partial N_{t+1}}{\partial u_t} = \gamma - \beta$$

将 u 暂时看作连续变量，将卖方的各期收益现值对 u 求偏导：

$$\frac{\partial \prod_t}{\partial u_t} = -C_H + C_L + \delta\left(\frac{\partial \prod_{t+1}}{\partial P_{t+1}} \cdot \frac{\partial P_{t+1}}{\partial u_t} + \frac{\partial \prod_{t+1}}{\partial N_{t+1}} \cdot \frac{\partial N_{t+1}}{\partial u_t}\right)$$

其中，$\frac{\partial \prod_{t+1}}{\partial P_{t+1}} = (P_H - P_L)\frac{\partial \alpha_{t+1}}{\partial P_{t+1}} + \delta \frac{\partial \prod_{t+2}}{\partial P_{t+2}} \cdot \frac{\partial P_{t+2}}{\partial P_{t+1}}$

$$= (P_H - P_L)\frac{\partial \alpha_{t+1}}{\partial P_{t+1}} + \partial \frac{\partial \prod_{t+2}}{\partial P_{t+2}}$$

$$= (P_H - P_L)\frac{\partial \alpha_{t+1}}{\partial P_{t+1}} + \partial\left[(P_H - P_L)\frac{\partial \alpha_{t+2}}{\partial P_{t+2}} + \delta \frac{\partial \prod_{t+3}}{\partial P_{t+3}}\right]$$

$$= (P_H - P_L)\left[\frac{\partial \alpha_{t+1}}{\partial P_{t+1}} + \delta \frac{\partial \alpha_{t+2}}{\partial P_{t+2}} + \delta^2 \frac{\partial \alpha_{t+3}}{\partial P_{t+3}} + \cdots\right]$$

$$= (P_H - P_L) \sum_{k=t}^{\infty} \delta^{k-t} \frac{\partial \alpha_{k+1}}{\partial P_{k+1}}$$

同理，$\frac{\partial \prod_{t+1}}{\partial N_{t+1}} = (P_H - P_L) \sum_{k=t}^{\infty} \delta^{k-t} \frac{\partial \alpha_{k+1}}{\partial N_{k+1}}$

$$\frac{\partial \alpha_t}{\partial P_t} = \alpha_t \frac{\partial \ln \alpha_t}{\partial P_t} = \alpha_t (1-\alpha_t)(\ln\beta - \ln\gamma)$$

$$\frac{\partial\alpha_t}{\partial N_t}=\alpha_t\frac{\partial\ln\alpha_t}{\partial N_t}=\alpha_t(1-\alpha_t)[(\ln(1-\beta)-\ln(1-\gamma)]$$

$$\frac{\partial\Pi_t}{\partial u_t}=-C_H+C_L+\delta\left(\frac{\partial\Pi_{t+1}}{\partial P_{t=1}}\cdot\frac{\partial P_{t+1}}{\partial u_t}+\frac{\partial\Pi_{t+1}}{\partial N_{t+1}}\cdot\frac{\partial N_{t+1}}{\partial u_t}\right)$$

$$=-C_H+C_L+\delta\left[(P_H-P_L)\sum_{k=t}^{\infty}\delta^{k-t}\frac{\partial\alpha_{k+1}}{\partial P_{k+1}}(\beta-\gamma)+(P_H-P_L)\sum_{k=t}^{\infty}\delta^{k-t}\frac{\delta\alpha_{k+1}}{\partial N_{k+1}}(\gamma-\beta)\right]$$

$$=-C_H+C_L+\delta(\beta-\gamma)(P_H-P_L)\alpha_{t+1}(1-\alpha_{t+1})\left\{\sum_{k=t}^{\infty}\delta^{t-t}(ln\beta-ln\gamma)-\sum_{k=t}^{\infty}\delta^{k-t}[(\ln(1-\beta)-\ln(1-\gamma)]\right\}$$

$$=(-C_H+C_L)+\delta(\beta-\gamma)(P_H-P_L)\alpha_{t+1}(1-\alpha_{t+1})[\ln\beta-\ln\gamma-\ln(1-\beta)+\ln(1-\gamma)]\sum_{k=t}^{\infty}\delta^k-t \tag{4-23}$$

由于 $\beta>\gamma$，则 $1-\beta<1-\gamma$，故 $\ln\beta-\ln\gamma>0$，$-\ln(1-\beta)+\ln(1-\gamma)>0$，且 $C_H>C_L$，$P_H>P_L$，

所以式（4－23）右边的第一项 $-C_H+C_L<0$，第二项 >0。

因此，可以得到以下结论，

结论（3）：C_H 与 C_L 相差越大，即当高质量商品的成本远大于低质量商品的成本时，$\frac{\partial\Pi_t}{\partial u_t}$小于 0 的概率越大，卖方选择守信交易的概率越小。越贵重的物品，卖方选择不守信策略带来的收益越大，卖方越容易偏离守信策略。

结论（4）：声誉反馈系统的反馈越准确（$\beta\to1$，$\gamma\to0$），即卖方付出高努力水平获得正反馈的概率越大，付出低努力水平获得好评的概率越小时，式（4－23）右边的第二项越大，整个等式$\frac{\partial\Pi_t}{\partial u_t}$小于 0 的概率越小，卖方越愿意选择守信交易，声誉反馈机制的有效性越高。

结论（5）：贴现因子越大，意味着卖方越看重未来交易所带来的收益现值，则式（4－23）右边的第二项越大，$\frac{\partial\Pi_t}{\partial u_t}$小于 0 的概率越小，卖方选择守信交易的概率越大。

结论（6）：声誉反馈机制对于信誉度较高的卖方缺乏有效激励。当卖方的声誉水平较高时，$\alpha_t\to1$，$\alpha_{t+1}(1-\alpha_{t+1})\to0$，式（4－23）右边第二项趋于 0，因此只要卖方提供高质量商品的成本与提供低质量商品的成本的差值不是太小，

等式即为负，$\frac{\partial \Pi_t}{\partial u_t}<0$，卖方没有坚持始终守信的动力，卖方选择利用自己的高声誉水平进行欺诈。但当卖方欺诈次数增多时，会失去买方对他的信任，未来的收益会严重缩水，因此卖方欺诈的次数存在一个上限。

证明：可以找到一个最大的 N^*，使得

$$\frac{\partial \Pi_t}{\partial u_t} = -C_H + C_L + \delta\left[(P_H - P_L)\sum_{k=t}^{\infty}\delta^{k-t}\frac{\partial \alpha_{k+1}}{\partial P_{k+1}}(\beta-\gamma) + (P_H - P_L)\sum_{k=t}^{\infty}\delta^{k-t}\frac{\partial \alpha_{k+1}}{\partial N_{k+1}}(\gamma-\beta)\right]$$

$$= -C_H + C_L + \delta(P_H - P_L)(\beta-\gamma)\left[\sum_{k=t}^{\infty}\delta^{k-t}\frac{\partial \alpha_{k+1}}{\partial P_{k+1}} - \sum_{k=t}^{\infty}\delta^{k-t}\frac{\partial \alpha_{k+1}}{\partial N_{k+1}}\right]$$

$$> -C_H + C_L + \delta(P_H - P_L)(\beta-\gamma)\left(-\sum_{k=t}^{\infty}\delta^{k-t}\frac{\partial \alpha_{k+1}}{\partial N_{k+1}}\right) \quad (4-24)$$

令式（4－24）右边等于0，可以求出 $N^*(\alpha_t)$，当卖方获得的负反馈数小于 $N^*(\alpha_t)$ 时，卖方仍有选择高努力水平的激励，而当卖方所获的负反馈数一旦大于 $N^*(\alpha_t)$，卖方将偏离守信策略。

因此，始终选择守信交易并不是卖方的最优策略，但对于给定的卖方的声誉水平，卖方偏离守信策略的次数（即卖方获得的负反馈数 N^*）有一个上限。

4.2.3 结果讨论

良好的声誉是需要付出一定的“声誉租金”才能得到的，当消费者不确定卖方是否守信时，一直会支付卖方 $\alpha P_H+(1-\alpha)P_L$ 的期望价格，直到确认卖方守信后，才会向卖方支付高价 P_H，在这一阶段内卖方所付出的低于成本价销售的价差之和全部用于建立自己的良好声誉，赢得消费者的信任。当消费者对卖方充分信任以后，卖方的良好声誉将会为出售商品带来一定的溢价，同时卖方的售出率及交易量也会增加。

声誉反馈机制在一定程度上解决了网上交易中的“柠檬问题”，激励买卖双方诚信交易。但是根据结论（6），声誉反馈机制对于信誉度较高的卖方缺乏有效激励。根据结论（4），声誉反馈体系的反馈越准确，声誉反馈机制的有效性越高；在现实中卖家共谋和恶意评价的现象屡禁不止，这些噪声都会使声誉反馈体系的反馈失真，此时声誉反馈机制的有效性也将随之降低，即声誉反馈机制不能识别卖家共谋与恶意评价等行为。

当卖方欺诈后可以重新无成本地进入交易市场时，声誉反馈机制将不再发挥作用。如果卖方进行欺诈，买方给予卖方差评，下一买家看到差评后根据贝叶斯规则对卖方信誉进行修正，卖方信誉度降低，商品成交价格也随之降低，当商品

成交价格跌至劣质品成本以下时，欺诈卖方赚不到任何利润，将会选择无成本地重新注册一个新身份进入交易市场，继续对买方实施欺诈，这样欺诈卖方就会通过无成本地更换身份不断地获取超额利润，而守信卖方由于提供高质量的产品需要付出高成本，最终会无法保障收益，逐渐被驱逐出市场，“柠檬问题”再次出现。

4.3 政府监管下的管理者与交易者博弈分析

4.3.1 博弈假设

第一，假设政府和交易方都是理性的且风险中立，交易方的目标是追求自身利益最大化，政府的目标是节约成本，保障社会秩序。

第二，政府管理者与网上交易者的博弈是一个两阶段动态博弈，首先政府管理决定监管力度，然后网上交易者依据政府监管力度决定其守信概率亦即违规程度。

第三，假设政府的监管力度为 α（即政府以 α 的概率成功捕获网上交易者的失信行为）；交易者因失信所取得收入为 Q（$Q\geqslant0$），因其失信给交易市场所带来损失为 βQ（$\beta\geqslant1$）。

第四，如果交易者的失信行为被发现，政府管理者对他的惩罚力度假设与其失信收益的平方成正比，即 γQ^2，γ 为惩罚因子，表示政府管理者对交易者失信行为的惩罚度。

第五，失信交易者的罚金中有一部分返还给受到损失的交易方，另外一部分 $\eta\gamma Q^2$（$0<\eta\leqslant1$）则纳为政府管理者的收入。政府管理者的监管成本为 C（$C>0$）。

第六，网上交易者的折现因子为 δ（$0\leqslant\delta\leqslant1$），交易者越看中当前的短期利益，$\delta$ 越小；越看中未来收益，δ 则越大。政府管理者的折现因子为 1。

第七，假设上述信息中除了政府管理者的监管力度和网上交易者的失信程度以外，其余均为双方的共同知识。假设交易者的所有失信行为只要政府管理者下大力气进行监管都可以成功捕获。

4.3.2 博弈模型

首先计算政府管理者和交易者双方的预期收益。

政府管理者：

$$\pi_{gov} = -\beta Q + \alpha\eta\gamma Q^2 - \alpha C \tag{4-25}$$

网上交易者：

$$\pi_{trd} = Q - \alpha\gamma Q^2\delta \tag{4-26}$$

式（4－26）对 Q 求偏导，

令 $1 - 2\alpha\gamma Q\delta = 0$，

$$Q^* = \frac{1}{2\alpha\gamma\delta} \tag{4-27}$$

由式（4－27）可知，交易者最优的失信程度 Q^* 与政府监管力度 α、惩罚力度 γ、折现因子 δ 成反比。政府的监管力度和惩罚力度越大，交易者的失信程度越低。交易者越注重远期收益，其失信程度越低。

将 Q^* 代入式（4－25），$\pi_{gov} = \frac{\eta - 2\beta\delta}{4\alpha\gamma\delta^2} - \alpha C$

$\frac{\partial \pi_{gov}}{\partial \alpha} = \frac{2\beta\delta - \eta}{4\alpha^2\gamma\delta^2} - C = 0$，解得 $\alpha^{*2} = \frac{2\beta\delta - \eta}{4\delta^2\gamma C}$

$$\alpha^* = \frac{1}{2\delta}\sqrt{\frac{2\beta\delta - \eta}{\gamma C}} \tag{4-28}$$

式（4－28）表明，政府管理者的监管力度与其监管成本、惩罚力度和交易者的贴现因子的平方成反比。政府的监管成本和惩罚力度越大，所需的监管力度就越小；而对于重视当前利益的贴现因子较小的交易者来说，政府应该加大对其的监管力度。

下面根据交易者折现因子的情况继续对模型求解。

4.3.2.1　$2\beta\delta - \eta \geqslant 0$，即 $\delta \geqslant \frac{\eta}{2\beta}$

（1）当 $\frac{2\beta\delta - \eta}{4\delta^2\gamma C} > 1$ 时，$\alpha^{*2} = \frac{2\beta\delta - \eta}{4\delta^2\gamma C} > 1$ 无解，因为 $0 \leqslant \alpha \leqslant 1$。

$\frac{\partial \pi_{gov}}{\partial \alpha} = \frac{2\beta\delta - \eta}{4\alpha^2\gamma\delta^2} - C > \frac{C}{\alpha^2} - C = C\left(\frac{1}{\alpha^2} - 1\right) \geqslant 0$，即政府管理者的收益是其监管力度 α 的增函数，政府最优的监管力度 $\alpha^* = 1$，此时，网上交易者的最优失信程度 $Q^* = \frac{1}{2\alpha^*\gamma\delta} = \frac{1}{2\gamma\delta}$。

因此，当 $\delta > \frac{\eta}{2\beta}$ 且 $\frac{2\beta\delta - \eta}{4\delta^2\gamma C} > 1$ 时，模型的最优解：

$$(\alpha^*, Q^*) = \left(1, \frac{1}{2\gamma\delta}\right) \tag{4-29}$$

此时，政府管理者的收益为 $\pi_{gov} = -\beta Q^* + \alpha^*\eta\gamma Q^{*2} - \alpha^* C = \frac{\eta - 2\beta\delta}{4\gamma\delta^2} - C$；

网上交易者的收益为$\pi_{trd} = Q^* - \alpha^* \gamma Q^{*2}\delta = \frac{1}{4\gamma\delta}$。

（2）当$0 < \frac{2\beta\delta - \eta}{4\delta^2\gamma C} \leqslant 1$时，政府管理者的最优监管力度$\alpha^* = \frac{1}{2\delta}\sqrt{\frac{2\beta\delta - \eta}{\gamma C}}$，网上交易者的最优失信程度$Q^* = \frac{1}{2\alpha^* \gamma\delta} = \sqrt{\frac{C}{\gamma（2\beta\delta - \eta）}}$。

当$\delta > \frac{\eta}{2\beta}$且$0 < \frac{2\beta\delta - \eta}{4\delta^2\gamma C} \leqslant 1$时，模型的最优解：

$$(\alpha^*,\ Q^*) = \left(\frac{1}{2\delta}\sqrt{\frac{2\beta\delta - \eta}{\gamma C}},\ \sqrt{\frac{C}{\gamma(2\beta\delta - \eta)}}\right) \tag{4-30}$$

此时，政府管理者的收益为$\pi_{gov} = -\beta Q^* + \alpha^* \eta\gamma Q^{*2} - \alpha^* C = \frac{\eta - 2\beta\delta}{2\delta}\sqrt{\frac{C}{\gamma（2\beta\delta - \eta）}} - \frac{C}{2\delta}\sqrt{\frac{2\beta\delta - \eta}{\gamma C}}$；

网上交易者的收益为$\pi_{trd} = Q^* - \alpha^* \gamma Q^{*2}\delta = \frac{1}{2}\sqrt{\frac{C}{\gamma（2\beta\delta - \eta）}}$。

综合上述两种情况，不论$\frac{2\beta\delta - \eta}{4\delta^2\gamma C}$是大于1还是小于1，即使政府管理者实行了最优的事后信用监管，网上交易者的最优失信程度和失信收入都大于0，不可能完全杜绝网上交易者的失信行为。政府管理者的最优信用监管是将折现因子$\delta \geqslant \frac{\eta}{2\beta}$的网上交易者的失信行为控制在一定的范围内，即$\frac{2\beta\delta - \eta}{4\delta^2\gamma C} > 1$和$0 < \frac{2\beta\delta - \eta}{\gamma（4\beta\delta - \eta）} \leqslant 1$两种情况下，分别将网上交易者的失信行为控制在不超过$\frac{1}{2\gamma\delta}$和$\sqrt{\frac{C}{\gamma（2\beta\delta - \eta）}}$的范围内。

4.3.2.2　$2\beta\delta - \eta < 0$，即$\delta < \frac{\eta}{2\beta}$

$2\beta\delta - \eta < 0$，则$\alpha^{*2} = \frac{2\beta\delta - \eta}{4\delta^2\gamma C} < 0$，不等式无解。同样，$\frac{\partial \pi_{gov}}{\partial\alpha} = \frac{2\beta\delta - \eta}{4\alpha^2\gamma\delta^2} - C < 0$，政府管理者的收益是其监管力度$\alpha$的减函数，不管惩罚力度$\gamma$有多大，政府最优的监管力度是不监管，即$\alpha^* = 0$，此时网上交易者的最优策略是不守信，违约程度$Q^* \to \infty$。

$\delta < \frac{\eta}{2\beta}$时，模型的最优解：

$$(\alpha^*,\ Q^*) = (0,\ k)(k \to \infty) \tag{4-31}$$

此时，政府管理者的收益为$\pi_{gov} = -\beta Q^* + \alpha^* \eta\gamma Q^{*2} - \alpha^* C = -k$，（$k \to \infty$）；

网上交易者的收益为$\pi_{trd} = Q^* - \alpha^* \gamma Q^{*2}\delta = k$，（$k \to \infty$）。

在这种情况下，无论对网上交易者进行多少惩罚，也无法阻止其进行失信行为，究其原因在于网上交易者的折现因子太小，$\delta < \frac{\eta}{2\beta}$，交易者过于看重眼前利益，事后监管无法控制他们的失信行为。唯有对网上交易者进行实时信用监管，缩短其获得欺诈收益与接受政府惩罚的时间间隔，使其折现因子大于临界值$\frac{\eta}{2\beta}$，才能较有效地控制网上交易者的失信行为。但即使政府管理者进行了最优的信用监管，交易者的最优失信程度仍然大于零，无法完全杜绝其失信行为。

4.3.3 结果讨论

综合上述分析，得出以下结论：

（1）在以上各种情况下，即使政府管理者进行了最优的事前与事后监管，网上交易者根据其最优的失信程度所得到的预期收益都严格为正，网上交易者都会铤而走险实施欺诈，政府管理者的最优信用监管都不能完全杜绝网上交易者的失信行为。

（2）在以下各种情况下，即使政府管理者进行了最优的事前与事后监管，并且在实施信用监管的过程中没有遭受任何的社会福利损失（$\beta = 1$ 且 $\eta = 1$），政府管理者的预期收益都严格为负，都需要付出额外的监管成本，尤其在$\delta < \frac{\eta}{2\beta}$的情况下，政府管理者的预期收益趋向负无穷。

（3）既然不可能完全杜绝网上交易者的失信行为，政府管理者的最优信用监管策略就是根据一定的条件将网上交易者的失信程度控制在一定的范围内。

首先，根据折现因子判断网上交易者的类型，$\delta \geq \frac{\eta}{2\beta}$的情况下进一步细分交易者的类型，然后区分他们真正感知到的失信惩罚，最后选择最优的信用监管力度。而对于$\delta < \frac{\eta}{2\beta}$的网上交易者，政府管理者唯有通过创新信用管理模式，提高信用监管的时效性来控制交易者的失信行为。

4.4 第三方中介监管下的交易主体博弈分析

第三方中介监管相比政府监管效率要高，付出的成本较少，在本节对数字认证

与信用印章、支付担保服务、平台保障服务三类信用服务的采用进行博弈分析。

4.4.1　数字认证与信用印章的采用博弈

商家向第三方信用服务商一次性缴纳年费 C_a，获得数字认证或信用印章的使用权。享有数字认证和加盖信用印章的商家会给消费者传递优质商家和高质量商品的信号，进而会给商家带来额外收益 $\alpha\pi_t$（第 t 次交易，α 为增加系数），即采用证书或印章所带来的交易额。其中，$\alpha = f(L)$，L 代表卖方的规模，$\partial L/\partial\alpha \geqslant 0$，规模越大，增加系数就越大。

在不采用第三方中介提供的数字认证及信用印章的情况下，商家总支付为：

$$\prod_N = \pi_1 + \delta\pi_2 + \delta^2\pi_3 + \cdots = \sum_{t=1}^{n}\delta^{t-1}\pi_t \tag{4-32}$$

采用数字认证或信用印章的情况下，商家一直诚实交易的总支付为：

$$\begin{aligned}\prod_{Uh} &= \pi_1 + \delta\pi_2 + \delta^2\pi_3 + \cdots + \alpha\pi_1 + d\delta\pi_2 + \alpha\delta^2\pi_3 + \cdots - C_a \\ &= \sum_{t=1}^{n}\delta^{t-1}\pi_t + \sum_{t=1}^{n}\alpha\delta^{t-1}\pi_t - C_a\end{aligned} \tag{4-33}$$

商家采用第三方中介提供的信用服务（数字认证与信用印章等）的条件：

$$\prod_{Uh} > \prod_N \tag{4-34}$$

$$\sum_{t=1}^{n}\alpha\delta^{t-1}\pi_t - C_a > 0$$

因此，第三方信用服务的价格 $C_a < \sum_{t=1}^{n}\alpha\delta^{t-1}\pi_t$ 即 $C_a < \dfrac{\alpha\bar{\pi}}{1-\delta}$，$\bar{\pi}$ 为交易的平均收益。

假设第 m 次交易中商家不守信或欺诈，用户申诉成功后商家按约定规则缴纳罚金，则下一次交易可以继续使用数字认证或信用印章服务；如果商家没有缴纳罚金，则从第 m+1 次交易开始，其证书或印章将被吊销，无法享有证书或印章所带来的额外收益。假设数字证书和信用印章的转换成本很高，商家放弃现有证书或印章转而申请新的第三方信用服务产品将产生很大成本。

假设商家第 m 次交易中欺诈，受骗方决定申诉，受骗方的申诉费用为 $C_b\pi_m$，C_b 为受骗方的申诉费用系数，向第三方中介申诉成功后得到赔偿 $R\pi_m(R>0)$，R 为赔偿系数，商家被裁决要求支付罚金 $f(R)\pi_m$。$C_b \leqslant R$，只有当受骗方申诉成功后得到的赔偿不小于其申诉成本时，受骗方才会选择通过第三方中介维权。

第 m 次交易中商家欺诈，商家拒交罚金，第 m+1 次开始证书或印章被吊销的情况下，商家总支付为：

$$\prod_{Ucn} = \sum_{t=1}^{m-1}\delta^{t-1}\pi_t + (1+g)\delta^{m-1}\pi_m + \sum_{t=1}^{n}\alpha\delta^{t-1}\pi_t + \sum_{m+1}^{n}\delta^{t-1}\pi_t - C_a \tag{4-35}$$

第 m 次交易中商家欺诈，商家及时缴纳罚金，第 m+1 次继续使用数字认证或信用印章服务的情况下，商家总支付为：

$$\prod_{Ucy} = \sum_{t=1}^{m-1}\delta^{t-1}\pi_t + (1+g)\delta^{m-1}\pi_m + \sum_{t=1}^{n}\alpha\delta^{t-1}\pi_t + \sum_{m+1}^{n}\delta^{t-1}\pi_t - C_a - Cf(R)\pi_m \tag{4-36}$$

要想激励商家遵守约定，第三方信用服务机制设计必须满足以下三个条件：

（1）商家诚实交易的收益必须不小于欺诈缴纳罚金的收益。

$$\prod_{Uh} \geqslant \prod_{Ucy}$$

$$\sum_{t=1}^{n}\delta^{t-1}\pi_t + \sum_{t=1}^{n}\alpha\delta^{t-1}\pi_t - C_\alpha \geqslant$$

$$\sum_{t=1}^{m-1}\delta^{t-1}\pi_t + (1+g)\delta^{m-1}\pi_m + \sum_{t=1}^{n}\alpha\delta^{t-1}\pi_t + \sum_{m+1}^{n}\delta^{t-1}\pi_t - C_a - f(R)\pi_m$$

解得：

$$f(R) \geqslant g\delta^{m-1} \tag{4-37}$$

（2）商家欺诈后，欺诈缴纳罚金的收益不小于欺诈不缴纳罚金吊销证书的收益。

$$\prod_{Ucy} \geqslant \prod_{Ucn}$$

$$\sum_{t=1}^{m-1}\delta^{t-1}\pi_t + (1+g)\delta^{m-1}\pi_m + \sum_{t=1}^{n}\alpha\delta^{t-1}\pi_t + \sum_{m+1}^{n}\delta^{t-1}\pi_t - C_a - f(R)\pi_m \geqslant$$

$$\sum_{t+1}^{m-1}\delta^{t-1}\pi_t + (1+g)\delta^{m-1}\pi_m + \sum_{t=1}^{m}\alpha\delta^{t-1}\pi_t + \sum_{m+1}^{n}\delta^{t-1}\pi_t - C_a$$

$$f(R)\pi_m \leqslant \sum_{m+1}^{n}\alpha\delta^{t-1}\pi_t$$

解得：

$$f\ (R)\ \leqslant \frac{\alpha\delta^m}{1-\delta} \tag{4-38}$$

（3）商家欺诈不缴纳罚金的收益不大于其不采用印章且诚实交易的收益。

$$\prod_{Ucn} \leqslant \prod_{N}$$

$$\sum_{t=1}^{m-1}\delta^{t-1}\pi_t + (1+g)\delta^{m-1}\pi_m + \sum_{t=1}^{m}\alpha\delta^{t-1}\pi_t + \sum_{m+1}^{n}\delta^{t-1}\pi_t - C_\alpha \leqslant \sum_{t=1}^{n}\delta^{t-1}\pi_t$$

$$g\delta^{m-1}\pi_m + \sum_{t=1}^{m}\alpha\delta^{t-1}\pi_t \leqslant C_a$$

$$C_a \geqslant [g\delta^{m-1} + \frac{\alpha(1-\delta^m)}{1-\delta}]\bar{\pi}$$

解得：

$$f(C_b) \leqslant f(R) \tag{4-39}$$

综合上述三个条件，可得到：只有满足 $\max[g\delta^{m-1}, f(C_b)] \leq f(R) \leq \frac{\alpha\delta^m}{1-\delta}$ 且 $C_a < \frac{\alpha \overline{\pi}}{1-\delta}$，商家才会采用第三方信用服务（数字认证和信用印章等）且按照约定守信交易。

4.4.2　支付担保服务的采用博弈

支付担保服务提供商分别向买卖双方收取一定的使用费率，为网上交易的支付过程提供担保服务。卖方根据是否采用支付担保服务（Online Escrow Service，OES）决定自己的努力水平。不论交易采用 OES 与否，假设诚实类型的卖方总是选择守信策略；而对于欺诈类型的卖方，当交易采用 OES 时，选择守信策略，当交易不采用 OES 时，选择欺诈策略。当交易采用支付担保服务时，即使卖方选择欺诈行为，事后消费者也可向支付担保服务商进行申诉而得到全额赔偿，卖方会因此受到严厉惩罚，得不偿失，因此卖方会选择守信策略。

假设买方认为卖方采取守信信用模式的概率为 α，如果交易没有采用 OES，则买方根据商品的期望价值进行出价，即 $G_N = \alpha P_H + (1-\alpha)P_L$；如果交易采用 OES，则买方知道无论是何种类型的卖方都会选择守信交易，此时买方出高价 $G_U = P_H$。

不采用 OES 时，

买方期望收益：$\prod_{Nbuyer} = \alpha(V_H - G_N) + (1-\alpha)(V_L - G_N) = \alpha(V_H - P_H) + (1-\alpha)(V_L - P_L)$

诚实类型卖方期望收益：$\prod_{Nsellerhonest} = G_N - C_H = \alpha P_H + (1-\alpha)P_L - C_H$

欺诈类型卖方期望收益：$\prod_{Nsellercheat} = G_N - C_L = \alpha P_H + (1-\alpha)P_L - C_L$

采用 OES 时，

买方期望收益：$\prod_{Ubuyer} = V_H - G_U - \gamma_b G_U$

此时，不论诚实类型还是欺诈类型的卖方都会选择诚实交易，可得到，卖方期望收益：$\prod_{Useller} = G_U - C_H - \gamma_s G_U$

买卖双方采取支付担保服务的博弈矩阵如表 4－2 所示。

表 4－2　买卖双方采取支付担保服务的博弈矩阵

买方 / 卖方	诚实卖家（α）	欺诈卖家（1－α）
采用 OES	$V_H - G_U - \gamma_b G_U$，$G_U - C_H - \gamma_s G_U$	$V_H - G_U - \gamma_b G_U$，$G_U - C_H - \gamma_s G_U$
不采用 OES	$V_H - G_N$，$G_N - C_H$	$V_L - G_N$，$G_N - C_L$

下面，分析买卖双方的最优策略。

4.4.2.1　买方选择采用 OES 的条件

买方采用 OES 的期望收益不小于不采用 OES 时的期望收益，即：

$$\Pi_{Ubuyer} \geqslant \Pi_{Nbuyer}$$

$$V_H - G_U - \gamma_b G_U \geqslant \alpha(V_H - G_N) + (1-\alpha)(V_L - G_N)$$

$$V_H - P_H - \gamma_b P_H \geqslant \alpha(V_H - P_H) + (1-\alpha)(V_L - P_L)$$

$$\gamma_b \leqslant \frac{(1-\alpha)(V_H - V_L - P_L + P_L)}{P_H}$$

只要支付担保服务的买方使用费率低于$\frac{(1-\alpha)(V_H - V_L - P_H + P_L)}{P_H}$，买方的最优策略是采用支付担保服务。给定买方对卖方声誉的先验估计，买方需要承担的使用费率越小，不等式成立的可能性越大，买方采用支付担保服务的概率越大。在目前的产业实践中，大多第三方信用服务商只向卖方收取服务费用，不收或只向买方收取少量的服务费，激励了理性的买方采用支付担保服务进行网上交易。

给定买方的服务费率的情况下，由 $\alpha \leqslant 1 - \frac{\gamma_b P_H}{V_H - V_L - P_H + P_L}$可知，卖方的守信概率越低，理性的买方越倾向于采用支付担保服务。

4.4.2.2　诚实类型卖方选择使用 OES 的条件

采用 OES 的期望收益不小于不采用 OES 时的期望收益，即：

$$\Pi_{Useller} \geqslant \Pi_{Nsellerhonest}$$

$$G_U - C_H - \gamma_s G_U \geqslant G_N - C_H$$

$$P_H - C_H - \gamma_s P_H \geqslant \alpha P_H + (1-\alpha)P_L - C_H$$

$$\gamma_s \leqslant \frac{(1-\alpha)(P_H - P_L)}{P_H}$$

由于 $P_H > P_L$，所以不等式右边恒为正数。因此，只要支付担保服务的卖方使用费率不是很高，诚实类型卖方的最优策略是使用支付担保服务交易以换取买方的信任。$\alpha \leqslant 1 - \frac{\gamma_s P_H}{P_H - P_L}$，表示在给定卖方使用费率的情况下，交易市场的信用度越低，诚信卖方越倾向于采用支付担保服务。

4.4.2.3　欺诈类型卖方选择使用 OES 的条件

采用 OES 的期望收益不小于不采用 OES 时的期望收益，即：

$$\Pi_{Useller} \geqslant \Pi_{Nsellercheat}$$

$$G_U - C_H - \gamma_s G_U \geqslant G_N - C_L$$

$$P_H - C_H - \gamma_s P_H \geqslant \alpha P_H + (1-\alpha)P_L - C_L$$

$$\gamma_s \leqslant \frac{(1-\alpha)(P_H-P_L)-(C_H-C_L)}{P_H}$$

此时无法直接判断不等式右边的正负。如果不等式右边是负值，而不等式左边的使用费率为正，则不等式无解，欺诈类型的卖方无论在什么情况下都不会使用支付担保服务。究其原因，是因为买方认为市场整体的信用度比较高，买方对于优质商品和劣质商品的出价差异较小，导致价格差异$(1-\alpha)(P_H-P_L)$无法弥补卖方提供优质商品的成本差异C_H-C_L。

如果不等式右边是正值，只要支付担保服务的卖方使用费率不是很高，欺诈类型卖方的最优策略是使用支付担保服务交易以换取买方的信任，以得到更高的报价。当交易市场的整体信用度很低$\alpha\leqslant 1-\frac{\gamma_s P_H+C_H-C_L}{P_H-P_L}$时，欺诈类型的卖方越倾向于使用支付担保服务以伪装成诚信卖家以获取高价，尤其是在出售低价商品时。

最后，通过上述分析，得出以下结论：

（1）在既定的交易市场整体信用环境下，只要卖方采用支付担保服务的费率满足$\gamma_s\leqslant\frac{(1-\alpha)(P_H-P_L)}{P_H}$，诚实类型的卖方就会采用支付担保服务；而欺诈类型的卖方必须当使用费率降到满足$\gamma_s\leqslant\frac{(1-\alpha)(P_H-P_L)-(C_H-C_L)}{P_H}$时，才会选择支付担保交易，而如果$\frac{(1-\alpha)(P_H-P_L)-(C_H-C_L)}{P_H}<0$，欺诈类型的卖方根本不会采用支付担保交易。

（2）给定卖方使用支付担保服务费率的情况下，诚实类型的卖方在市场信用度满足$\alpha\leqslant 1-\frac{\gamma_s P_H}{P_H-P_L}$时，就会选择采用支付担保服务进行交易；欺诈类型的卖方只有在市场信用度降到满足$\alpha\leqslant 1-\frac{\gamma_s P_H+C_H-C_L}{P_H-P_L}$时，才会选择支付担保交易。

（3）只要支付担保服务的使用费率合理，诚信的卖方和买方都愿意在网上支付时采用担保服务，通过支付担保机制，买方可以规避支付风险，卖方可以换取卖方信任以获得较高报价。当市场整体信用度较高或者采用支付担保的服务费率较高时，采用支付担保服务获得的溢价不足以弥补服务费率和欺诈收入，欺诈类型的卖方逐渐退出市场。

4.4.3　平台保障服务的采用博弈

本节主要以“假一赔三”的平台保障服务为例，探讨平台保障机制的作用机理。

我们在上一节探讨了支付担保机制的作用机理，支付担保服务为卖方担保发货后可以收到货款，为买方担保付款后可以收到货物，但是对于收到货品的质量是好是次难以保证。中介保障服务在一定程度上为买方快速辨别商品质量提供了帮助，贴有“假一赔三”等保障性标识的商品，可以增加消费者对商品的感知质量以及对卖方的感知信任，使买方愿意付出高价购买商品。

当买方收到与卖方商品描述不符的商品时，可以选择第三方中介提供的保障服务维权，比如各大网站推出了七天退换、假一赔三等多种保障服务，且网购商品七天无理由退换已经列入了最新的《中华人民共和国消费者权益保护法》。“假一赔三”保障服务可以合理地保障买方的权益，当买方收到劣质产品时可以向第三方中介提出申诉要求鉴定，当鉴定结果是卖方商品为假冒伪劣商品时，买方可以得到三倍于商品价格的赔偿，当然买方得支付一定的鉴定费用。这时，买方会根据鉴定成本和鉴定成功后得到赔偿的金额来综合选择自己的策略。一旦经鉴定后卖方商品属于假冒伪劣，第三方中介可直接从卖方之前所交的交易保证金中扣除罚金。

假设买方在购买前无法观察到任何信号，或者是不太相信卖方现有的声誉水平，在购买前买方对卖方声誉存在先验信念：卖方以 α 的概率提供高质量商品（高质量商品的成本为 C_H），以 $1-\alpha$ 的概率提供劣质商品（低质量商品的成本为 C_L）。买方支付价格 P 购买商品。当买方收到商品后，认为它是劣质商品，与卖方商品描述严重不符，买方向第三方中介申请鉴定，以 β 的概率被成功鉴定为劣质商品，$1-\beta$ 的概率鉴定失败。买方需要付出鉴定成本 $C(\beta)$。当商品被第三方鉴定为劣质商品后，卖家被判以三倍于买方支付价格的罚金。卖方在进入平台时都会缴纳一定的保证金，如果卖家拒付罚金，第三方中介会从其保证金中扣除先支付给买方。

卖方的参与约束为卖方提供优质商品会有所收益，即：

$$P-C_H \geqslant 0$$

卖方的激励相容约束条件为卖方提供优质商品所获收益大于提供劣质商品的收益，即：

$$P-C_H \geqslant \beta(P-C_L-3P)+(1-\beta)(P-C_L)$$

买方的最优策略是最大化自己的预期收益。

$$\max_{P,\beta} V=\alpha V_H+A(1-\alpha)[V_L+\beta \cdot 3P+(1-\beta)\cdot 0-C(\beta)]-P$$

下面，用库恩塔克 K－T 条件求解最优规划。

首先，将上述条件转化为：

$$\begin{cases}\min_{P,\beta} V = -\alpha V_H - (1-\alpha)[V_L + \beta \cdot 3P + (1-\beta) \cdot 0 - C(\beta)] + P \\ P - C_H \geqslant 0 \\ 3\beta P - C_H + C_L \geqslant 0\end{cases}$$

然后，分别对各式求偏 P，得到：

$$\begin{cases}3\beta(\alpha-1)+1 \\ 1 \\ 3\beta\end{cases}$$

接着，引入广义拉格朗日乘子 u_1、u_2，构造如下函数：

$$\begin{cases}3_\beta(\alpha-1)+1-u_1-3\beta u_2=0 \\ u_1(P-C_H)=0 \\ u_2(3\beta P-C_H+C_L)=0\end{cases}$$

最后，求解其库恩塔克 K－T 条件：

当 $u_1=0$，$u_2\neq0$ 时，$3\beta P-C_H+C_L=0$

当 $u_2=0$，$u_1\neq0$ 时，$P-C_H=0$

当 $u_1=u_2=0$ 时，$3\beta(\alpha-1)+1=0$

因此，得到假一赔三保障机制的有效边界作用条件为 $\frac{C_H-C_L}{3C_H} \leqslant \beta < \frac{1}{3(1-\alpha)}$；市场达到均衡时，优质产品的价格刚好等于其成本，即 $P=C_H$。假一赔三保障机制的有效性主要取决于鉴定成功的概率和鉴定成本，如果鉴定成本太高，买方在收到劣质产品后首先会选择与卖方协商退货，这样只会损失来回的运费，免去了自己支付高额的鉴定费。然而在这种情况下，卖方不会得到差评，惩罚机制失效，使卖方继续售卖劣质商品，道德风险依然存在。这也印证了在网络交易中诸如化妆品、手机等高价值商品容易出现水货、不容易鉴别真伪的商品投诉案件居高不下的现实。

本章小结

本章运用博弈论的经济学方法，对四种环境下网上交易信用服务机制有效性进行了比较分析。无政府与无第三方监管下的网上交易市场中的买卖双方博弈无法达到均衡，最终形成囚徒困境；在引入声誉反馈体系后，可以有效减少买卖双方的信息不对称，在一定程度上激励了双方的诚信交易，良好声誉的建立和维护需要付出“声誉租金”，但对于信誉度高的卖方缺乏有效激励，无法解决重新进入、卖家共谋和恶意评价的问题，需要与第三方中介机制相结合，建立更为严厉的惩罚机制；政府监管成本较高，且无论怎样政府管理者的收益都是负值，不可能完全杜绝失信行为，只有根据折现因子判断网上交易者的类型，据此决定惩罚力度，决定其监管力度；相比之下，第三方中介监管效率较高，分别对是否采用数字认证与信用印章、支付担保、平台保障三种情况下交易主体的策略进行了分析。

5 不同交易模式下信用服务机制有效性检验：结构方程建模

本章基于第 3 章所提出的基于信用服务机制有效性的消费者网络购物行为分析框架，通过实证研究平台自营和平台入驻商家经营两种不同的交易模式下，多种信用服务机制对于增进消费者信任、降低消费者感知风险，进而提高购买决策的影响，选择五种信用服务机制作为消费者感知平台信任的前因，探索平台保障机制、支付担保机制、信用印章机制、声誉反馈机制和投诉惩罚机制的有效性对于电子商务信任的促进作用，并尝试将“网站熟悉度”作为调节变量，探索其在信用服务机制有效性和消费者感知平台信任之间是否存在调节作用。

5.1 研究模型与研究假设

根据第 3 章提出的基于信用服务机制有效性的消费者网络购物行为的分析框架，从平台自营和平台入驻商家经营两种交易模式入手，基于理性行为理论和消费者行为理论，引入感知风险这一中介变量，并结合平台中的商家特征，分别探讨平台自营和平台入驻商家经营两种不同的交易模式下信用服务机制的有效性及其对消费者网络购买意愿的影响。本研究选择五种信用服务机制作为消费者感知平台信任的前因，探索平台保障机制、支付担保机制、信用印章机制、声誉反馈机制和投诉惩罚机制的有效性对于电子商务信任的促进作用。对于网站熟悉程度不同的消费者，其感知信用服务机制的有效性也不尽相同，因此尝试引入“网站熟悉度”这一调节变量，探索网站熟悉度对于信用服务机制有效性和消费者感知平台信任之间是否存在调节作用。

5.1.1 研究模型

网络平台和平台中的商家是两类不同的信任客体，消费者对于这两种客体的信任建立路径不同，只有首先通过感知各种信用服务机制的有效性建立起对网络平台的信任，才能在浏览平台入驻商家时通过感知商家的规模和声誉逐步产生对于商家的信任感。因此，有必要对两种交易模式分开探讨，分别构建基于信用服务机制的消费者网络购买意愿研究模型1——平台自营模式（见图5－1）与研究模型2——平台入驻商家经营模式（见图5－2）。

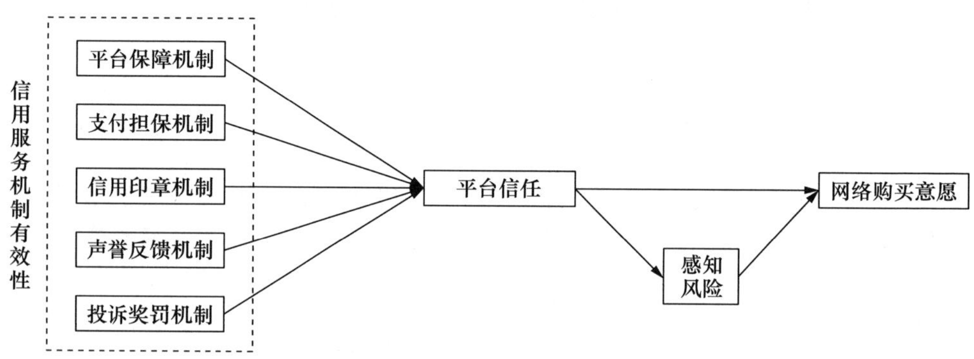

图5－1　基于信用服务机制的消费者网络购买意愿研究模型1——平台自营模式

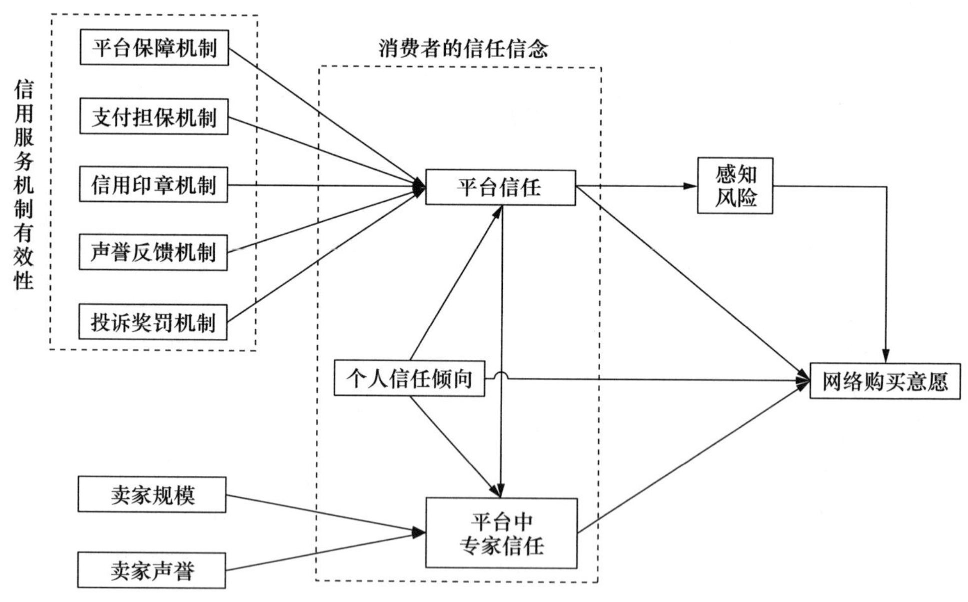

图5－2　基于信用服务机制的消费者网络购买意愿研究模型2——平台入驻商家经营模式

5.1.1.1　基于信用服务机制的消费者网络购买意愿研究模型1：平台自营模式

在平台自营模式中，平台充当着经营者的角色，平台自主采购、销售和进行售后服务；消费者通过感知平台所提供的各种信用服务机制的有效性形成对平台的信任信念，结合自己的感知风险，最终影响消费者的网络购买意愿。

5.1.1.2　基于信用服务机制的消费者网络购买意愿研究模型2：平台入驻商家经营模式

在平台入驻商家经营模式中，平台充当着服务者的角色，为买卖双方提供担保、保障、评价等服务，平台负责甄选和监督入驻商家；商家遵照平台规则，自主经营自己在平台中的网店，自行发货和提供售后服务；消费者除了通过感知平台所提供的各种信用服务机制的有效性而形成对平台的信任信念外，还通过对交易中的卖家规模和卖家声誉进行感知而形成对平台中卖家的信任信念，同时结合个人信任倾向与感知风险，最终影响消费者的网络购买意愿。

5.1.2　研究假设

根据基于信用服务机制的消费者网络购买意愿研究模型，提出下列研究假设，研究假设没有分成两种交易模式单独列出，在平台自营模式下自然不考虑与卖家信任相关的研究假设。

5.1.2.1　信用服务机制有效性对网络平台信任的影响

国内外网购平台均采用各种信用服务和交易管理机制来减少交易双方之间的不确定性，以促进相互之间达成信任关系，保障交易顺利完成。然而，国内外的信用环境有所差异，例如信用印章在国外应用颇为广泛且对促进消费信任起到了显著作用，而国内基于平台的保障机制对消费者更为重要；平台所提供的信用服务伴随电子商务的快速发展也在不断完善升级。通过梳理国内外大量文献并访问各类网购平台，剔除没有广泛使用的信用服务机制（例如卖家商盟），归纳得出五种作用显著、具有共性的信用服务机制——平台保障机制、支付担保机制、信用印章机制、声誉反馈机制、投诉惩罚机制，这些信用服务机制的有效性直接影响着消费者感知网络平台的信任。

平台保障服务是指为了保障消费者的权益，平台所做出的承诺（正品保障、提供发票、售后服务）或者平台作为第三方担保中介，针对卖家所推出的一种保障机制（如消费者保障服务、假一赔三、七天退换），使消费者能够在平台放心交易。通过平台保障服务，网站力图为广大网购消费者提供一个安全可靠、值得依赖的交易平台，防止欺诈行为的发生，以增进消费者信任，提高交易质量。淘宝网提供的消费者保障服务支持自买家完成支付宝担保交易付款之日起至交易成功后 15 天内保障买家权益，如有商品质量问题、描述不符或付款后未收到货等，全程支持退货退款，退货运费由卖家承担；若卖家不履行承诺，以卖家保证金给予先行赔付，保障每一个消费者的网购权益；包括发货时间、退货承诺、品质承诺、破损补寄、到货承诺和指定快递等服务。有效的平台保障服务能够增强交易者之间的信任度，提高网上交易的成交概率，增加消费者福利（肖俊极等，2009）。

支付担保服务是为了消除买卖双方不信任，由第三方中介在卖方配送商品之前，要求买方支付商品款，并将款项一直保管到买方接受商品后才向卖方予以兑付的一种服务机制（李琪等，2016）。支付担保服务在与平台类入驻商家交易时被广泛采用，如淘宝的“支付宝”、易趣的“安付通”，它充当着信用中介的角色，可以有效保障交易过程中的资金安全，使消费者如实收到货物，降低消费者的感知不确定性和交易风险，提高网上交易的成功率。消费者对支付担保机制的感知有效性强烈影响着消费者对网络平台及平台中商家的信任。

信用印章是在网络环境下用以证明商家身份的一种表征手段，由信用良好的第三方信用服务商对其他企业的在线商铺进行评估、衡量，通过发放徽标或建立链接的方式来传播各种有效信息（李琪等，2016）。信用印章的有效使用能够向消费者传递网络平台的信任，促进交易成功，增加网站交易量。信用印章在全球范围内有一定应用（如 TRUSTe、BBBonline 等），从北美的统计来看，信用印章可以给企业带来 10% 左右的销售增长。对于一个没有名气的网站，可以使销售额增加 33% 左右。

声誉反馈体系通过互联网媒介收集、发布、汇总相关交易者历史交易行为反馈信息，作为促进交易者履行合约的激励手段，声誉反馈机制可以加快陌生交易者间信任的达成，能够有效防范欺诈行为的发生（李琪等，2016）。在网络环境下的商品展示只能通过文字、图片和视频的方式，消费者在收到商品前无法获得商品的真实感知信息，他人的经验成为判断商家和其出售商品是否可信的重要依据。声誉反馈是减少消费者对于商品和商家不确定性的重要信号，97% 的消费者都会在交易前查看商家的声誉反馈信息，以此决定是否与商家交易。声誉反馈机制在 B2C 市场中的应用较为简单，多为信用星级打分（1 ~ 5 星级）和言语性评价，而且评价大多是非强制性的；在 C2C 市场中的应用则更为广泛，包括信用分数、好评率、言语性评价、信用星级打分等多种体现形式。声誉反馈体系中信用信息的真实、有用性，信用评价积分规则的科学合理性，直接影响着消费者对于网络平台是否可靠的判断，对于促进消费者建立对网络平台的信任有着积极的作用。

投诉惩罚机制主要指平台依据其制定的规则处理交易中所出现的问题和用户

投诉举报的一种服务机制。对于充斥着大量投机性商家的C2C平台，投诉惩罚机制的作用尤为重要，网络平台能否根据消费者的投诉举报对各类纠纷问题进行有效解决，严重影响着消费者对于网络平台的信任程度，进而决定着其继续在该平台购物的信心。而网络平台制定的交易规则是否合理，惩罚力度是否得当，决定着其能否有效制约平台中的商家的投机和欺诈行为。针对网络环境下取证较为困难的现实状况，消费者需要保存好沟通和交易的完备证据，才能有效保障其投诉的成功率。

因此，根据上述分析，提出假设1：

H1：各类信用服务机制（平台保障机制、支付担保机制、信用印章机制、声誉反馈机制、投诉惩罚机制）的有效性正向影响消费者对网络平台的信任信念。

H1a：平台保障机制的有效性正向影响消费者对网络平台的信任信念。

H1b：支付担保机制的有效性正向影响消费者对网络平台的信任信念。

H1c：信用印章机制的有效性正向影响消费者对网络平台的信任信念。

H1d：声誉反馈机制的有效性正向影响消费者对网络平台的信任信念。

H1e：投诉惩罚机制的有效性正向影响消费者对网络平台的信任信念。

5.1.2.2 卖家特征对平台中卖家信任的影响

卖家的声誉和规模是以往文献中涉及最多的对微观卖方能力进行衡量的指标。卖家声誉是买方对卖方在以往一段时间以来交易行为的普遍感知。McKnight（2002）、Kim（2012）、李琪（2014）证实了卖家声誉和信任之间的积极关系。良好的声誉是付出“声誉租金”得来的，声誉的维持是一项长期的工程，好的声誉能够为商品带来一定程度的溢价，为企业提升品牌形象，声誉好的卖家不会轻易冒风险去从事投机行为。因此，卖家的信誉度越高、口碑越好，消费者越容易信任卖家。Petersen（1997）对美国的企业信用进行分析，发现相比小企业，大企业能够获得更多的商业信用。卖家的规模越大，以往的交易量越多，抵御市场风险的能力也越强，当交易出现问题时能够给予消费者更多的服务，更重视自己的口碑，消费者越倾向于信任卖家。因此，提出假设2和假设3：

H2：卖家的声誉越好，消费者越信任该卖家。

H3：卖家的规模越大，消费者越信任该卖家。

5.1.2.3 个人信任倾向、对网络平台的信任和对平台中卖家的信任之间的关系

信任倾向是一种稳定的个人内在因素（Olson，2000），是个人所表现出的愿意相信他人或其他事物的程度（McKnight，2002），个人信任倾向代表了个人对于其他人或事物最基本的信任态度。信任倾向因人而异，每个人拥有不同的性格

特征、生活经验、社会阅历和文化背景，这些背景共同造就了个人的信任倾向。在网络环境下，信任倾向会影响消费者对网络平台的信任，并且具有程度上的差异（李睿，2006；Jarcenpaa et al.，2000）。当施信方对受信方缺乏深入了解时，这种个人最基本的信任信念对于决定其对受信方信任程度的影响将变得尤为显著（周磊，2005）。学者们也证实了个人信任倾向会影响网络平台信任和卖家信任（Gefen，2000；纪淑娴，2009）。因此，提出假设4与假设5。

H4：消费者的个人信任倾向正向影响消费者对网络平台的信任信念。

H5：消费者的个人信任倾向正向影响消费者对平台中卖家的信任信念。

消费者在线交易的信任信念包含基于其个人特征的个体信任倾向、对网络平台的信任和对平台中卖家的信任，纪淑娴（2009）等学者研究证明它们之间的信任是相互转移的。网络平台和平台中的卖家对于消费者来说是两个不同的信任客体，在平台入驻卖家的经营模式下，虽然平台不直接参与交易，但平台通过制定交易规则，对交易实施管理，为交易方提供信用和保障服务，打造安全可信的交易环境，从而促进消费者对平台中卖家的信任信念。因此，提出假设6。

H6：消费者对网络平台的信任信念正向影响着其对平台中卖家的信任信念。

5.1.2.4 消费者的信任信念和网络购物意愿之间的关系

能力、善意和正直是衡量信任最常用的三个维度，消费者的个人信任倾向、对网络平台的信任信念和对平台中卖家的信任信念会正向影响消费者的信任意向。理性行为理论指出，信念形成态度，态度影响行为意向，最后导致实际行为。Davis等（1989）在实证研究中发现将态度移出理性行为理论会使模型更为简练，McKnight等众多学者在实践中也证实了这个观点，于是演化成为信念—意向—行为的模型，成为电子商务领域的经典研究理论，Fisher等（2009）、李琪（2014）等证实了网上交易中三者之间的正向显著关系。根据理性行为理论，假设消费者的信任信念会导致信任意向，最终导致信任相关行为。因此，提出假设7、假设8与假设9：

H7：消费者的个人信任倾向正向影响其在该平台的网络购物意愿。

H8：消费者对网络平台的信任信念正向影响其在该平台的网络购物意愿。

H9：消费者对网络平台中卖家的信任信念正向影响其在该平台的网络购物意愿。

5.1.2.5 感知风险、平台信任和网络购买意愿间的关系

感知风险是消费者在网络平台购买产品或服务时所感知到的不确定性和损失程度，它在平台信任和网络购买意愿间起中介作用，与消费者对于平台的信任信念和网络购买意愿呈负相关关系。Pavlou（2003）、王全胜等（2008）等学者均研究得出感知风险会显著降低消费者的网络购买意愿。因此，提出假设10与假设11：

H10：消费者对网络平台的信任信念负向影响着其对平台的感知风险。

H11：消费者对网络平台的感知风险负向影响着其在平台的网络购物意愿。

5.2　研究设计

5.2.1　变量的定义与测度

5.2.1.1　变量定义

针对基于信用服务机制的消费者网络购买意愿的研究模型，将研究所涉及的变量分为四个层面：信用服务机制有效性、平台中卖家的特征、消费者感知（感知信任和感知风险）、行为意向（网络购物意愿）。各变量的具体定义如表5-1所示。

表5-1　研究变量定义

层面	研究变量	变量定义
信用服务机制有效性	平台保障机制	买方相信平台能制定和实行公平规则、履行承诺或充当第三方中介以保障交易按预期进行的程度
	支付担保机制	买方相信支付担保机制能够保证网络平台中的交易按预期进行，保障交易过程中的资金安全，使消费者如实收到货物的程度
	信用印章机制	买方相信具有信用印章的网站能够保障交易安全、正规合法、值得信赖的程度
	声誉反馈机制	买方相信平台的声誉反馈机制能够提供关于商家过去交易活动可靠信息的程度，以及能起到激励双方诚实交易的有效性
	投诉惩罚机制	买方相信平台能够合理制定投诉惩罚规则，依据规则有效处理交易中所出现的问题和用户的投诉举报的程度
卖家特征	卖家声誉	卖家的口碑及信誉，是他人对卖家可信度的一种评价
	卖家规模	卖家销售的产品种类多少和过去售出的产品数量所反映出来的规模大小
消费者感知	平台信任	消费者对网络平台能力、正直、善意等维度的感知信任信念
	卖家信任	消费者对平台中卖家能力、正直、善意等维度的感知信任信念
	个人信任倾向	个人相信他人或其他事物的程度
	感知风险	消费者在网络平台购买产品或服务时所感知到的不确定性和损失程度
行为意向	网络购买意愿	消费者进行网络购物的准备状态，表现为初次购买、重购和推荐他人购买

5.2.1.2　变量测度

在参考前人文献研究量表、与电子商务专家学者探讨的基础上，结合目前我国电子商务信用服务的实践情况，设计了针对本研究的变量问项，具体如表5－2所示。本研究将交易模式分为平台自营模式和平台入驻商家经营模式两种，因此，针对平台入驻商家经营模式增设了对于平台中卖家进行测度的部分，包括卖家特征、对卖家的信任信念以及对平台中卖家的网络购买意愿。

表5－2　研究变量设计

层面	研究变量	问项	参考文献
信用服务机制有效性	平台保障机制	平台承诺的消费者保障服务（正品保障、退换货、售后服务等）能在对方的非善意行为时维护和保障消费者的利益	Pavlou（2002）；Gefen et al.（2003）；王小宁等（2009）
		消费者保障服务能有效地保证对方不能轻易实施欺诈	
		消费者保障服务能保障我收到较高品质的商品、得到更好的服务	
		消费者保障服务能缓解我在网上购物的疑虑，与商家交易更放心	
	支付担保机制	使用支付宝等第三方支付工具能确保我支付货款后收到货物	Ba et al.（2002）；McKnight et al.（2002）；Pavlou et al.（2004）；徐雅培（2005）
		支付宝等第三方支付工具可以保证我在交易过程中的资金安全	
		支付宝等第三方支付工具可以保护我免受对方不恰当交易行为的影响	
		使用支付宝等第三方支付工具进行交易能有效地保证对方不能轻易行骗	
	信用印章机制	有信用印章标识的网站我认为其是正规合法的	Yakov Bart et al.（2005）；部分自编
		有信用印章标识的网站我认为其是值得信赖的	
		在有信用印章的网站进行网上交易我觉得更安全	
		在有信用印章的网站购物消费者的权益会得到较好保障	
	声誉反馈机制	网站中的信用评价信息是真实可靠的	Ba et al.（2002）；McKnight et al.（2002）；Pavlou et al.（2004）；Robin Pennington（2004）；李沁芳等（2008）
		网站使用的信用评价、积分规则是科学合理的	
		从网站的信用评价体系中可以获得大量有用的关于商家历史交易的信息	
		网站采用信用评价这种措施能够有效激励商家诚实交易	
		网站的信用评价相关信息对我的购买决策很有帮助	
	投诉惩罚机制	向网站投诉举报商家的欺诈行为是较容易的	Doney et al.（1997）；Zeithaml et al.（2005）；雷强（2007）
		网站处理用户的投诉和举报很及时	
		客服和投诉能有效地解决交易中出现的问题	
		网站很重视顾客的意见	

续表

<table>
<tr><th>层面</th><th>研究变量</th><th>问项</th><th>参考文献</th></tr>
<tr><td rowspan="14">消费者感知</td><td rowspan="4">平台信任</td><td>作为一个交易平台，该网站有很高的声誉</td><td rowspan="4">Gefen（2000）；
Pavlou et al.（2004）</td></tr>
<tr><td>我会依赖该网站提供的服务</td></tr>
<tr><td>我认为该网站会注重我的需求，并尽可能保护我的利益不受侵害</td></tr>
<tr><td>该网站总体来说是值得信赖的</td></tr>
<tr><td rowspan="4">卖家信任</td><td>我认为平台中大多数卖家是值得信赖的</td><td rowspan="4">Gefen et al.
（2000，2004）；
Lee et al.（2001）</td></tr>
<tr><td>我认为平台中大多数卖家都诚实守信</td></tr>
<tr><td>如果交易出现问题，卖家愿意提供帮助与支持</td></tr>
<tr><td>卖家有足够的专业知识和能力促进交易的达成</td></tr>
<tr><td rowspan="3">个人信任倾向</td><td>我认为人本性是善良的</td><td rowspan="3">Lee et al.（2001）；
McKnight et al.
（1998，2002）</td></tr>
<tr><td>我认为人们通常是诚实可靠的</td></tr>
<tr><td>我相信大多数情况下人们都会恪守诺言、履行承诺</td></tr>
<tr><td rowspan="3">感知风险</td><td>在该网站购物具有较大的风险</td><td rowspan="3">Stone（1993）；
Jarvenpaa（2000）；
Crobitt et al.（2003）</td></tr>
<tr><td>在该网站购物遭受损失的可能性较大</td></tr>
<tr><td>我认为通过该网站购买产品有很大的不确定性因素</td></tr>
<tr><td rowspan="5">行为意向</td><td rowspan="5">网络购买意愿</td><td>我愿意经常在该网站上查询我所需要的商品或购物信息</td><td rowspan="5">Pavlou
（2001，2003）；
Kim et al.（2003）；
Mcknight
（1998，2002）；
Gefen（2002，2003）</td></tr>
<tr><td>我愿意使用该网站作为我网络购物的途径之一</td></tr>
<tr><td>我愿意将该网站或网站上的商家推荐给朋友</td></tr>
<tr><td>我愿意在该网站的商家那里购买商品</td></tr>
<tr><td>未来有需要的话我还会在该网站上的商家那里继续购买商品</td></tr>
<tr><td rowspan="4">控制变量</td><td rowspan="4">网站熟悉度</td><td>我经常在该网站上搜寻我所需要的产品或服务信息</td><td rowspan="4">Gefen（2000）；
Yakov Bart
et al.（2005）；
部分自编</td></tr>
<tr><td>我熟悉在这个网站购物的流程</td></tr>
<tr><td>我经常在该网站上购物</td></tr>
<tr><td>总体来说，我熟悉这个网站</td></tr>
</table>

此外，选择“网站熟悉度”作为调节变量，检验两种交易模式下网站熟悉度在信用服务机制有效性与平台信任之间起是否起到了调节作用。熟悉度（Familiarity）视为建立信任的先决条件，有助于人们对受信任方未来行为的实际期望，Gefen（2000）、Gefen 和 Straub（2003）、Grewal 等（2003）、Hong－Youl 和 Perks（2005）、T. P. Van Dyke 等（2007）、Gong－an Yao（2008）等学者均验证了在电子商务交易中平台和商家熟悉度对于信任和消费者网络购物意愿间的正向作用。

5.2.2 问卷的形成与预调研

问卷调查是通过设计问卷对受访者进行询问从而收集资料的一种调查方案。问卷设计是资料收集结果是否准确有效的关键环节。本研究以结构化调查问卷作为测量工具收集数据，基于信用服务机制的网络购买意愿研究模型、变量定义以及研究假设，充分借鉴已有研究的量表，同时结合中国语言、文化和目前电子商务信用服务产业实践的具体情况，设计形成了本研究的调查问卷，通过问卷调查的方式收集资料，为后续信用服务机制有效性的实证研究提供可靠的数据来源。为提高问卷的信度和效度，问卷初稿设计完成后进行了小样本的前测，并通过一些专家的反馈意见，对问卷做了进一步修改和补充。

5.2.2.1 问卷设计

本书所研究的交易模式分为平台自营模式和平台入驻商家经营模式两种，平台入驻商家经营模式相比平台自营模式增加了对于平台中卖家特征、卖家信任和消费者对该卖家的网络购买意愿的问项。这两种模式的调查问题在一份问卷中共同测度，通过对消费者询问“最近一次购买的产品是平台自营产品还是平台中卖家经营产品”问项进行区分。消费者选择平台中卖家经营产品后，需要回答问卷中衡量卖家的问项；如果没有选择平台中卖家经营产品，则只需回答问卷中衡量网购平台的问项。

根据基于信用服务机制的网络购买意愿研究模型中的研究变量及变量定义，确定问卷形式、内容以及所要收集的数据，然后对近年来国内外相关文献中涉及的测量问项进行梳理并翻译，结合我国电子商务信用服务的实践情况和本研究的实际需要，形成初步的测量问项。为了确保量表的效度，笔者与电子商务专业的多位专家教授以及网络购物经验丰富的电子商务专业研究生进行深度访谈，针对调查问卷进行讨论，对调查问卷的结构、内容、语句等进行必要的修改，从而形成了调查问卷的初稿。

本调查问卷共包括六部分：

第一部分是消费者网络购物的基本情况，主要涵盖消费者使用互联网的特征和网络购物的特征，具体问项包括接触互联网的时间、每天使用互联网的时间、是否有网购经历、网络购物的频率和金额、最近一次购物产品是平台自营产品还是平台入驻商家销售产品。

第二部分是消费者对于购物网站或平台的认知情况，包括消费者对于平台的熟悉程度、对于平台的信用服务机制有效性的感知以及对平台的感知信任信念。

第三部分是消费者对平台中卖家的认知情况，包括消费者对卖家特征的感知和对卖家的感知信任信念。如果在第一部分的问项中消费者最近一次的购买产品

仅选择了平台自营产品，意味着在此次购物体验中消费者不会与具体的某一卖家打交道，此部分问项将被自动跳过，不予作答。

第四部分是消费者的个人信任倾向和对风险的感知，个人信任倾向是消费者的气质信任，反映消费者相信他人或事物的程度；感知风险主要测度了消费者在网络平台购物可能遭受的不确定性和损失。

第五部分是消费者的网络购买意愿，反映了消费者愿意与网站及网站中的卖家进行交易的意愿。如果消费者最近一次购物选择的仅是平台自营产品，本研究设计了三个问项测度消费者在该网购平台查询信息、购买产品、推荐朋友的意愿；如果消费者涉及与平台中的卖家交易，本研究增设了两个问项用于测度消费者此次和未来是否愿意与该卖家交易的意愿。

第六部分是消费者的个人基本信息，包括被调查者的性别、年龄、学历、职业和月收入。

在问项设计上，除了第一部分和第六部分关于消费者的个人和网购信息采用类别尺度测量外，其余第二至第五部分均采用 Likert 七分度量表，同意程度从完全不同意、不同意、有点不同意、不确定、有点同意、同意到完全同意分别用 1 ~7 表示，具体题项详见附录。

5.2.2.2 预调研

在正式调研之前，需要进行小样本调研来测试问卷的信度和效度。笔者将初步设计的问卷放在“问卷星”在线问卷调查网站上，邀请目前在读的和近 5 年毕业的本科生和研究生进行填写，2015 年 12 月 10 日 ~12 月 20 日共收回有效问卷 120 份①，对问卷进行分类整理，收到平台自营模式的问卷 50 份，平台入驻商家经营模式的问卷 83 份。

将问卷中的反向题目进行反向计分后，加总量表题项的分数，然后将预测有效样本数的上下 27% 作为临界值进行高低分组，对高分组和低分组运用独立样本 t 检验以对量表题项的差异进行比较，删除决断值检验未达显著（显著性概率 P 值 >0.05）的题项，删除个别题项与总分的相关系数未达显著（相关系数小于 0.4）的题项。接着，对量表进行信度检验，对于量表中的各因素构念计算其内部一致性 α 系数，如果题项删除时的 Cronbach’s α 值大于原先的信度系数，则考虑删除该题项；对各因素构念采取主成分分析萃取其共同因素，共同性值低于

① 在调查问卷中，笔者设置了受访者只能选择一个购物网站对近期的一次购买经历进行回顾，在同一个购物网站中可能只有平台自营模式，也可能只有平台中商家经营模式（如淘宝），也可能两种模式都存在，所以对于交易模式的选择可以单选也可以多选，多选的问卷可用于两种交易模式的分析。因此，回收问卷的总份数并不是两种交易模式问卷数量的直接加总，其中选择了两种交易模式的调查者所填问卷数据可以用于两种交易模式的数据分析。

0.2 或者因素负载量小于 0.45 的题项予以删除。最后，采用 SPSS 20 软件进行探索性因子分析，量表整体的 KMO 值为 0.8，问卷具有较好的结构效度，在正式调研增加数据量后量表的 KMO 值应该会有所增加。

对不合适的量表问项进行修改后，再次与电子商务专业的专家学者和网购经验丰富的研究生进行访谈，对问卷的措辞、结构进行了必要的修订，形成最终的调查问卷。

5.2.3 正式问卷的发放与回收

本调查于 2016 年 2 ~4 月针对国内多个城市的学生、教师、职员及自由职业者陆续进行了正式的问卷调研，采用直接发放和网络填写两种方式收集数据。

（1）直接发放：直接发放的方式主要针对学生，由任课教师对问卷进行必要的解释后发放给学生自愿填写，共发放 340 份问卷，收回 321 份问卷，回收率达到 94.41%，剔除掉 13 份数据漏填较多的问卷，得到有效问卷 308 份。

（2）网络填写：网络填写的方式主要针对外地的消费者，将正式问卷放在“问卷星”在线问卷调查网站上，通过 QQ、微信、微博、BBS 等多种社交网络邀请被调查者到网站上填写问卷，收到 1036 份问卷，用常识性问题和反向问题进行判别剔除掉数据前后矛盾的问卷 198 份，得到有效问卷 838 份，有效问卷的回收率达 80.89%。

将收集到的线下纸质问卷数据录入电子化表格，与网络回收的问卷数据进行合并整理后，经过统计共计收到 1146 个有效样本，其中有 143 位被调查者对平台自营产品和平台入驻商家经营产品的问项进行了多选，经过整理后收到平台自营模式的有效问卷 300 份，平台入驻商家经营模式的有效问卷 989 份。

5.3 数据分析

本研究采用 SPSS 20 统计软件对调研问卷的数据进行描述性统计、信度与效度分析，采用 AMOS 软件构建结构方程模型用于分析前文提出的研究模型，检验前文提出的研究假设。

5.3.1 样本描述性统计

通过直接发放和网络填写共回收有效问卷 1146 份，通过对这些问卷数据进行整理，分析被调查样本的互联网使用特征、网络购物行为特征和人口统计变量

特征三方面的状况。

5.3.1.1 互联网使用特征

有效调查样本剔除掉了没有网购经历的消费者，因此本问卷的调查样本大多是互联网使用时间超过5年的，5~7年网龄的消费者占到31.8%，7年以上的占比47.9%。他们每天平均上网时间都较充裕，平均每天上网4小时以上的消费者达到51%，样本关于互联网使用年限和平均每天上网时间的具体分布如表5-3和表5-4所示。

表5-3 样本的互联网使用年限

互联网使用时间	频次	百分比（%）	累计百分比（%）
1年以下	7	0.6	0.6
1~2年	44	3.8	4.4
3~4年	181	15.8	20.2
5~7年	365	31.8	52.0
7年以上	549	47.9	100
合计	1146	100	

表5-4 样本的平均每天上网时间

平均每天上网时间	频次	百分比（%）	累计百分比（%）
1小时以内	20	1.7	1.7
1~2小时	76	6.6	8.4
2~3小时	188	16.4	24.8
3~4小时	277	24.2	49.0
4小时以上	585	51.0	100
合计	1146	100	

5.3.1.2 网络购物行为特征

消费者网络购物行为特征主要通过每个月的网购频率和每次平均消费金额来考查。调查样本平均每个月购物2~3次的消费者居多，占到总体样本的33.2%；其次为每月购物1次的，占比19.4%。网络购物每次平均消费金额主要集中在50~300元，每次消费100~300元的消费者最多，达到总体样本的36.6%；其次是每次消费50~100元的，占比33.3%。样本关于最近每个月的购物频率和单次平均消费金额的具体分布如表5-5和表5-6所示。

表 5－5　样本最近每个月的购物频率

平均每天上网时间	频次	百分比（%）	累计百分比（%）
3 个月 1 次	108	9.4	9.4
2 个月 1 次	182	15.9	25.3
每月 1 次	222	19.4	44.7
每月 2～3 次	381	33.2	77.9
每月 4～5 次	138	12.0	90.0
每月 6 次以上	115	10.0	100
合计	1146	100	

表 5－6　样本的单次平均消费金额

平均消费金额	频次	百分比（%）	累计百分比（%）
低于 50 元	47	4.1	4.1
50～100 元	382	33.3	37.4
100～300 元	419	36.6	74.0
300～500 元	124	10.8	84.8
500 元以上	174	15.2	100
合计	1146	100	

5.3.1.3　人口统计变量特征

调查样本中性别比例几乎持平，男性占比 49.3%，女性占比 50.7%。在年龄分布方面，18～25 岁的调查样本达到了 57.2%，26～30 岁的调查样本占比 31.1%，他们是我国网购力量的主力军。在调查样本的学历分布方面，本科最多，达到 52.8%；大专及以下次之，达到 40.9%。职业分布方面，公司职员最多，达到 45.4%；在校学生次之，占比 32.5%；创业者近些年逐渐增多，在调查样本中占比 11.6%。调查样本的月可支配收入分布方面，2000～3000 元的最多，占比 27.4%；3000～5000 元的次之，占比 22.9%；1000 元以下的占比 25.3%，这部分调查样本主要来源于在校学生。调查样本的人口统计特征见表 5－7～表 5－11。

表 5 -7　样本的性别分布情况

性别	频次	百分比（%）	累计百分比（%）
男	565	49.3	49.3
女	581	50.7	100
合计	1146	100	

表 5 -8　样本的年龄分布情况

年龄	频次	百分比（%）	累计百分比（%）
18 岁以下	9	0.8	0.8
18 ~25 岁	655	57.2	58.0
26 ~30 岁	357	31.1	89.1
31 ~40 岁	111	9.7	98.8
40 岁以上	14	1.2	100
合计	1146	100	

表 5 -9　样本的学历分布情况

学历	频次	百分比（%）	累计百分比（%）
大专及以下	469	40.9	40.9
本科	605	52.8	93.7
硕士及以上	72	6.3	100
合计	1146	100	

表 5 -10　样本的职业分布情况

职业	频次	百分比（%）	累计百分比（%）
在校学生	372	32.5	32.5
公司职员	520	45.4	77.9
事业单位	107	9.3	87.2
自己创业	133	11.6	98.8
其他	14	1.2	100
合计	1146	100	

表 5－11　样本的月可支配收入分布情况

月可支配收入	频次	百分比（%）	累计百分比（%）
1000 元以下	290	25.3	25.3
1000～2000 元	159	13.9	39.2
2000～3000 元	314	27.4	66.6
3000－5000 元	262	22.9	89.5
5000 元以上	121	10.5	100
合计	1146	100	

5.3.2　信度与效度检验

样本数据的信度和效度分析是衡量调研问卷合理性和可操作性的重要指标，是实证分析的前提。只有问卷具有了一定的信度和效度，在此基础上获得的数据才是真实可靠的，相应的数据分析才能客观地反映各因素变量之间的相互关系。本研究采用 SPSS 20 统计软件进行问卷信度和效度分析。①

5.3.2.1　信度分析

信度（Reliability）是指“测验所得分数的稳定性和可靠性”，反映了问卷数据测量结果的一致性程度。它是指采用同样的方法对同一对象重复测量时所得到结果的一致性程度。具有较高的信度是调查问卷合理有效的基本条件，是效度检验的前提。本研究采用一致性系数 Cronbach's α 考察该量表的信度。根据吴明隆等人的观点，Cronbach's α 值大于 0.7，则认为量表内部一致性较高，即信度较高；Cronbach's α 值小于 0.5，则认为量表内部一致性很低，即信度很低，问项设计不理想，舍弃不用。详细的信度参考如表 5－12 所示。

总量表的样本数据的 Cronbach's α 系数为 0.937，各项删除后 Cronbach's α 值均小于总量表系数 0.937，表中大多数潜变量的 Cronbach's α 系数都大于 0.8，只有卖家规模的系数约为 0.76，表明本研究问卷具有良好的信度。各潜变量的样本数据的 Cronbach's α 系数值如表 5－13 所示。

在项目分析的判别指标方面，采用决断值或 CR 值，大于等于 3；在题项与总分的相关方面，两者的相关程度必须有中度相关关系，即积差相关系数值必须大于等于 0.4，校正题项—总分相关系数值大于等于 0.4；至于因素负荷量的判别法，题项在萃取共同因素的因素负荷量必须大于等于 0.45，此时题项的共同性

① 平台中商家经营模式的量表覆盖了整个问卷的各个问项，且回收数量较大，选取 989 份平台中商家经营模式的问卷进行信度和效度分析。

为0.2025，萃取因素可以解释题项20%以上的变异量。

表5－12 信度参考

Cronbach's α值	层面或构念	整个量表
α<0.5	不理想，舍弃不用	非常不理想，舍弃不用
0.5≤α<0.6	可以接受，增列题项或修改语句	不理想，重新编制或修订
0.6≤α<0.7	尚佳	勉强接受，最好增列题项或修改语句
0.7≤α<0.8	佳（信度高）	可以接受
0.8≤α<0.9	理想（甚佳，信度很高）	佳（信度高）
α≥0.9	非常理想（信度非常好）	非常理想（甚佳，信度很高）

资料来源：吴明隆．问卷统计分析实务——SPSS操作与应用［M］．重庆：重庆大学出版社，2010.

表5－13 各潜变量信度分析结果

潜变量	标准化的Cronbach's α系数值	测量项数
网站熟悉度	0.875	4
支付担保机制	0.871	4
平台保障机制	0.884	4
信用印章机制	0.922	4
声誉反馈机制	0.827	5
投诉举报机制	0.858	4
平台信任	0.815	4
卖家规模	0.758	3
卖家声誉	0.880	4
卖家信任	0.843	4
个人信任倾向	0.848	3
感知风险	0.869	3
购买意愿	0.864	5

5.3.2.2 效度分析

效度（Validity）是指“量表能够实际测量出其所要测量的特性或功能的程度”，是指测量的结果与所要达到的目标之间相符合的程度；也可称为测量的有效性或准确度，用来衡量测量工具度量测量内容的准确程度。

一般而言，量表的效度分析主要有三种：内容效度（Content Validity）、效标关联效度（Criterion－Related Validity）和建构效度（Construct Validity）。内容效

度是指量表对研究主题的涵盖程度，涵盖程度越高，量表的内容效度越好。效标关联效度是指量表测量内容具有的预测或估计能力，预测或估计能力越高，量表的效标关联效度就越好。结构效度是指量表对特定理论假设的测量程度，测量程度越高，量表的结构效度就越好。结构效度又分为收敛效度和区别效度两种。收敛效度是指同一潜变量的各观测变量之间具有一定的相关性；区别效度是指不同潜变量的观测变量之间的相关性较低。在实际操作中，内容效度通常要求专家定性研究，效标关联效度要求具有公认的效标测量而较难实现，结构效度则可以通过模型系数、相关系数或者验证性因子分析的模型拟合情况进行评价。

（1）内容效度。

本研究问卷的设计参考了国内外关于信任、信用和网络购买意愿相关文献中的量表，并且结合本研究对于电子商务信用服务相关变量的研究需求，与电子商务专业的多位专家教授以及网络购物经验丰富的电子商务专业的研究生深入探讨了量表的结构与内容。部分变量的量表已相当成熟，在学术界受到广泛引用，如个人信任倾向、卖家信任、网络购买意愿等，这部分量表笔者主要从经典文献中直接引用。其余变量的量表也是充分借鉴了多位学者的文献，并结合本研究的实际需要和专家意见反复修改，并通过严格的前测而被最后确定。因此，本研究问卷具有一定的内容效度。

（2）结构效度。

本节首先采用 SPSS 软件对问卷的结构效度进行探索性因子分析，在后续的结构方程模型分析中采用 AMOS 软件继续对模型的拟合情况进行探讨。在做因子分析之前，需要进行 Bartlett 球形检验和 KMO 样本测度，以检验各题项之间的相关性。只有相关性较高时，才适合做因子分析。各研究变量的因子分析结果如表 5－14 所示。

表 5－14　各研究变量探索性因子分析

	KMO 值	Bartlett 球形检验	显著性概率	累计解释方差百分比（%）
网站熟悉度	0.824	2016.175	0.000	72.768
支付担保机制	0.789	2083.188	0.000	72.201
平台保障机制	0.805	2232.787	0.000	74.197
信用印章机制	0.800	3208.859	0.000	81.135
声誉反馈机制	0.786	1874.711	0.000	70.075
投诉举报机制	0.803	1844.491	0.000	70.291
平台信任	0.796	1290.691	0.000	64.326

续表

	KMO 值	Bartlett 球形检验	显著性概率	累计解释方差百分比（%）
卖家规模	0.669	757.805	0.000	67.474
卖家声誉	0.823	2192.219	0.000	73.701
卖家信任	0.724	1874.910	0.000	68.057
个人信任倾向	0.694	1333.645	0.000	76.716
感知风险	0.733	1477.819	0.000	79.713
购买意愿	0.843	2256.374	0.000	64.940
总量表	0.906	24301.519	0.000	71.785

从表5－14中可以看出，大多数变量的KMO值都大于0.7，总量表的KMO值为0.906，适合做因子分析。采用主成分分析法对因子进行提炼，萃取出特征根大于1的因素，并用方差最大法对因子进行正交旋转（采用直接斜交法旋转后的系数相关矩阵系数都小于0.3，因子间相关系数不大，所以适合采用正交旋转）。

正交旋转后的因子载荷矩阵如表5－15所示，旋转后各指标的因子载荷都在0.6以上，表明量表的结构效度良好，具有很好的可靠性。

表5－15　正交旋转后的因子载荷矩阵

潜变量	观测变量	因子载荷	均值	标准差
网络购买意愿	buy4	0.823	5.93	0.866
	buy5	0.791	6.05	0.865
	buy3	0.749	5.87	0.960
	buy2	0.707	5.99	0.990
	buy1	0.705	6.07	0.924
信用印章机制	seal3	0.876	5.43	1.109
	seal2	0.852	5.25	1.094
	seal1	0.830	5.24	1.126
	seal4	0.822	5.41	1.086

续表

潜变量	观测变量	因子载荷	均值	标准差
卖家声誉	rat8	0. 856	5. 95	0. 877
	rat7	0. 841	5. 95	0. 867
	rat9	0. 828	5. 94	0. 883
	rat5	0. 677	5. 94	0. 884
声誉反馈机制	repu2	0. 759	4. 48	1. 284
	repu3	0. 734	5. 25	1. 066
	repu1	0. 703	4. 00	1. 337
	repu4	0. 682	5. 34	1. 111
	repu5	0. 657	5. 58	1. 033
网站熟悉度	formi5	0. 820	6. 10	1. 002
	formi3	0. 817	6. 25	1. 043
	formi4	0. 813	6. 13	1. 132
	formi2	0. 723	6. 17	1. 046
支付担保机制	escr3	0. 841	5. 93	1. 051
	escr2	0. 825	6. 12	0. 944
	escr4	0. 769	6. 08	1. 084
	escr1	0. 730	5. 82	1. 116
投诉惩罚机制	compl8	0. 845	4. 66	1. 246
	compl7	0. 788	4. 74	1. 276
	compl9	0. 776	4. 83	1. 232
	compl10	0. 612	5. 04	1. 166
平台保障机制	con3	0. 815	5. 36	1. 217
	con4	0. 783	5. 61	1. 137
	con2	0. 782	5. 54	1. 160
	con1	0. 623	5. 68	1. 149
卖家信任	seltru6	0. 839	5. 39	1. 061
	seltru5	0. 792	5. 47	1. 059
	seltru7	0. 665	5. 30	1. 045
	seltru8	0. 653	5. 31	1. 061

续表

潜变量	观测变量	因子载荷	均值	标准差
感知风险	risk3	-0.868	3.14	0.953
	risk1	-0.867	2.89	0.950
	risk2	-0.851	2.79	0.949
平台信任	platru13	0.703	5.77	0.935
	platru15	0.660	5.37	1.053
	platru14	0.657	5.29	1.176
	platru16	0.628	5.78	0.805
个人信任倾向	tru2	0.864	5.31	1.153
	tru1	0.836	5.60	1.198
	tru3	0.814	5.48	1.028
卖家规模	scale2	0.837	5.43	1.093
	scale3	0.786	5.28	1.209
	scale1	0.604	5.73	0.994

基于上述分析，本研究的正式调研问卷具有较好的信度和效度。

5.3.3　背景变量的影响分析

本节主要运用单因素方差分析法（ANOVA）研究背景变量对潜变量的影响，探索拥有不同类别属性的消费者在信用服务机制有效性感知、感知风险与信任以及网络购买意愿等方面是否存在显著差异。

5.3.3.1　背景变量的分类

本研究选取人口统计变量（包括性别、年龄、学历、收入水平）、互联网使用特征（网龄）和网络购物行为特征（网络购物频率）作为背景变量，对各背景变量进行高低、类别分组后，利用SPSS统计软件中的单因素方差分析法，检验背景变量对潜变量是否存在显著影响。结合本研究中调查问卷的问项设置，确定以下各背景变量的分组情况。

（1）年龄：CNNIC调查显示，20～29岁用户人群是网购市场的主力军，本研究选择以25岁作为分界点，25岁及以下的为低年龄组，26岁及以上的为高年龄组。

（2）学历：根据CNNIC第41次《中国互联网络发展状况统计报告》，网民中具备中等教育水平的群体规模最大。本研究以大专为分界点，大专及以下学历的为低学历组，本科及研究生为高学历组。

（3）收入水平：CNNIC 第 41 次《中国互联网络发展状况统计报告》数据显示，月收入在中高等水平的网民群体占比最高，且网民规模向高收入群体扩散，截至 2017 年 12 月，月收入在 2001～3000 元、3001～5000 元的群体占比分别为 16.6% 和 22.4%。本研究以月收入 3000 元为分界点，3000 元及以下为低收入组，高于 3000 元的为高收入组。

（4）网龄：CNNIC 调查显示，网购用户多是互联网使用时间较长的用户，本研究选择以 7 年网龄作为分界点，接触互联网时间小于 7 年的为低网龄组，7 年及以上的为高网龄组。

（5）网络购物频率：对于最近一年来平均每个月的购物频率为 1 次或者少于 1 次的消费者，本研究将其划分为低网购频率组，平均每月购物至少 2 次的为高网购频率组。

5.3.3.2　背景变量对信用服务机制有效性的影响

采用单因素方差分析法，将平台保障、支付担保、信用印章、声誉反馈和投诉惩罚五种信用服务机制作为因变量，六个背景变量作为自变量，分别检验各种背景变量对于信用服务机制有效性的影响。

表 5－16 的数据显示，性别对于信用印章机制和声誉反馈机制的有效性存在显著性影响，从打分均值来看，女性比男性认为信用印章机制的有效性更为重要，而男性比女性认为声誉反馈机制的有效性更为重要。性别对于平台保障、支付担保、投诉惩罚三种机制的有效性没有显著影响。

表 5－16　性别对信用服务机制有效性的影响

信用服务机制有效性	均值		F 值	显著性
	男性（n＝472）	女性（n＝517）		
平台保障机制	5.5540	5.5445	0.022	0.881
支付担保机制	5.9857	5.9894	0.004	0.948
信用印章机制	5.2262	5.4309	10.565	0.001***
声誉反馈机制	5.0047	4.8619	6.259	0.013**
投诉惩罚机制	4.8379	4.7993	0.346	0.557

注：* 表示 $p<0.1$，** 表示 $p<0.05$，*** 表示 $p<0.01$。

年龄对于五种信用服务机制有效性的影响均为显著（见表 5－17），从打分均值来看，高年龄的消费者比低年龄的消费者认为平台保障、支付担保、信用印章、声誉反馈、投诉惩罚五种机制的有效性更为重要。这说明随着年龄和阅历的增长，消费者越来越理性地运用各种信用服务机制来达成网上交易，维护自己的利益，抵制欺诈行为。另外，也可能因为年轻人倾向于利用手机等移动设备，通过社交媒体与卖方互动沟通，有别于现有的一些信用服务机制。

表 5-17 年龄对信用服务机制有效性的影响

信用服务机制有效性	均值		F 值	显著性
	低年龄（n=590）	高年龄（n=399）		
平台保障机制	5.4377	5.7137	18.301	0.000***
支付担保机制	5.8775	6.1504	22.926	0.000***
信用印章机制	5.2788	5.4135	4.388	0.036**
声誉反馈机制	4.8285	5.0802	19.014	0.000***
投诉惩罚机制	4.7089	4.9787	16.553	0.000***

注：*表示 $p<0.1$，**表示 $p<0.05$，***表示 $p<0.01$。

表 5-18 的数据显示，学历对各种信用服务机制的影响较弱，只对于投诉惩罚机制在 0.1 的显著性水平上存在显著差异。从打分均值来看，低学历的消费者比高学历的消费者认为投诉惩罚机制的有效性更为重要。学历对于平台保障、支付担保、信用印章、声誉反馈四种机制的有效性没有显著影响。

表 5-18 学历对信用服务机制有效性的影响

信用服务机制有效性	均值		F 值	显著性
	低学历（n=429）	高学历（n=560）		
平台保障机制	5.5956	5.5134	1.629	0.202
支付担保机制	5.9790	5.9942	0.071	0.790
信用印章机制	5.2931	5.3638	1.230	0.268
声誉反馈机制	4.9082	4.9468	0.448	0.503
投诉惩罚机制	4.8800	4.7701	2.763	0.097*

注：*表示 $p<0.1$，**表示 $p<0.05$，***表示 $p<0.01$。

表 5-19 的数据显示，收入水平除了对于信用印章机制没有显著影响以外，对于平台保障、支付担保、声誉反馈和投诉惩罚四种机制的有效性均存在显著性影响。从打分均值来看，高收入的消费者比收入较低的消费者认为信用服务机制的有效性更为重要，收入较高的消费者学识、经验应该更为丰富，他们更多地用自己的综合知识去感知各种信用服务机制的有效性，理性地运用网站或者第三方提供的各种机制规避风险，确保安全地进行网上交易。

表 5-19 收入水平对信用服务机制有效性的影响

信用服务机制有效性	均值		F 值	显著性
	低收入（n=662）	高收入（n=327）		
平台保障机制	5.4702	5.7087	12.504	0.000***
支付担保机制	5.9173	6.1300	12.680	0.000***
信用印章机制	5.3119	5.3761	0.913	0.339
声誉反馈机制	4.8486	5.0948	16.681	0.000***
投诉惩罚机制	4.7285	4.9985	15.223	0.000***

注：*表示 $p<0.1$，**表示 $p<0.05$，***表示 $p<0.01$。

表 5-20 的数据显示，网龄对于五种信用服务机制的有效性均不存在显著影响。可见，接触互联网的时间与信用服务机制的感知有效性之间没有显著关系，年轻人对于互联网等新事物的学习能力更强，虽然接触互联网的时间不见得很长，但是可以很快融入网站和社区，较好地对网站提供的各种信用服务进行感知。

表 5-20 网龄对信用服务机制有效性的影响

信用服务机制有效性	均值		F 值	显著性
	低网龄（n=528）	高网龄（n=461）		
平台保障机制	5.5606	5.5358	0.150	0.698
支付担保机制	5.9877	5.9875	0.000	0.998
信用印章机制	5.2931	5.3791	1.843	0.175
声誉反馈机制	4.8879	4.9783	2.495	0.114
投诉惩罚机制	4.8106	4.8259	0.054	0.816

表 5-21 的数据显示，网络购物频率对于支付担保机制的有效性感知存在显著影响。从打分均值来看，网络购物频率较低的人相比购物频率较高的人认为支付担保机制更为重要，他们不常在网上购物，当然认为资金的安全是第一位的，支付担保机制可以确保他们放心地在网上交易。网络购物频率对于平台保障、信用印章、声誉反馈和投诉惩罚四种信用服务机制的感知有效性没有显著影响。

5.3.3.3 背景变量对个人信任倾向与感知风险的影响

采用单因素方差分析法，将个人信任倾向、感知风险作为因变量，性别、年龄、学历、收入水平、网龄和网络购物频率六种背景变量作为自变量，分别检验

各种背景变量对于个人信任倾向和感知风险是否存在显著影响。

表5－21　网络购物频率对信用服务机制有效性的影响

信用服务机制有效性	均值		F值	显著性
	低网购频率（n＝443）	高网购频率（n＝546）		
平台保障机制	5.5722	5.5302	0.428	0.513
支付担保机制	6.0576	5.9309	4.990	0.026**
信用印章机制	5.2856	5.3718	1.843	0.175
声誉反馈机制	4.9670	4.9000	1.361	0.244
投诉惩罚机制	4.8239	4.8127	0.029	0.865

注：*表示 $p<0.1$，**表示 $p<0.05$，***表示 $p<0.01$。

表5－22的数据显示，只有学历对于个人信任倾向存在显著影响，其他背景变量对于个人信任倾向均没有显著影响。从打分均值来看，高学历的消费者比低学历的消费者更容易相信他人。

表5－22　各背景变量对个人信任倾向的影响

背景变量	变量类别	样本量	个人信任倾向均值	F值	显著性
性别	男	472	5.4661	0.004	0.952
	女	517	5.4523		
年龄	低	590	5.4379	1.035	0.309
	高	399	5.5029		
学历	低	429	5.3854	4.839	0.028**
	高	560	5.5244		
收入水平	低	662	5.4446	0.781	0.377
	高	327	5.5036		
网龄	低	528	5.5025	1.718	0.190
	高	461	5.4201		
网络购物频率	低	443	5.4748	0.094	0.759
	高	546	5.4554		

注：*表示 $p<0.1$，**表示 $p<0.05$，***表示 $p<0.01$。

表5－23的数据显示，性别和收入水平对于消费者感知网络购物风险存在显著影响，从打分均值来看，女性消费者认为在网上交易感知风险较大，收入较低的消费者认为在网上交易感知风险较大。年龄、学历、网龄和网络购物频率对于消费者感知网络购物的风险差异不显著。

表5－23 各背景变量对感知风险的影响

背景变量	变量类别	样本量	感知风险均值	F值	显著性
性别	男	472	2.8806	4.557	0.033**
	女	517	2.9955		
年龄	低	590	2.9667	1.378	0.241
	高	399	2.9023		
学历	低	429	2.9713	0.988	0.320
	高	560	2.9173		
收入水平	低	662	3.0000	9.919	0.002***
	高	327	2.8206		
网龄	低	528	2.9628	0.770	0.380
	高	461	2.9154		
网络购物频率	低	443	2.9157	0.697	0.404
	高	546	2.9609		

注：*表示 $p<0.1$，**表示 $p<0.05$，***表示 $p<0.01$。

5.3.3.4 背景变量对平台信任、卖家信任的影响

采用单因素方差分析法，将平台信任、卖家信任作为因变量，六个背景变量作为自变量，分别检验各种背景变量对于平台信任、卖家信任的影响。

表5－24的数据显示，性别对于买方对平台的感知信任存在显著性差异，而对于卖家信任却没有显著影响。从打分均值来看，男性更倾向于对平台产生信任，这与男性消费者更依赖于到京东等品牌商城购物的事实相符合。

表5－24 性别对信任的影响

信任	均值		F值	显著性
	男性（n＝472）	女性（n＝517）		
平台信任	5.6213	5.4898	6.781	0.009***
卖家信任	5.4068	5.3312	1.857	0.173

注：*表示 $p<0.1$，**表示 $p<0.05$，***表示 $p<0.01$。

表5－25的数据显示，年龄对于买方对平台和卖家的感知信任均存在显著性差异。从打分均值来看，高年龄的消费者更倾向于对平台和卖家产生信任，随着年龄的增长，消费者的信任观念和意识更为成熟。

表5－25 年龄对信任的影响

信任	均值		F值	显著性
	低年龄（n＝590）	高年龄（n＝399）		
平台信任	5.4835	5.6548	11.157	0.001***
卖家信任	5.2530	5.5363	25.820	0.000***

注：*表示 $p<0.1$，**表示 $p<0.05$，***表示 $p<0.01$。

表5－26的数据显示，学历高低对于消费者感知平台和卖家信任没有显著差异。

表5－26 学历对信任的影响

信任	均值		F值	显著性
	低学历（n＝429）	高学历（n＝560）		
平台信任	5.5338	5.5670	0.422	0.516
卖家信任	5.3980	5.3438	0.943	0.332

表5－27的数据显示，不同的收入水平对于消费者感知平台和卖家信任均存在显著性差异。从打分均值来看，收入较高的消费者更倾向于对平台和卖家产生感知信任，与前面收入较高的消费者感知交易风险较小相一致。

表5－27 收入水平对信任的影响

信任	均值		F值	显著性
	低收入（n＝662）	高收入（n＝327）		
平台信任	5.4853	5.6888	14.540	0.000***
卖家信任	5.3002	5.5031	11.998	0.001***

注：*表示 $p<0.1$，**表示 $p<0.05$，***表示 $p<0.01$。

表5－28的数据显示，互联网接触时间的长短对于消费者感知平台和卖家信任没有显著差异。

表 5－28　网龄对信任的影响

信任	均值		F 值	显著性
	低网龄（n＝528）	高网龄（n＝461）		
平台信任	5.5601	5.5439	0.102	0.749
卖家信任	5.3561	5.3802	0.188	0.665

表 5－29 的数据显示，网络购物频率的高低对于消费者感知平台和卖家信任没有显著差异。

表 5－29　网络购物频率对信任的影响

信任	均值		F 值	显著性
	低网购频率(n＝443)	高网购频率(n＝546)		
平台信任	5.5672	5.5408	0.269	0.604
卖家信任	5.3979	5.3425	0.988	0.321

5.3.3.5　背景变量对网络购买意愿的影响

采用单因素方差分析法，将网络购物意愿作为因变量，性别、年龄、学历、收入水平、网龄和网络购物频率六种背景变量作为自变量，分别检验各种背景变量对于网络购物意愿是否存在显著影响。

表 5－30 的数据显示，不同的性别和年龄阶段对于消费者的网络购买意愿存在显著差异，从打分均值来看，女性的网购意愿更为强烈，高年龄阶段的网购意愿更强。与 CNNIC（2018）的报告和 Bhatnager（2000）的研究结论不一致，他们都认为男性更愿意在网上购物，这可能与研究对象不同有关。他们选取 B2C 类的网站更多，而本研究的回收样本中基于平台自营模式的问卷数量只达到 25%，女性更愿意货比三家，在不同的卖家中海淘自己喜欢的商品，男性更愿意到京东等自营类的平台购物，前面结论也证明了男性更容易对平台产生信任。

学历、收入水平、网龄和网络购物频率对于消费者的网络购买意愿没有显著影响。Kim（2004）研究证明，有网络购物经历的消费者相比没有网络购物经历的网络购买意愿更高，与本研究网络购物频率对于消费者购买意愿没有显著影响的结论不尽一致。分组的标准不同可能会造成不同的结论，有学者的研究是以有无网络购物经历为评判标准，而本研究是以平均每月的购物次数多少来进行分组的，因此得出了不同的结论。

表 5-30 各背景变量对网络购买意愿的影响

背景变量	变量类别	样本量	网络购买意愿均值	F 值	显著性
性别	男	472	5.9326	4.472	0.035**
	女	517	6.0321		
年龄	低	590	5.9420	4.862	0.028**
	高	399	6.0476		
学历	低	429	5.9552	1.194	0.275
	高	560	6.0071		
收入水平	低	662	5.9695	0.838	0.360
	高	327	6.0153		
网龄	低	528	5.9595	1.309	0.253
	高	461	6.0134		
网络购物频率	低	443	5.9427	2.583	0.108
	高	546	6.0187		

注：* 表示 $p<0.1$，** 表示 $p<0.05$，*** 表示 $p<0.01$。

5.4 结构方程建模与假设检验

根据基于信用服务机制的网络购买意愿研究模型 1 与研究模型 2，分别构建平台自营与平台入驻商家经营两种模式下关于信用服务机制有效性的结构方程模型；并选取“网站熟悉度”这一调节变量，检验两种交易模式下网站熟悉度在信用服务机制有效性与平台信任之间起是否起到了调节作用。5.4.1 首先介绍了结构方程建模分析方法，接着 5.4.2 与 5.4.3 分别描述了平台自营模式和平台入驻商家经营模式下的结构方程模型构建与假设检验过程，5.4.4 综合两种模式的实证研究结果进行了对比讨论。

5.4.1 结构方程建模分析方法

结构方程模型（Structural Equation Modeling，SEM）是一种在行为和社会科学领域常用的多变量统计建模技术，它整合了因素分析与路径分析两种统计方法，与多元回归、因子分析相比，结构方程模型有着诸多优点。它能够同时考虑和处理多个因变量，而且允许自变量与因变量含有测量误差，可以通过多个指标评价数据与模型的拟合度。结构方程模型中包含测量模型（Measured Model）与结构模型（Structural Model）两个基本的模型。测量模型由潜变量（Latent Variable）和观测变量（Observed Variable）组成，观测变量用来对无法直接观察到的潜变量予以描述。结构模型是潜变量之间因果关系模型的说明，描述外因潜变量与内因潜变量之间的路径关系。

运用结构方程模型分析问题时，通常按照以下步骤：

第一步，模型设定。以具体问题作为出发点，依照理论或曾经的研究成果，构建初始的理论模型。

第二步，模型识别。确定变量之间的关系并测量因子与指标的从属关系，保证构建的模型能得出参数估计的唯一解。

第三步，模型估计。使用普通最小二乘法（GLS 法）、极大似然估计法（ML 法）、偏最小二乘法（PLS 法）等方法求解模型中的参数。

第四步，模型评估。除对模型中的参数进行估计之外，还要对模型与数据之间的总体拟合情况进行判断和评价。衡量模型的总体拟合程度通常使用模型拟合指数，具体又分为绝对拟合指数（Absolute Fit Indices）和增值拟合指数（Incremental Fit Indices）两类，每一类中又包含多个不同的拟合指数。绝对拟合指数主要比较观测值与期望的方差和协方差，常用的指数包括模型卡方统计（χ^2）、拟合优度指数（Goodness of Fit Index，GFI）、调整拟合优度指数（Adjusted Goodness of Fit Index，AGFI）和近似误差均方根（Root Mean Square Error of Approximation，RMSEA）等。增值拟合指数也称相对拟合指数，比较设定模型与基准模型的相对拟合程度，常用的指数包括标准拟合指数（Normed Fit Index，NFI）、相对拟合指数（Comparative Fit Index，CFI）等。

第五步，模型修正。基于现有理论、文献或前人研究所提出的尝试性的初始结构方程模型常常并不能如愿地拟合数据，因此需要寻找模型拟合不良的可能原因，确定导致模型设定错误的因素，然后修正模型并用同一数据再次进行检验。常用方法是在估算结果下，使用修正指数（Modification Indices，MI）作为诊断指标，改变指标间的从属关系、增加或减少结构方程变量间路径等方式对原模型进行重新设定，来增强模型与数据的拟合程度，促使其达到要求。

5.4.2 平台自营模式下的结构方程模型

5.4.2.1 模型构建与修正

（1）初始结构方程模型。

根据平台自营模式下的结构方程概念模型，采用 AMOS 软件构建初始结构方程模型，模型的拟合路径如图 5－3 所示。该拟合路径是通过剔除一些不显著的

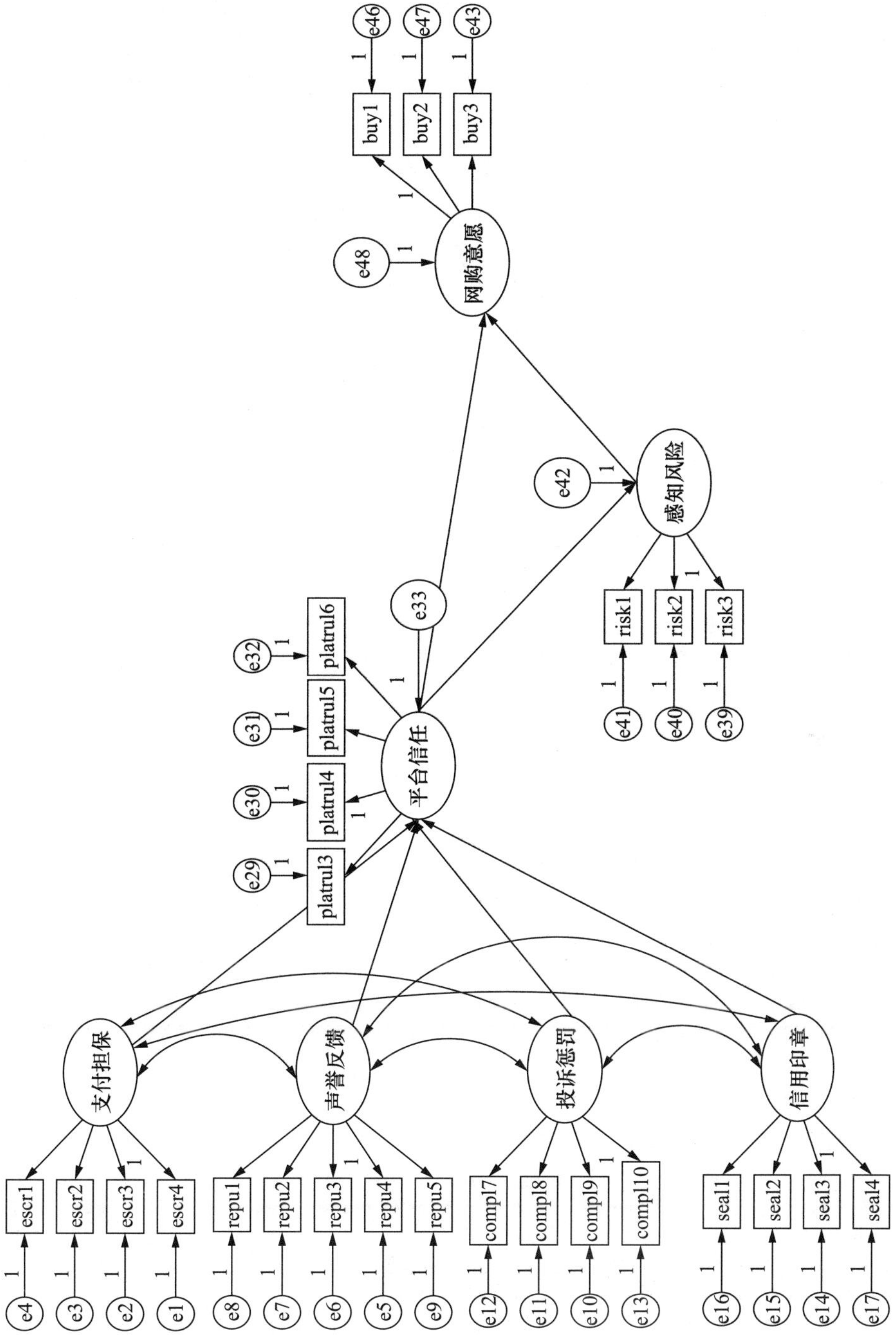

图 5－3 平台自营模式下的初始结构方程模型拟合路径

路径后得到的。采用 AMOS 软件初步利用样本数据对模型进行拟合，卖家信任对网络购买意愿的影响不显著（P = 0.478），剔除了这条路径后重新估计，得到平台保障服务对平台信任的影响不显著（P = 0.256），继续剔除平台保障服务对于平台信任的作用路径。另外，个人信任倾向对于平台信任和网络购买意愿的作用路径也不显著，所以在平台自营模式下没有考虑个人信任倾向。在剔除平台保障服务、个人信任倾向两个潜变量，以及卖家信任对网络购买意愿的作用路径后，最终得到如图 5-3 所示的平台自营模式下的初始结构方程模型。

支付担保、声誉反馈、投诉惩罚与信用印章四种信用服务机制的有效性共同对消费者感知平台的信任信念产生影响，感知风险作为中介变量，与平台信任一起共同对消费者的网络购买意愿产生作用。

通过对上述结构方程模型进行拟合，得到如表 5-31 所示的初始拟合结果。从表中的拟合结果来看，χ^2/df 符合指标小于 3 的标准，AGFI 大于指标参考值 0.8，CFI、IFI 均大于指标参考值 0.9，RMSEA 几乎接近指标参考值 0.06，这些部分指标达到了推荐标准，仍有 GFI、NFI、TLI 没有达到指标参考标准，但接近各自的指标参考值，须进一步改进初始结构方程模型，使之与数据拟合更匹配。

表 5-31　平台自营模式下结构方程模型的初始拟合结果

拟合统计指标	指标值	指标参考值
χ^2/df	2.118	<3
GFI	0.849	>0.90
AGFI	0.817	>0.80
NFI	0.859	>0.90
CFI	0.92	>0.90
TLI	0.909	>0.95
IFI	0.92	>0.90
RMSEA	0.061	<0.06

（2）模型修正。

在结构方程模型研究中，很少有模型通过一次运算就能得到很好的拟合结果，都需要经过模型修正指标（Modification Index，MI）进行微调，在变量之间建立合理的相关关系以消除路径偏差，从而达到符合数据拟合标准的模型。通过 MI 值微调路径关系，每次选择最大的 MI 值对应的路径进行调整，增加的残差之间的协方差关系以及变量间的路径关系包括：e7 <---> e8，e3 <---> e4，e17 <---> e14，e30 <---> e31，e13 <---> e33，e32 <---> e42，e4 <---> e9，e11 <---> e42。

建立上述路径关系后，得到修正后的结构方程模型。

5.4.2.2 模型评估与假设检验

（1）模型评估。

结构方程模型的拟合效果评估标准很多，较完整的评估一般包括以下三个方面的内容：基本拟合标准、内在结构拟合度和模型整体拟合度。

模型的基本拟合标准：一是测量误差不能有负值；二是测量误差必须达到显著性水平；三是标准化因子载荷在0.5～0.95；四是不能有很大的标准误差。表5－32显示了修正后SEM中测量模型的参数估计，所有标准化估计值都在0.5～0.95，并满足C.R.决断值均大于2、标准误差都大于零的条件，可以得出结论：修正后的模型满足基本拟合标准。

表5－32 修正后SEM中测量模型的参数估计

观测变量	<—	潜变量	估计值	标准化估计值	S. E.	C. R.	P
escr4	<—	支付担保	1.000	0.830	—	—	—
escr3	<—	支付担保	1.057	0.940	0.058	18.129	***
escr2	<—	支付担保	0.713	0.758	0.048	14.935	***
escr1	<—	支付担保	0.709	0.631	0.060	11.842	***
repu4	<—	声誉反馈	1.000	0.786	—	—	—
repu3	<—	声誉反馈	1.017	0.765	0.080	12.788	***
repu2	<—	声誉反馈	0.829	0.558	0.090	9.202	***
repu1	<—	声誉反馈	0.685	0.440	0.096	7.138	***
compl10	<—	投诉惩罚	1.000	0.565	—	—	—
compl9	<—	投诉惩罚	1.387	0.759	0.145	9.544	***
compl8	<—	投诉惩罚	1.625	0.871	0.166	9.762	***
compl7	<—	投诉惩罚	1.268	0.680	0.141	8.966	***
seal4	<—	信用印章	1.000	0.793	—	—	—
seal3	<—	信用印章	1.060	0.826	0.051	20.627	***
seal2	<—	信用印章	1.193	0.941	0.064	18.540	***
seal1	<—	信用印章	1.149	0.880	0.066	17.431	***
repu5	<—	声誉反馈	1.006	0.763	0.078	12.893	***
platru13	<—	平台信任	1.000	0.741	—	—	—

续表

观测变量	<—	潜变量	估计值	标准化估计值	S. E.	C. R.	P
platru14	<—	平台信任	1. 255	0. 747	0. 102	12. 290	***
platru15	<—	平台信任	1. 160	0. 732	0. 096	12. 048	***
platru16	<—	平台信任	0. 890	0. 784	0. 069	12. 877	***
risk3	<—	感知风险	1. 000	0. 526	—	—	—
risk2	<—	感知风险	1. 486	0. 950	0. 161	9. 231	***
risk1	<—	感知风险	1. 379	0. 840	0. 146	9. 464	***
buy2	<—	网购意愿	1. 000	0. 793	—	—	—
buy3	<—	网购意愿	1. 025	0. 725	0. 089	11. 512	***
buy1	<—	网购意愿	1. 118	0. 793	0. 093	12. 079	***

关于结构方程模型内在结构的拟合检验主要考察理论模型的因果关系能否成立，以及模型中显变量是否良好地反映对应潜变量。通过前面部分的信度和效度检验，证明该模型的内在结构拟合度较为理想。

修正后模型整体的拟合结果如表 5 – 33 所示，所有指标均达到了推荐的指标值：χ^2/df 符合指标小于 3 的标准，AGFI 大于指标参考值 0. 8，GFI、NFI、CFI、IFI 均大于指标参考值 0. 9，TLI 大于指标参考值 0. 95，RMSEA 为 0. 036，符合推荐参数小于 0. 06 的标准，修正后模型与数据的拟合情况较为理想。

表 5 – 33　修正后结构方程模型的拟合结果

拟合统计指标	指标值	指标参考值
χ^2/df	1. 377	<3
GFI	0. 905	>0. 90
AGFI	0. 881	>0. 80
NFI	0. 911	>0. 90
CFI	0. 974	>0. 90
TLI	0. 969	>0. 95
IFI	0. 974	>0. 90
RMSEA	0. 036	<0. 06

（2）假设检验。

修正后 SEM 中结构模型的参数估计如表 5－34 所示，表中显示了潜变量之间的路径系数估计值、标准差、决断值及显著性概率。根据表 5－34 判断各研究假设的真伪。

表 5－34 修正后 SEM 中结构模型的参数估计

观潜变量	<—	潜变量	估计值	标准化估计值	S. E.	C. R.	P
平台信任	<—	支付担保	0. 122	0. 170	0. 037	3. 293	***
平台信任	<—	声誉反馈	0. 270	0. 313	0. 062	4. 363	***
平台信任	<—	投诉惩罚	0. 366	0. 340	0. 073	4. 998	***
平台信任	<—	信用印章	0. 160	0. 197	0. 044	3. 667	***
感知风险	<—	平台信任	－0. 331	－0. 286	0. 083	－3. 991	***
网购意愿	<—	平台信任	0. 396	0. 386	0. 074	5. 382	***
网购意愿	<—	感知风险	－0. 157	－0. 178	0. 060	－2. 641	0. 008

支付担保与平台信任间的标准化估计值 0. 17，路径系数在 0. 001 水平上显著，临界比大于 3. 3。支付担保机制的有效性对于平台信任的正向作用显著。

声誉反馈与平台信任间的标准化估计值 0. 313，路径系数在 0. 001 水平上显著，临界比大于 3. 3。声誉反馈机制的有效性对于平台信任的正向作用显著。

投诉惩罚与平台信任间的标准化估计值 0. 34，路径系数在 0. 001 水平上显著，临界比大于 3. 3。投诉惩罚机制的有效性对于平台信任的正向作用显著。

信用印章与平台信任间的标准化估计值 0. 197，路径系数在 0. 001 水平上显著，临界比大于 3. 3。信用印章机制的有效性对于平台信任的正向作用显著。

平台信任与感知风险间的标准化估计值 －0. 286，路径系数在 0. 001 水平上显著，临界比绝对值大于 3. 3。平台信任对感知风险存在显著的负向影响。

平台信任与网络购买意愿间的标准化估计值 0. 386，路径系数在 0. 001 水平上显著，临界比大于 3. 3。平台信任对网络购买意愿的正向作用显著。

感知风险与网络购买意愿间的标准化估计值 －0. 178，路径系数在 0. 01 水平上显著，临界比绝对值大于 2. 58。感知风险对网络购买意愿存在显著的负向影响。

由复相关系数（Squared Multiple Correlations）可知，平台信任、感知风险、网购意愿三个内生潜变量可以被解释的变异百分比分别为 56%、9. 2% 和 22%。

5. 4. 2. 3 直接影响与间接影响的效应分析

结构方程模型中各潜变量之间可能存在两种影响作用，一种是直接影响，一种是间接影响，直接影响和间接影响的总和构成了变量之间的总影响作用。实证研究结果表明，各种信用服务机制（包括支付担保、信用印章、声誉反馈和投诉惩罚）的有效性均直接影响消费者对于平台的信任信念；平台信任直接影响感知风险，各种信用服务通过平台信任间接影响感知风险；平台信任除了直接影响网络购买意愿外，各种信用服务还通过平台信任间接影响网络购买意愿；感知风险直接影响网络购买意愿。影响因素间的直接效应与间接效应如表 5 – 35 至表 5 – 37所示。

表 5 – 35　平台信任的效应分析

变量	直接效应	间接效应	总效应
支付担保	0.170	0	0.170
信用印章	0.197	0	0.197
声誉反馈	0.313	0	0.313
投诉惩罚	0.340	0	0.340

表 5 – 36　感知风险的效应分析

变量	直接效应	间接效应	总效应
支付担保	0	–0.049	–0.049
信用印章	0	–0.057	–0.057
声誉反馈	0	–0.090	–0.090
投诉惩罚	0	–0.097	–0.097
平台信任	–0.286	0	–0.286

表 5 – 37　网络购买意愿的效应分析

变量	直接效应	间接效应	总效应
支付担保	0	0.074	0.074
信用印章	0	0.086	0.086
声誉反馈	0	0.137	0.137
投诉惩罚	0	0.149	0.149
平台信任	0.386	0.051	0.437
感知风险	–0.178	0	–0.178

5.4.2.4　网站熟悉度的调节效应

选取网站熟悉度作为调节变量，检验网站熟悉度在信用服务机制有效性与平台信任之间是否起到了调节作用。平台自营模式与平台入驻商家经营模式相比，平台拥有良好的声誉，为消费者提供更为完善的售后服务，支付担保机制的使用率不高，声誉反馈多体现为星级打分，信用服务机制没有充分发挥作用；平台的购物流程较为简捷，消费者对网站的熟悉度对于其感知信用服务机制的有效性和感知平台信任之间的调节作用应该不显著。

采用 AMOS 软件进行模型构建与分组回归分析。根据“网站熟悉度”这一调节变量的因子得分的正负，将调查样本分为“熟悉”和“不熟悉”两组；设置非限制模型和限制模型，设定限制模型中两组的回归系数相等；比较限制模型与非限制模型的卡方和自由度，两个模型的卡方之差的检验结果如果是统计显著的，则调节效应显著。

通过比较分组回归的非限制模型与限制模型，假设非限制模型是正确的，得到表 5－38 所示的嵌套模型比较，可知对模型所有测量系数和结构系数限制为相等后，卡方值改变量 CMIN/df＝20.903/20 的临界比率 P＝0.403，卡方值改变量不显著，拒绝原假设，即非限制模型与限制模型没有差异。因此，从卡方值的显著性判断得出，网站熟悉度对于信用服务机制有效性与平台信任间的调节效应不显著。

表 5－38　嵌套模型比较

Model	DF	CMIN	P	NFI Delta－1	IFI Delta－2	RFI rho－1	TLI rho－2
Structural weights	20	20.903	0.403	0.005	0.006	－0.004	－0.004

5.4.3　平台入驻商家经营模式下的结构方程模型

5.4.3.1　模型构建与修正

（1）初始结构方程模型。

根据平台入驻商家经营模式下的结构方程概念模型，采用 AMOS 软件构建初始结构方程模型，模型的拟合路径如图 5－4 所示。同样，该拟合路径是通过剔除两条不显著的路径后得到的，在该模型中剔除掉了平台保障机制的感知有效性对于平台信任的作用路径与平台中卖家信任对于消费者网络购物意愿的作用路径。

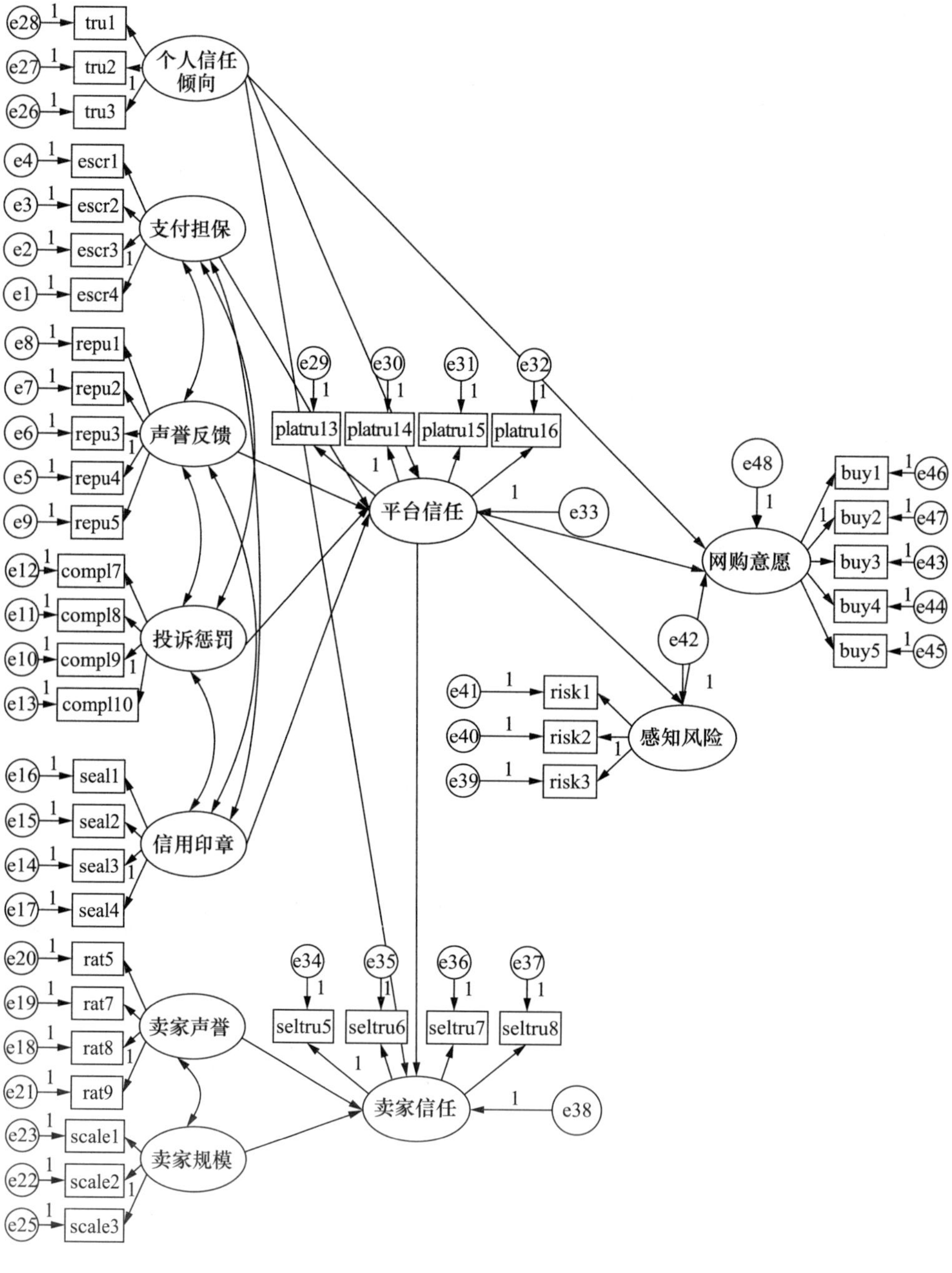

图 5－4 平台中入驻商家模式下的初始结构方程模型拟合路径

支付担保、声誉反馈、投诉惩罚与信用印章四种信用服务机制的有效性共同

对消费者感知平台的信任信念产生影响，卖家声誉和卖家规模正向影响消费者对平台中卖家的信任信念，且平台信任转移为卖家信任；个人信任倾向正向影响消费者对于平台和平台中卖家的信任信念；感知风险作为中介变量，与平台信任一起共同对消费者的网络购买意愿产生作用。

通过对图5-4中结构方程模型进行拟合，得到如表5-39所示的初始拟合结果。从表中的拟合结果可知，AGFI大于指标参考值0.8，CFI、IFI均大于指标参考值0.9，RMSEA小于指标参考值0.06，这些指标达到了推荐标准；另外，χ^2/df稍大于参考指标3，仍有GFI、NFI、TLI没有达到指标参考标准，但是接近各自的指标参考值，仍须进一步改进初始结构方程模型，使之与数据拟合更匹配。

表5-39　初始结构方程模型的拟合结果

拟合统计指标	指标值	指标参考值
χ^2/df	3.041	<3
GFI	0.883	>0.90
AGFI	0.868	>0.80
NFI	0.896	>0.90
CFI	0.928	>0.90
TLI	0.922	>0.95
LFI	0.928	>0.90
RMSEA	0.045	<0.06

（2）模型修正。

通过MI值修正结构方程模型的路径关系，增加的残差之间的协方差关系以及变量间的路径关系包括：e3 <--> e4，e5 <--> e9，e7 <--> e8，e11 <--> e12，e13 <--> e33，e15 <--> e16，e22 <--> e25，e23 <--> e33，e29 <--> e30，e31 <--> e42，e33 <--> e38，e34 <--> e35，e43 <--> e44，e43 <--> e47，e44 <--> e45。建立上述路径关系后，得到修正后的结构方程模型。

5.4.3.2　模型评估与假设检验

（1）模型评估。

对修正后的结构方程模型的拟合效果进行评估，仍然从基本拟合标准、内在结构拟合度和模型整体拟合度三个方面进行评估。

表5-40显示了修正后SEM中测量模型的参数估计，可以看到，测量误差

没有负值，且均达到了显著性水平；所有标准化估计值都在 0.5 ~ 0.95，C. R. 决断值均大于 2，标准误差均大于零。因此，修正后的模型满足结构方程模型的基本拟合标准。

表 5 -40　修正后 SEM 中测量模型的参数估计

观测变量	<—	潜变量	估计值	标准化估计值	S. E.	C. R.	P
escr4	<—	支付担保	1.000	0.803	—	—	—
escr3	<—	支付担保	1.055	0.900	0.037	28.856	***
escr2	<—	支付担保	0.838	0.796	0.031	26.702	***
escr1	<—	支付担保	0.738	0.610	0.038	19.234	***
repu4	<—	声誉反馈	1.000	0.762	—	—	—
repu3	<—	声誉反馈	0.943	0.749	0.046	20.672	***
repu2	<—	声誉反馈	0.956	0.630	0.054	17.806	***
repu1	<—	声誉反馈	0.825	0.523	0.056	14.725	***
compl10	<—	投诉惩罚	1.000	0.664	—	—	—
compl9	<—	投诉惩罚	1.245	0.783	0.059	20.984	***
compl8	<—	投诉惩罚	1.425	0.886	0.063	22.592	***
compl7	<—	投诉惩罚	1.282	0.778	0.061	20.879	***
seal4	<—	信用印章	1.000	0.867	—	—	—
seal3	<—	信用印章	1.122	0.952	0.029	39.354	***
seal2	<—	信用印章	0.934	0.803	0.029	31.958	***
seal1	<—	信用印章	0.906	0.758	0.031	29.021	***
rat9	<—	卖家声誉	1.000	0.825	—	—	—
rat8	<—	卖家声誉	1.046	0.868	0.033	31.325	***
rat7	<—	卖家声誉	1.030	0.865	0.033	31.197	***
rat5	<—	卖家声誉	0.809	0.666	0.036	22.272	***
scale3	<—	卖家规模	1.000	0.659	—	—	—
scale2	<—	卖家规模	1.180	0.860	0.075	15.705	***
scale1	<—	卖家规模	0.793	0.636	0.049	16.240	***

续表

观测变量	<—	潜变量	估计值	标准化估计值	S. E.	C. R.	P
repu5	<—	声誉反馈	0.860	0.705	0.044	19.752	***
tru3	<—	个人信任倾向	1.000	0.740	—	—	—
tru2	<—	个人信任倾向	1.441	0.943	0.059	24.273	***
tru1	<—	个人信任倾向	1.167	0.736	0.051	22.924	***
platru13	<—	平台信任	1.000	0.677	—	—	—
platru14	<—	平台信任	1.140	0.605	0.072	15.909	***
platru15	<—	平台信任	1.099	0.658	0.065	17.029	***
platru16	<—	平台信任	0.919	0.730	0.050	18.361	***
seltru5	<—	卖家信任	1.000	0.573	—	—	—
seltru6	<—	卖家信任	1.121	0.648	0.048	23.185	***
seltru7	<—	卖家信任	1.292	0.775	0.084	15.426	***
seltru8	<—	卖家信任	1.263	0.741	0.083	15.296	***
risk3	<—	感知风险	1.000	0.521	—	—	—
risk2	<—	感知风险	1.469	0.916	0.091	16.071	***
risk1	<—	感知风险	1.453	0.847	0.088	16.500	***
buy2	<—	网购意愿	1.000	0.716	—	—	—
buy3	<—	网购意愿	0.998	0.687	0.054	18.542	***
buy4	<—	网购意愿	0.979	0.751	0.051	19.330	***
buy5	<—	网购意愿	0.983	0.754	0.050	19.852	***
buy1	<—	网购意愿	1.036	0.691	0.055	18.923	***

关于结构方程模型内在结构的拟合检验主要考察理论模型的因果关系能否成立，以及模型中显变量是否良好地反映对应潜变量。通过前面部分的信度和效度检验，证明该模型的内在结构拟合度较为理想。

修正后模型总体的拟合结果如表 5-41 所示，可以看到，所有指标均达到了推荐的指标值：χ^2/df 为 2.173，符合小于 3 的标准；GFI、AGFI、NFI、CFI、IFI 等的值都大于标准值 0.9；TLI 大于推荐的标准值 0.95；RMSEA 小于 0.06，表明该模型与数据拟合的结果较为理想。

表 5-41　修正后结构方程模型的拟合结果

拟合统计指标	指标值	指标参考值
χ^2/df	2.173	<3
GFI	0.919	>0.90
AGFI	0.905	>0.80
NFI	0.928	>0.90
CFI	0.960	>0.90
TLI	0.955	>0.95
IFI	0.960	>0.90
RMSEA	0.034	<0.06

（2）假设检验。

修正后 SEM 中结构模型的参数估计如表 5-42 所示，表中显示了潜变量之间的路径系数估计值、标准差、决断值及显著性概率。

表 5-42　修正后 SEM 中结构模型的参数估计

潜变量	<—	潜变量	估计值	标准化估计值	S. E.	C. R.	P 值
平台信任	<—	支付担保	0.207	0.316	0.023	8.998	***
平台信任	<—	声誉反馈	0.274	0.394	0.027	10.224	***
平台信任	<—	投诉惩罚	0.268	0.353	0.028	9.488	***
平台信任	<—	信用印章	0.075	0.121	0.020	3.790	***
平台信任	<—	个人信任倾向	0.084	0.109	0.025	3.315	***
感知风险	<—	平台信任	-0.391	-0.289	0.056	-6.983	***
卖家信任	<—	卖家声誉	0.123	0.153	0.028	4.414	***
卖家信任	<—	卖家规模	0.102	0.139	0.027	3.799	***
卖家信任	<—	个人信任倾向	0.174	0.228	0.028	6.233	***
卖家信任	<—	平台信任	0.452	0.457	0.046	9.904	***
网购意愿	<—	平台信任	0.409	0.372	0.047	8.755	***
网购意愿	<—	个人信任倾向	0.100	0.117	0.029	3.391	***
网购意愿	<—	感知风险	-0.149	-0.183	0.031	-4.815	***

根据表5－42判断各研究假设的真伪：

支付担保与平台信任间的标准化估计值0.316，路径系数在0.001水平上显著，临界比大于3.3。支付担保机制的有效性对于平台信任的正向作用显著。

声誉反馈与平台信任间的标准化估计值0.394，路径系数在0.001水平上显著，临界比大于3.3。声誉反馈机制的有效性对于平台信任的正向作用显著。

投诉惩罚与平台信任间的标准化估计值0.353，路径系数在0.001水平上显著，临界比大于3.3。投诉惩罚机制的有效性对于平台信任的正向作用显著。

信用印章与平台信任间的标准化估计值0.121，路径系数在0.001水平上显著，临界比大于3.3。信用印章机制的有效性对于平台信任的正向作用显著。

个人信任倾向与平台信任间的标准化估计值0.109，路径系数在0.001水平上显著，临界比大于3.3。个人信任倾向对于平台信任的正向作用显著。

平台信任与感知风险间的标准化估计值－0.289，路径系数在0.001水平上显著，临界比绝对值大于3.3。平台信任对感知风险存在显著的负向影响。

卖家声誉与卖家信任间的标准化估计值0.153，路径系数在0.001水平上显著，临界比大于3.3。卖家声誉对卖家信任的正向作用显著。

卖家规模与卖家信任间的标准化估计值0.139，路径系数在0.001水平上显著，临界比大于3.3。卖家声誉对卖家信任的正向作用显著。

个人信任倾向与卖家信任间的标准化估计值0.228，路径系数在0.001水平上显著，临界比大于3.3。个人信任倾向对卖家信任的正向作用显著。

平台信任与卖家信任间的标准化估计值0.457，路径系数在0.001水平上显著，临界比大于3.3。平台信任对卖家信任的正向作用显著。

平台信任与网络购买意愿间的标准化估计值0.372，路径系数在0.001水平上显著，临界比大于3.3。平台信任对网络购买意愿的正向作用显著。

个人信任倾向与网络购买意愿间的标准化估计值0.117，路径系数在0.001水平上显著，临界比大于3.3。个人信任倾向对网络购买意愿的正向作用显著。

感知风险与网络购买意愿间的标准化估计值－0.183，路径系数在0.001水平上显著，临界比绝对值大于3.3。感知风险对网络购买意愿存在显著的负向影响。

由复相关系数（Squared Multiple Correlations）可知，平台信任、卖家信任、感知风险、网购意愿四个内生潜变量可以被解释的变异百分比分别为53.7%、37.3%、13%和32.6%。

5.4.3.3 直接影响与间接影响的效应分析

潜变量之间的直接影响和间接影响的效应总和构成了变量之间的总影响作用。实证研究结果表明，个人信任倾向、各种信用服务（包括信用印章、投诉惩罚、声誉反馈和支付担保）机制的有效性均直接影响消费者对于平台的信任信念；卖家声誉和卖家规模直接影响卖家信任，各种信用服务机制的有效性通过平台信任间接影响消费者对于卖家的信任，个人信任倾向除了直接影响卖家信任外，还通过平台信任间接影响卖家信任，而平台信任直接影响对平台中卖家的信任信念；平台信任直接影响感知风险，个人信任倾向和各种信用服务机制的有效性通过平台信任间接影响感知风险；平台信任除了直接影响网络购买意愿外，各种信用服务机制的有效性还通过平台信任间接影响网络购买意愿；感知风险直接影响网络购买意愿；个人信任倾向除了直接影响网络购买意愿外，还通过平台信任间接影响消费者的网络购买意愿。

影响因素间的直接效应与间接效应如表5－43至表5－46所示。

表5－43　平台信任的效应分析

变量	直接效应	间接效应	总效应
个人信任倾向	0.109	0	0.109
信用印章	0.121	0	0.121
投诉惩罚	0.353	0	0.353
声誉反馈	0.394	0	0.394
支付担保	0.316	0	0.316

表5－44　卖家信任的效应分析

变量	直接效应	间接效应	总效应
个人信任倾向	0.228	0.050	0.278
卖家规模	0.139	0	0.139
卖家声誉	0.153	0	0.153
信用印章	0	0.055	0.055
投诉惩罚	0	0.161	0.161
声誉反馈	0	0.180	0.180
支付担保	0	0.144	0.144
平台信任	0.457	0	0.457

表 5－45 感知风险的效应分析

变量	直接效应	间接效应	总效应
个人信任倾向	0	－0.031	－0.031
信用印章	0	－0.035	－0.035
投诉惩罚	0	－0.102	－0.102
声誉反馈	0	－0.114	－0.114
支付担保	0	－0.091	－0.091
平台信任	－0.289	0	－0.289

表 5－46 网络购物意愿的效应分析

变量	直接效应	间接效应	总效应
个人信任倾向	0.117	0.046	0.163
信用印章	0	0.051	0.051
投诉惩罚	0	0.150	0.150
声誉反馈	0	0.167	0.167
支付担保	0	0.134	0.134
平台信任	0.372	0.053	0.425
感知风险	－0.183	0	－0.183

5.4.3.4 网站熟悉度的调节效应

选取网站熟悉度作为调节变量，目的在于探索网站熟悉度在消费者感知信用服务机制有效性与平台信任之间是否起到了调节作用，检验调节效应的理论模型如图 5－5 所示。

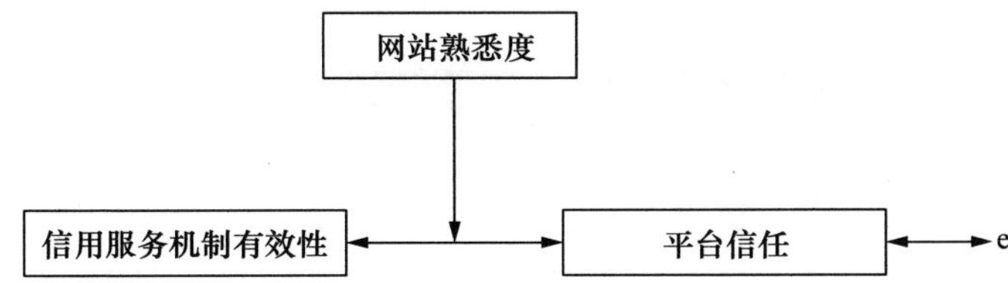

图 5－5 网站熟悉度对信用服务机制有效性和平台信任的调节效应理论模型

（1）结构方程模型构建与评估。

根据调节效应检验的理论模型，采用 AMOS 软件进行结构方程模型构建与分组回归分析，构建的检验调节效应的结构方程模型如图 5－6 所示。

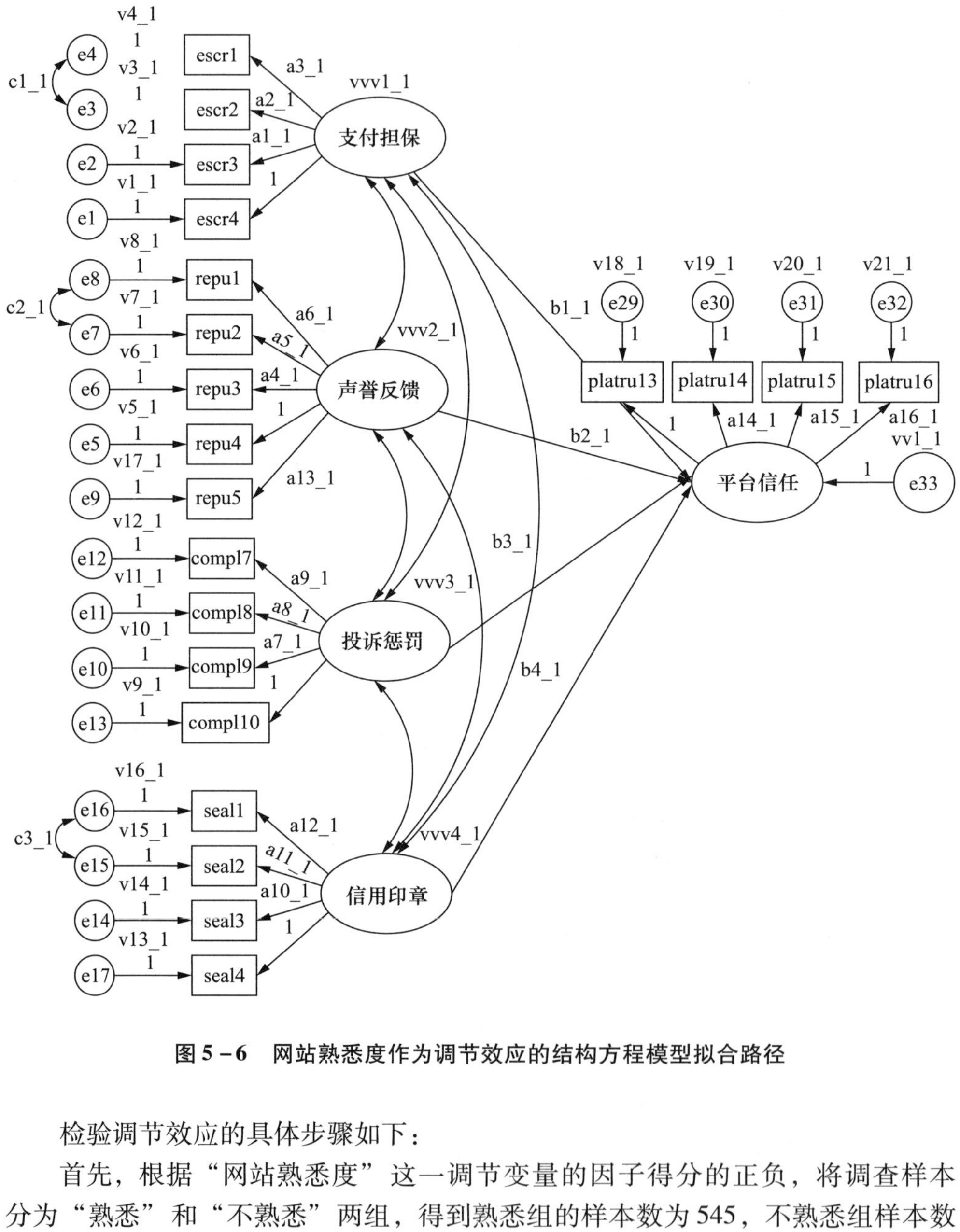

图 5 -6　网站熟悉度作为调节效应的结构方程模型拟合路径

检验调节效应的具体步骤如下：

首先，根据“网站熟悉度”这一调节变量的因子得分的正负，将调查样本分为“熟悉”和“不熟悉”两组，得到熟悉组的样本数为 545，不熟悉组样本数为 444。

其次，设置非限制模型和限制模型。设定限制模型中两组的回归系数相等：b1_ 1 = b1_ 2；b2_ 1 = b2_ 2；b3_ 1 = b3_ 2；b4_ 1 = b4_ 2。

最后，比较限制模型与非限制模型的卡方和自由度，两个模型的卡方之差的检验结果如果是统计显著的，则调节效应显著。

通过比较分组回归的非限制模型与限制模型，假设非限制模型是正确的，得到如表5－47所示的嵌套模型比较，可知对模型所有测量系数和结构系数限制为相等后，卡方值改变量CMIN/df＝62.539/20的临界比率P＝0.000，卡方值改变量显著，接受原假设，即非限制模型与限制模型有显著差异。因此从卡方值的显著性可以判断，网站熟悉度对于信用服务机制有效性与平台信任间的调节效应显著。

表5－47　嵌套模型比较

Model	DF	CMIN	P	NFI Delta－1	IFI Delta－2	RFI rho－1	TLI rho－2
Structural weights	20	62.539	0.000	0.005	0.006	0.002	0.002

通过结构方程模型检验的非限制模型和限制模型的总体拟合结果如表5－48所示。限制和非限制模型的所有指标均达到了推荐的指标值：χ^2/df 符合指标小于3的标准，AGFI大于指标参考值0.8，GFI、NFI、CFI、IFI均大于指标参考值0.9，TLI大于指标参考值0.95，RMSEA小于指标参考值0.06，表明模型与数据的拟合情况较为理想。

表5－48　限制和非限制模型的SEM拟合结果

拟合统计指标	非限制模型的指标值	限制模型的指标值	指标参考值
χ^2/df	2.243	2.290	<3
GFI	0.930	0.924	>0.90
AGFI	0.908	0.906	>0.80
NFI	0.931	0.926	>0.90
CFI	0.961	0.957	>0.90
TLI	0.953	0.951	>0.95
IFI	0.961	0.957	>0.90
RMSEA	0.035	0.036	<0.06

（2）限制模型的参数估计。

前面设定了限制模型中两组的回归系数相等，所以不熟悉组和熟悉组的回归系数是相同的，将两组的回归系数合并在一个表格中，得到限制模型中结构模型与测量模型的参数估计，如表 5－49 和表 5－50 所示。

表 5－49　限制模型中结构模型的参数估计

潜变量	<—	潜变量	估计值	标准化估计值		S. E.	C. R.	P 值
				不熟悉组	熟悉组			
平台信任	<—	支付担保	0. 162	0. 255	0. 223	0. 024	6. 655	***
平台信任	<—	声誉反馈	0. 258	0. 380	0. 379	0. 027	9. 480	***
平台信任	<—	投诉惩罚	0. 273	0. 323	0. 398	0. 029	9. 435	***
平台信任	<—	信用印章	0. 075	0. 122	0. 127	0. 020	3. 752	***

表 5－50　限制模型中测量模型的参数估计

观测变量	<—	潜变量	估计值	标准化估计值		S. E.	C. R.	P 值
				不熟悉组	熟悉组			
escr4	<—	支付担保	1. 000	0. 788	0. 767	—	—	—
escr3	<—	支付担保	1. 088	0. 915	0. 882	0. 042	25. 786	***
escr2	<—	支付担保	0. 805	0. 752	0. 770	0. 033	24. 038	***
escr1	<—	支付担保	0. 659	0. 523	0. 564	0. 040	16. 469	***
repu4	<—	声誉反馈	1. 000	0. 745	0. 767	—	—	—
repu3	<—	声誉反馈	0. 940	0. 740	0. 743	0. 047	20. 057	***
repu2	<—	声誉反馈	0. 957	0. 629	0. 621	0. 055	17. 388	***
repu1	<—	声誉反馈	0. 831	0. 531	0. 510	0. 057	14. 461	***
compl10	<—	投诉惩罚	1. 000	0. 596	0. 701	—	—	—
compl9	<—	投诉惩罚	1. 269	0. 723	0. 825	0. 060	21. 147	***
compl8	<—	投诉惩罚	1. 445	0. 833	0. 918	0. 064	22. 740	***
compl7	<—	投诉惩罚	1. 290	0. 728	0. 800	0. 062	20. 749	***
seal4	<—	信用印章	1. 000	0. 849	0. 884	—	—	—
seal3	<—	信用印章	1. 104	0. 945	0. 950	0. 028	39. 109	***
seal2	<—	信用印章	0. 920	0. 775	0. 819	0. 029	31. 901	***
seal1	<—	信用印章	0. 874	0. 718	0. 772	0. 031	28. 602	***
repu5	<—	声誉反馈	0. 845	0. 698	0. 686	0. 044	19. 059	***
platru13	<—	平台信任	1. 000	0. 646	0. 680	—	—	—
platru14	<—	平台信任	1. 154	0. 578	0. 617	0. 076	15. 244	***
platru15	<—	平台信任	1. 212	0. 721	0. 676	0. 072	16. 866	***
platru16	<—	平台信任	0. 911	0. 659	0. 758	0. 053	17. 279	***

（3）非限制模型的参数估计。

分组非限制模型中结构模型和测量模型的参数估计如表 5－51 和表 5－52 所示。结构模型中，熟悉组的路径系数全部显著，不熟悉组的信用印章对平台信任的作用路径不显著。测量模型中的系数全部显著。

表 5－51　非限制模型中结构模型的参数估计

潜变量	<—	潜变量	不熟悉组					熟悉组				
			估计值	标准化估计值	S. E.	C. R.	P	估计值	标准化估计值	S. E.	C. R.	P
平台信任	<—	支付担保	0. 202	0. 288	0. 037	5. 381	***	0. 133	0. 200	0. 031	4. 211	***
平台信任	<—	声誉反馈	0. 268	0. 361	0. 044	6. 152	***	0. 245	0. 384	0. 034	7. 142	***
平台信任	<—	投诉惩罚	0. 377	0. 435	0. 055	6. 806	***	0. 218	0. 328	0. 033	6. 537	***
平台信任	<—	信用印章	0. 041	0. 060	0. 033	1. 252	0. 211	0. 102	0. 183	0. 025	4. 027	***

表 5－52　非限制模型中测量模型的参数估计

观测变量	<—	潜变量	不熟悉组					熟悉组				
			估计值	标准化估计值	S. E.	C. R.	P	估计值	标准化估计值	S. E.	C. R.	P
escr4	<—	支付担保	1. 000	0. 773	—	—	—	1. 000	0. 788	—	—	—
escr3	<—	支付担保	1. 106	0. 893	0. 061	18. 068	***	1. 066	0. 901	0. 057	18. 835	***
escr2	<—	支付担保	0. 966	0. 811	0. 056	17. 245	***	0. 692	0. 728	0. 040	17. 193	***
escr1	<—	支付担保	0. 880	0. 627	0. 069	12. 808	***	0. 521	0. 491	0. 047	11. 025	***
repu4	<—	声誉反馈	1. 000	0. 727	—	—	—	1. 000	0. 782	—	—	—
repu3	<—	声誉反馈	1. 014	0. 757	0. 077	13. 230	***	0. 881	0. 727	0. 058	15. 071	***
repu2	<—	声誉反馈	0. 927	0. 598	0. 085	10. 961	***	0. 986	0. 648	0. 072	13. 623	***
repu1	<—	声誉反馈	0. 742	0. 470	0. 085	8. 683	***	0. 910	0. 562	0. 077	11. 773	***
compl10	<—	投诉惩罚	1. 000	0. 605	—	—	—	1. 000	0. 698	—	—	—
compl9	<—	投诉惩罚	1. 179	0. 701	0. 105	11. 206	***	1. 305	0. 832	0. 073	17. 919	***
compl8	<—	投诉惩罚	1. 383	0. 820	0. 114	12. 145	***	1. 465	0. 921	0. 076	19. 195	***
compl7	<—	投诉惩罚	1. 335	0. 752	0. 114	11. 697	***	1. 267	0. 792	0. 074	17. 121	***
seal4	<—	信用印章	1. 000	0. 824	—	—	—	1. 000	0. 895	—	—	—
seal3	<—	信用印章	1. 213	0. 964	0. 054	22. 499	***	1. 052	0. 943	0. 033	31. 884	***

续表

观测变量	<—	潜变量	不熟悉组					熟悉组				
			估计值	标准化估计值	S. E.	C. R.	P	估计值	标准化估计值	S. E.	C. R.	P
seal2	<—	信用印章	0.946	0.758	0.051	18.434	***	0.901	0.824	0.035	25.894	***
seal1	<—	信用印章	0.971	0.731	0.055	17.532	***	0.828	0.766	0.037	22.663	***
repu5	<—	声誉反馈	0.929	0.724	0.072	12.882	***	0.781	0.665	0.056	13.993	***
platru13	<—	平台信任	1.000	0.664	—	—	—	1.000	0.667	—	—	—
platru14	<—	平台信任	1.057	0.559	0.110	9.620	***	1.224	0.629	0.104	11.789	***
platru15	<—	平台信任	1.206	0.738	0.103	11.715	***	1.207	0.659	0.099	12.198	***
platru16	<—	平台信任	0.917	0.681	0.082	11.193	***	0.916	0.747	0.070	13.157	***

（4）调节效应的假设检验。

从图5－7中两组非限制模型中潜变量间的路径系数标准化估计值可以看出：不熟悉组和熟悉组相比较，在不熟悉组中，支付担保机制和投诉惩罚机制的感知有效性对于平台信任的影响更为重要；在熟悉组中，声誉反馈机制和信用印章机制的感知有效性对于平台信任的影响更为重要。

由复相关系数（Squared Multiple Correlations）可知，在不熟悉组，四种信用服务机制共解释了平台信任变异的50.7%；在熟悉组，四种信用服务机制的有效性共解释了平台信任变量的46.8%。

在不熟悉组中，支付担保机制（路径系数为0.288＞0.200）和投诉惩罚机制（路径系数为0.435＞0.328）的感知有效性对于平台信任的影响更为重要。这表明网站熟悉度在信用服务机制与平台信任间起到了应有的调节作用，对平台不太熟悉的消费者能够有效地运用信用服务机制以促进消费者对于平台的信任信念；而对于平台较熟悉的消费者，信用服务机制的感知有效性对于平台信任的作用要稍弱一些。对于平台不太熟悉的消费者，在网上交易时采用支付担保机制能够确保其资金安全，投诉惩罚机制保障消费者在交易中出现问题或者遭到欺诈时能够通过投诉等途径有效地解决问题，保障其合法的消费者权益，这些最基础的信用服务可以使网购经验不是很丰富、对网购平台不太熟悉的消费者放心地在网上交易。

在不熟悉组中，信用印章机制对于平台信任的影响路径是不显著的（P值＝0.211）；而在熟悉组中，信用印章机制对于平台信任的影响显著（P值＝0.000），路径系数为0.183。这表明对于平台比较熟悉的消费者认为信用印章机

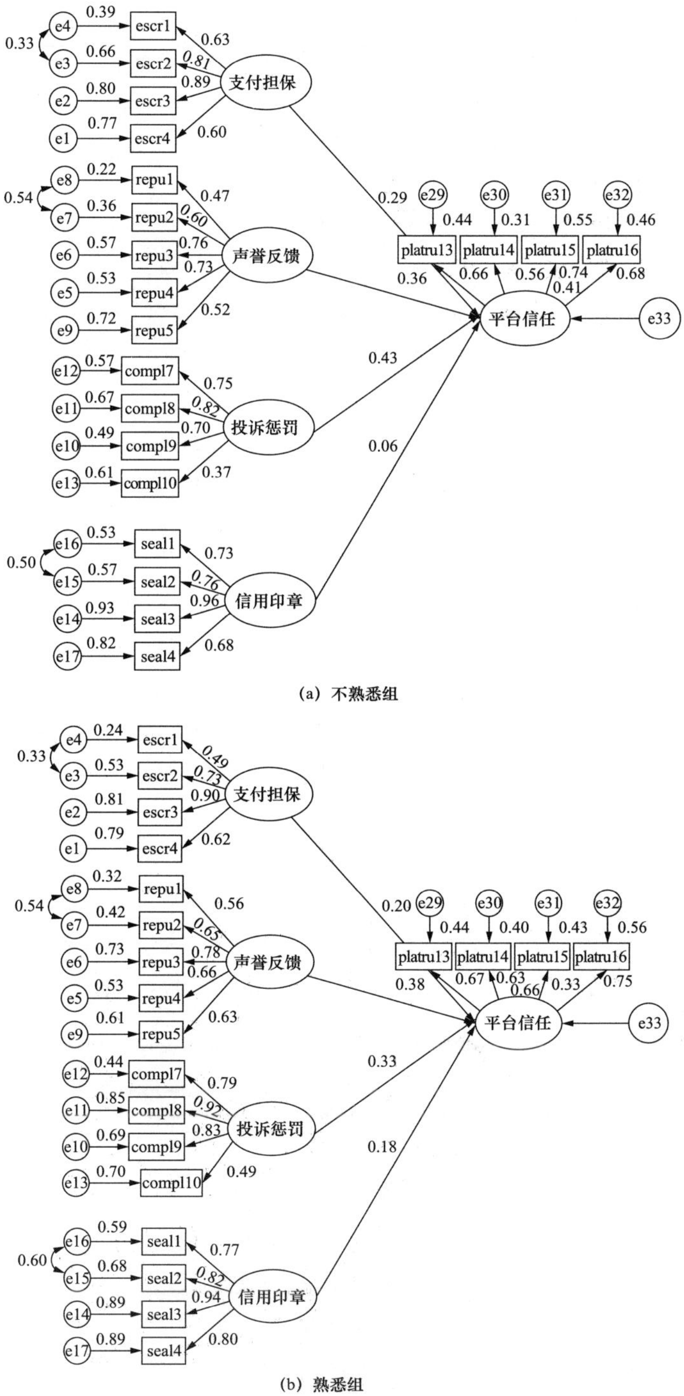

(a) 不熟悉组

(b) 熟悉组

图 5－7 分组非限制模型的标准化参数估计

制的感知有效性显著影响其对于平台的信任信念，信用印章在网购消费者中的熟知度不高，也正因为如此，信用印章在这四种信用服务机制中的作用是最弱的。只有了解信用印章作用的消费者才会应用信用印章对平台和商家的信用级别进行判断，增进其对平台的感知信任信念，降低其感知风险，进而促进消费者的网络购买意愿。

关于声誉反馈机制的感知有效性，熟悉组（路径系数为 0. 384）略高于不熟悉组（路径系数为 0. 361）。熟悉声誉反馈机制的消费者深知声誉反馈的价值，他们能够较轻松地从众多消费者评价中提炼出有效信息进而促进自己的购买决策，在收到货物后公平合理地给予卖方打分和文字性评价，继续为其他消费者提供决策参考。

综合以上分析，在平台入驻商家经营模式下，网站熟悉度在消费者感知信用服务机制的有效性与平台信任之间起到了显著的调节作用。

5. 4. 4 两种交易模式下实证结果的比较分析

5. 4. 4. 1 假设检验结果

综合前面两节对于不同交易模式下结构方程模型的假设检验结果，得到表 5 – 53 和表 5 – 54，可以看出两种不同的交易模式下的假设检验结果大体是一致的。信用服务机制的感知有效性能够显著地促进消费者对于平台的信任信念，从而间接影响消费者的网络购买意愿；与文献研究所总结的信用服务的主要作用在于增进交易双方信任和促进交易顺利达成的结论是一致的。此外，本研究通过实证检验再一次验证了前人关于信任信念和感知风险是影响消费者网上交易的重要因素的结论，信任信念既可以直接影响消费者网络购买意愿，也可以通过感知风险间接影响消费者网络购买意愿，感知风险在平台信任与网络购买意愿间起中介作用。卖家声誉与规模能够促进消费者对于卖家信任的感知，但不足以令消费者产生强烈的网络购买意愿。

表 5 – 53 平台自营模式下的假设检验结果

研究假设		结果
H1a	平台保障机制的有效性正向影响消费者对网络平台的信任信念	不显著
H1b	支付担保机制的有效性正向影响消费者对网络平台的信任信念	显著
H1c	信用印章机制的有效性正向影响消费者对网络平台的信任信念	显著
H1d	声誉反馈机制的有效性正向影响消费者对网络平台的信任信念	显著
H1e	投诉惩罚机制的有效性正向影响消费者对网络平台的信任信念	显著
H8	消费者对网络平台的信任信念正向影响其在该平台的网络购物意愿	显著

续表

研究假设		结果
H10	消费者对网络平台的信任信念负向影响着其对平台的感知风险	显著
H11	消费者对网络平台的感知风险负向影响着其在平台的网络购物意愿	显著

表5-54 平台入驻商家经营模式下的假设检验结果

研究假设		结果
H1a	平台保障机制的有效性正向影响消费者对网络平台的信任信念	不显著
H1b	支付担保机制的有效性正向影响消费者对网络平台的信任信念	显著
H1c	信用印章机制的有效性正向影响消费者对网络平台的信任信念	显著
H1d	声誉反馈机制的有效性正向影响消费者对网络平台的信任信念	显著
H1e	投诉惩罚机制的有效性正向影响消费者对网络平台的信任信念	显著
H2	卖家的声誉越好，消费者越信任该卖家	显著
H3	卖家的规模越大，消费者越信任该卖家	显著
H4	消费者的个人信任倾向正向影响消费者对网络平台的信任信念	显著
H5	消费者的个人信任倾向正向影响消费者对平台中卖家的信任信念	显著
H6	消费者对网络平台的信任信念正向影响着其对平台中卖家的信任信念	显著
H7	消费者的个人信任倾向正向影响其在该平台的网络购物意愿	显著
H8	消费者对网络平台的信任信念正向影响其在该平台的网络购物意愿	显著
H9	消费者对网络平台中卖家的信任信念正向影响其在该平台的网络购物意愿	不显著
H10	消费者对网络平台的信任信念负向影响着其对平台的感知风险	显著
H11	消费者对网络平台的感知风险负向影响着其在平台的网络购物意愿	显著

与平台入驻商家经营模式相比，个人信任倾向在平台自营模式下对于平台信任和网络购买意愿的作用不再显著，平台信任、感知风险与网络购买意愿间的相互关系在两种模式下差异不大。

大多数假设都得到了验证，仅有H1a和H9两个假设没有得到支持：平台保障机制的感知有效性对于平台的信任信念的影响不显著，消费者对于卖家的信任信念对于其在网络平台的购买意愿影响不显著。

两种交易模式下，平台保障机制的感知有效性对于平台的信任信念的作用都不显著，说明了我国现有的平台保障机制没有发挥出应有的作用。七天无理由退换货虽然已经被列入新《消费者权益保护法》，但是各大网络平台及平台入驻的商家并没有严格按照消法执行，消费者的合法权益很多时候得不到保障。对于假一赔三、正品保障等消费者保障服务，由于索赔的环节比较繁琐，需要消费者付出更多的鉴定成本，对于价格不太昂贵的商品，消费者往往不愿意付出多余的时间、精力和成本去履行索赔程序，从而导致了商家抱有投机心理、提供低质量商品的不守信行为。

消费者感知网络平台中卖家的信任信念对于其在该平台的网络购物意愿的作用不显著，说明消费者具有较高的理性，现有的信用服务机制没有达到令消费者可以对卖方完全放心的效果，对于卖家的信任信念大多从消费者对网络平台的信任信念转移而来，通过感知卖家规模和卖家声誉形成对卖家的信念不足以令消费者产生强烈的网络购买意愿。

5.4.4.2　参数估计

将两种交易模式下 SEM 的结构模型的估计结果进行归整，得到如图 5－8 所示的基于信用服务机制有效性的消费者网络购买意愿综合模型。上面的虚线框代表支付担保、信用印章、声誉反馈和投诉惩罚四种信用服务机制的感知有效性；下面的虚线框代表消费者对于平台入驻商家的感知部分，仅在平台入驻商家的经营模式中起作用。平台自营模式下的模型表现为剔除掉下面虚线框中的部分，平台入驻商家经营模式表现为整个图示。各潜变量之间的路径上有两个路径系数，前面的路径系数代表平台入驻商家经营模式下的标准化估计值，后面括号中的路径系数是平台自营模式下的标准化估计值，通过对两者的比较可以得出不同交易模式下同种作用机制的强弱。本部分着重比较分析消费者对于不同的信用服务机制的感知有效性对于感知平台的信任信念的作用强弱，以及网站熟悉度对于这一作用路径的调节效应。

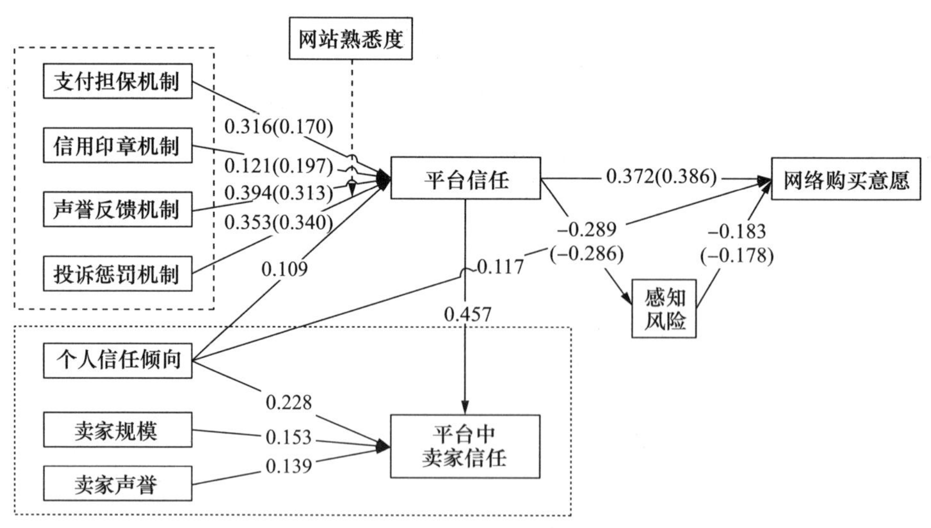

图 5－8　基于信用服务机制有效性的消费者网络购买意愿综合模型

（1）信用服务机制感知有效性对于平台信任的作用。

根据路径系数，将两种交易模式下各种信用服务机制对于平台信任的作用大小排序。

平台自营模式：投诉惩罚（0.340）>声誉反馈（0.313）>信用印章（0.197）>支付担保（0.170）。

平台入驻商家经营模式：声誉反馈（0.394）>投诉惩罚（0.353）>支付担保（0.316）>信用印章（0.121）。

从上面的排序可以看出，在四种信用服务机制中，声誉反馈机制和投诉惩罚机制的感知有效性是列于前两位的，信用印章和支付担保机制列于后两位。消费者普遍认为声誉反馈机制和投诉惩罚机制的感知有效性颇为重要。支付担保和声誉反馈机制的感知有效性在平台入驻商家经营模式下更为重要，信用印章的感知有效性在平台自营模式下更显重要，投诉惩罚机制在两种交易模式中的差异不明显。

声誉反馈机制在平台入驻商家经营模式中更为重要（0.394>0.313），一是因为消费者需要通过声誉反馈获得更多的对于卖家及其出售商品的判断以此来消除交易过程中的确定性和感知风险，二是因为平台自营模式下的声誉反馈表现形式比较单一且缺乏激励。

关于投诉惩罚机制，在平台入驻商家经营模式下（0.353）投诉惩罚机制的有效性略大于平台自营模式（0.340）。无论在哪种交易模式下，投诉惩罚机制的感知有效性都起着促进消费者对于平台信任的较为重要的作用。因此，平台要制定好交易规则与惩罚机制，严格约束商家的失信行为，提高消费者对于投诉惩罚机制的感知有效性。

支付担保机制在平台入驻商家经营模式中从根本上保障了交易双方的资金安全，几乎所有的交易都采用支付担保方式进行，而平台自营模式下支付担保机制的使用频率较低，因此支付担保机制在平台自营模式下的效用（0.170）远远低于在平台入驻商家经营模式下的效用（0.316）。

信用印章主要应用于B2C类网站，用于增加网站的可信度，促进消费者对网络平台的信任。因此，很容易理解信用印章机制的感知有效性在平台自营模式下稍显重要（0.197>0.121）。但由于信用印章在我国的普及率不高、缺乏规范应用与管理，消费者对信用印章的认知度也不够，信用印章的感知有效性对于促进网上交易的作用较弱，在对网站不熟悉的消费者分组中，信用印章对于平台信任的作用甚至不显著。

（2）网站熟悉度的调节效应。

网站熟悉度在消费者感知信用服务机制的有效性与平台信任之间的调节效应

在平台入驻商家经营模式下显著，在平台自营模式下不显著。平台自营模式与平台入驻商家经营模式相比，平台拥有良好的声誉，为消费者提供更为完善的售后服务，支付担保机制的使用率不高，声誉反馈多体现为星级打分，信用服务机制没有充分发挥作用；平台的购物流程较为简捷，消费者对网站的熟悉度对于其感知信用服务机制的有效性和感知平台信任之间的调节作用不显著。

（3）信任转移。

信任倾向是一种稳定的个人内在因素（Olson，2000），是个人所表现出的愿意相信他人或其他事物的程度（McKnight et al.，2002）。个人信任倾向代表了个人对于其他人或事物最基本的信任态度。学者们证实了个人信任倾向会影响网络平台信任和卖家信任，信任传递是消费者建立对卖家信任的一种重要方式（Gefen，2000；纪淑娴，2009）。

在网络环境下，个人信任倾向会正向影响消费者对于网络平台的信任，但是具有程度上的差异。在平台入驻商家经营模式下，个人信任倾向显著正向影响着消费者对于网络平台和平台中卖家的感知信任，平台信任对于卖家信任的影响显著（路径系数为0.457），信任在个人信任倾向、平台信任与卖家信任间实现了传递与转移；但在平台自营模式下，个人信任倾向对于平台信任的作用不再显著。

虽然在平台入驻商家经营模式下，平台不直接参与交易，但平台可以通过制定交易规则和提供信用服务，对商家实现有效管理与惩罚，为消费者营造安全可信的在线交易环境，实现平台与卖家之间信任的转移，最终促进买卖双方达成交易。

本章小结

本章结合我国信用服务实践，将网上交易分为平台自营和平台入驻商家经营两种交易模式，分别构建了两种模式下的基于信用服务机制有效性的消费者网络购买意愿研究模型，并采用结构方程建模的方法对信用服务机制的有效性及其对于平台信任、卖家信任及消费者最终购买意愿的影响作用进行实证检验与对比分析。结果表明，声誉反馈、投诉惩罚、支付担保、信用印章机制的有效性对平台信任均有显著的正向影响，前两者对平台信任的影响普遍大于后两者；平台保障机制对于平台信任的作用不显著。两种交易模式下对于不同信用服务机制的感知有效性是有差异的，支付担保和声誉反馈机制的感知有效性在平台入驻商家经营模式下更为重要，信用印章的感知有效性在平台自营模式下更显重要，投诉惩罚机制在两种交易模式中的差异不明显。信用服务机制有效性显著影响平台信任，卖家声誉和规模显著影响卖家信任，信任在个人信任倾向、平台信任与卖家信任间实现了传递与转移。平台信任显著增加消费者网络购买意愿，感知风险显著降低网购意愿，平台中的卖家信任对于消费者网购意愿没有显著影响。探索性地选取网站熟悉度作为调节变量，构建分组结构方程模型，实证得出网站熟悉度在消费者感知信用服务机制的有效性与平台信任之间的调节效应在平台入驻商家经营模式下显著，在平台自营模式下不显著。

6 对策建议

针对本书的研究内容与研究结果，从政府、第三方中介、在线商家与消费者四大主体的角度出发，分别提出网上交易信用服务相关的针对性的对策建议。

6.1 政府推动电子商务信用服务业发展的对策建议

6.1.1 建立和完善电子商务信用服务相关法律法规

2017 年底，《中华人民共和国电子商务法（草案）》已通过全国人大常委会第二次审议，国家尽快推动《电子商务法》的出台，各部门联合推动《中华人民共和国网络安全法》和《中华人民共和国反不正当竞争法》的贯彻实施，落实《电子商务“十三五”发展规划》和《社会信用体系建设规划纲要（2014－2020 年）》，在立法中明确第三方平台的自营业务和平台内经营者的经营业务，明确第三方平台经营者的治理边界和责任担当，切实保障网上经营者与消费者的合法权益，保障网上交易安全可信，促进电子商务及相关服务业的规范发展。

政府尽快制定和完善电子合同、数字认证、信用担保等相关的信用服务法律法规，为市场化的信用中介机构开展信用服务活动提供基本的法律依据。积极开展电子商务信用服务的国家标准制定工作，围绕电子商务信用服务交易主体、网络平台与第三方中介服务商，建立并完善相关标准规范体系与信用服务流程，建立健全有关部门信用信息数据资源的共享机制，加快制定引导行业健康发展的行业标准与从业人员标准。

电子商务的技术与商业模式更新换代速度很快，要及时修订或淘汰过时的、不适宜电子商务信用服务业健康发展的法规，对电子商务信用服务发展中出现的新问题与新现象提供较好的法律支持，例如，推动在线快速解决小额争议的机

制、解决共享经济等新兴业态对现行法律实践所带来的挑战等。

6.1.2 加强政府、第三方和企业联动共治信用环境

充分发挥政府在电子商务信用服务中的监管作用，设立专门的网络购物监管机构和部门，明确涉及电子商务各监管部门间的监管权配置与边界，明确政府各部门在电子商务监管中的权利与义务，同时，政府部门之间，特别是商务、工商、网信、公安、交通、人行、质检、食药、邮政等部门之间加强合作，形成跨部门、跨区域、信用数据共享的协同监管机制，推进线上监管与线下监管相衔接。

继续推进建立政府与企业联合激励与联合惩戒的长效机制，通过全国统一的信用信息共享交换平台和“信用中国”网站定期披露平台和企业的违法失信行为信息，并将违规失信的责任主体纳入“黑名单”，采取限制经营、限制融资授信等相应的联合惩戒措施，提升其违法违规成本，扩大“反炒信”联盟等关于联合激励和联合惩戒的备忘录范围，逐步解决制假售假、虚假促销、虚假交易、服务违约等失信问题。

与社会征信机构合作，运用大数据技术，对电子商务平台、电子商务经营者、第三方物流以及相关从业人员等进行数据监控与信用评价，做到网上交易主体的信用风险可控，推进政府与市场、社会共建电子商务守信环境。规范电子商务市场的经济运作模式，放宽市场准入限制，引入竞争机制，鼓励和支持有实力与公信度的信用中介机构开展电子商务信用服务，打造电子商务信用服务的民族品牌；鼓励并推动电子商务信用服务机构的服务产品创新与服务模式创新，促进电子商务信用服务体系建设。建立对电商平台和第三方信用服务机构的信用评估体系，防范并严厉惩处交易欺诈和侵犯知识产权等违法行为，并定期对开展电商业务的经营性企业开展征信调查，及时更新企业的信用信息，公布企业黑名单，逐步完善电子商务信用体系。

6.1.3 推动公用信用信息和市场信用信息数据共享

公共信用信息是以市场主体身份信息、资质信息、行政管理信息和司法信息等为主要内容，主要源自商务、工商、网信、公安、质检、银行、交通、邮政等政府各相关部门的监管统计数据；市场信用信息以市场主体基本信息、交易记录和信用评价信息为主要内容，主要源自电子商务平台经营数据和第三方信用服务机构的统计数据。政府应在保障国家信息安全和个人信息隐私的基础上，推动公用信用信息和市场信用信息的数据共享与互认互通。

依托全国信用信息共享平台和“信用中国”网站，依法采集电子商务交易

市场的公共信用信息和市场信用信息，实现跨部门、跨地区、跨行业以及线上线下信用信息的数据共享与互认互通。电子商务平台企业依法接受政府监管，结合平台信用体系和大数据技术，合法收集商家和消费者信用信息，依法有序向政府监管部门、行业组织和第三方信用服务机构开放相关信用信息。政府部门会同行业组织与第三方信用服务机构，共同推动平台间的信用数据建立统一的采集标准，不同平台间的信用信息得以实现交换共享与数据加工，及时统计汇总电子商务市场交易相关的信用信息，逐步通过交易行业和交易区域的划分制度，进而在全国范围内逐步建立完备的电子商务信用数据库，为网上交易中交易各方提供可靠的信用保证。

6.2 第三方中介促进信用服务行业发展的对策建议

6.2.1 强化第三方中介服务机构的自身信用建设

第三方中介在电子商务信用服务中发挥着重要的信用中介作用，为网上交易的顺利进行提供环境、平台和支付担保、认证、评级等各种信用服务支持，不仅为消费者和商家提供信用服务支持，提高网络交易的效率和安全保障，同时通过构建有效的信用评估体系，电子商务平台依据商家的服务情况和消费者的有效评价对商家的信誉和销售商品进行评估，让消费者能够在网购决策时获得全面、准确的信息，同时促使商家注重自身信誉的维护，进而获得一定程度的溢价。

第三方中介在政府和行业协会的监督下，只有不断提高自身的公信力，做到绝对的公平、公正和公开，才能在信用服务行业建立起权威，增强商家和消费者对其所提供的信用服务的信任感。第三方信用服务机构监管，相比政府监管具有低成本和高效率的优势，可以根据消费者反馈及时做出信用等级调整，有助于信用信息的公正化、公开化、即时性、动态性，确保评价结果的权威性、真实性，引导企业和民众对电子商务信用的高度认同，营造和谐的电子商务信用的社会氛围，推动我国电子商务的健康发展。

6.2.2 完善现有信用服务机制，提高服务透明度

平台拥有权利和义务，依据平台规则进行自治，并接受国家法律和第三方监管。作为商业经营主体，平台建立明确的商家准入标准，并要求商家和消费者实

名认证；对入驻商户建立完备的档案，并向注册地工商部门报备，保持定期更新；明确规定平台商户规则和消费者维权制度，平台严格履行商家身份认证职责，严格审核平台交易信息，积极协助政府监管与违法惩处，对于情节严重的违法商家，平台应予以曝光甚至取消其经营资格，同时将其违法记录报送国家或注册地工商管理部门。

平台治理更容易推陈出新，尤其在实名制、信用制度、交易安全保障、欺诈防范、纠纷调解、消费者保护等环节。强化电子商务平台的服务意识，采取科学的指导方法引导电商平台健全自身的信用服务评价体系，严格平台制度与商家准入，对消费者和商家在各个交易节点的操作及时提醒，引导消费者基于购物体验对商家和服务进行客观评价，采用智能手段甄别评价信息真伪，及时进行售后服务与纠纷处理，确保电子商务买卖双方交易全程安全公正。

在目前电子商务信用服务的产业实践中，投诉惩罚机制发挥着较为重要的作用，第三方中介应保持自己的公正化，对欺诈投诉严肃处理，并积极地与交易各方进行互动，加强消费者保障机制等的有效性。第三方中介不断提高服务效率与服务透明度，接受政府管理部门和商家与消费者的监督，为网络购物营造一个安全、可靠、高效的服务平台。

6.2.3 推进电商信用服务的产品创新与机制创新

积极培育独立的第三方信用服务机构，提高电子商务信用服务机构的专业化水平与自主创新能力。第三方信用服务机构应以客户为导向，为交易各方主体提供专业、细致、深入的信用服务产品，不断增强服务的技术含量与附加价值。在电子商务链中信用服务所没有覆盖到的交易节点，鼓励电子商务信用服务模式创新，扩大信用服务在电子商务链中的应用与传播，保障商务链全流程的交易安全。

在第三方支付担保机制建构过程中，由网站与第三方中介合作，完成买家支付→第三方通知卖家发货→卖家发货→买家收货→第三方付款给卖家的流程，随着电子商务的发展，平台先后推出了交易保障金、假一赔三、先行赔付、退货运费险等一系列赔偿制度，从根本上规避了消费者的利益遭到侵害，为电子商务交易主体营造了安全可信的交易环境，使消费者敢于消费、愿意消费、放心消费。

加强各信用服务机构间的合作。具备资质的信用服务机构应加强信用信息共享、协同合作、风险共担，共同推动行业标准体系建设与应用，消除信用中介机构之间的恶性竞争，保障信用服务业的健康发展。

6.3 在线商家促进网上交易顺利达成的对策建议

6.3.1 注重自身声誉的建立与维护

声誉反馈机制在现有的网上交易信用服务体系中发挥着重要的作用，消费者通过查看其他消费者对于商家和产品的评论信息，建立对在线商家的初始信任或重购信任，通过增加老客户的满意度让更多的潜在消费者通过声誉反馈了解该商家的卓越产品和优质服务，进而产生购买意愿。

平台自营模式下，平台的良好声誉和消费者对平台的熟悉度为其自营商品带来了品牌效应与声誉溢价，加上平台提供的如正品保障、提供发票、售后无忧等其他保障服务，使消费者在选择平台自营商品时没有后顾之忧。相比平台自营模式，平台类商家入驻模式下的声誉反馈机制更为重要，消费者需要通过查看信用度、信用指数、好评率、言语性评论等声誉反馈指标来判定平台商家和其销售商品的声誉与服务质量、商品质量等。良好的声誉能够显著增进消费者的网络购买意愿，为商家带来一定程度的溢价，因此，商家一定要注重自身声誉的建立与维护，才能吸引更多的消费者前来光顾。

6.3.2 合理使用消费者保障标识

电商平台入驻着大量中小卖家，鱼龙混杂，消费者初次光临商家时难以辨清卖家诚信与否、出售商品质量如何，除了通过声誉反馈机制浏览其他客人的购买评价以外，最直观的方法是查看商家拥有哪些消费者保障标识，为消费者提供哪些信用服务，比如缴纳交易保证金、退货运费险、发货时间、退货承诺、品质承诺、破损补寄、到货承诺和指定快递等。承诺提供相应消保服务的卖家所出售的商品上会呈现具体的消保标识，研究证明消费者保障标识能够降低消费者感知风险，增进消费者对平台中卖家的信任。

因此，在线商家应根据自身销售的产品价格与类型，选择加入行业性或区域性商盟，获得品牌授权，根据自身特点和所销售商品，选择性加入平台所提供的几项消费者保障服务，并在自己的网页上合理设置消费者保障标识，使消费者在浏览时能够一目了然地感受到商家所提供的信用服务，能够显著增进消费者对在线商家的信任，促进商家产品的销售。

6.3.3 注重与消费者的互动沟通

在线商家应加强与消费者的互动沟通。有调研显示，79.35%的消费者在与商家充分的互动后会做出购买决策，因此商家增进与消费者的互动是非常重要的。当消费者搜寻到合适的商品时，尤其是非标准化商品时，大多会就自身的一些疑虑与商家进行在线沟通，减少网上交易过程中的信息不对称性。商家回答提问的真实性、准确性、及时性以及耐心程度，都影响着消费者对商家的信任。商家首先要保障与消费者互动沟通的及时性，另外还应该树立服务热情，以良好的态度为消费者提供服务，同时通过留言板、声誉反馈、优惠券奖励等机制鼓励消费者对商品、价格和服务等进行评价，及时解决交易中发生的问题与纠纷，降低消费者对于商品信息的不确定性，提高消费者对于商家的信任信念。

利用多种渠道加强与顾客的互动沟通。目前，很多网购平台嵌入了社区直播功能，商家可以在上新时向消费者推送直播信息，邀请消费者观看直播讲解，消费者可以在直播中与商家互动提问，直观地了解到商品信息与实际效果，同时商家可以发放一些优惠券供消费者在购买新品时使用，增加了顾客黏性与回购率。另外，商家也可以通过建立一个有共同爱好的消费群体的交流平台，比如微信顾客群，即时、方便地向顾客播报新品信息，与顾客沟通商品信息与售后服务。

6.4 消费者提高信用服务感知有效性的对策建议

6.4.1 加强对信用服务机制进行判别的能力

消费者要加强自身的信用意识，利用平台及商家的各种信用服务机制对平台或商家的能力和可信度进行判别，减少其网络购物的不确定性。合理有效的信用服务机制能够消除消费者对于平台与商家的感知不确定性，降低其感知购物风险，促进消费者对网络平台的感知信任，进而增进其网络购物意愿。

在平台自营模式下，首先要识别平台是否知名，是否是安全正确的网络链接，平台是否有工商、信用评级机构等颁发的相应信用印章，确定访问平台安全后，接着通过商品的声誉反馈机制和平台的投诉惩罚机制来判别平台信任和商品质量，进而确定购买意愿。在平台入驻商家经营模式下，首先同样是确认网址的正确性，浏览所期望购买的商品并进行比价，在比价过程中要通过商家所提供的信用服务机制（如消费者保障标识、支付担保机制）、浏览之前买家的评价信息、商家的退款速度与退款率等服务信息，综合评判商家的能力和所期望购买商品的可信度，进而确定购买意愿。

6.4.2 选择熟悉的优质网络平台进行购物

研究证明，网站熟悉度在消费者感知信用服务机制的有效性与平台信任之间有一定的调节作用。访问熟悉的网络平台，消费者很容易捕捉到平台与商家及商品的信用服务信息，能够在短时间内选择重要的信用服务机制来评判商家信用、感受商品信息，减少网络信息搜寻成本，缩短消费者的网购时间。另外，优质的网络平台口碑较好、售后服务完善，消费者可以减少对交易不确定性的感知，在需要退换货等售后服务或者与商家发生纠纷时，能够得到平台的即时处理，增加其网购意愿与信心。

6.4.3 加强与商家及其他消费者的互动沟通

加入商家的微信购物群或者粉丝群、直播间等，消费者通过与其他有共同爱好的、有购买经验的消费者进行交流，可以获得关于商品或者商家的信用信息，帮助消费者感受商家信任，进而做出最优的购买决策。同时，还要加强与商家之间的互动沟通，不仅可以获得商品信息，还可以通过沟通感知商家的服务能力、服务态度等，进而对商家的可信度进行合理判断。

本章小结

本章旨在为电子商务信用服务的发展与信用服务机制有效性的提升提供相应的对策建议。政府应建立和完善电子商务信用服务的法律法规；加强政府、第三方和企业联动共治信用环境；推动公用信用信息和市场信用信息数据共享。第三方中介应首先强化其自身信用建设；完善现有的信用服务机制，提高服务透明度；推进信用服务产品创新与机制创新。在线商家应注重自身声誉的建立与维护，合理使用消费者保障标识，注重与消费者进行互动与沟通。消费者应加强对信用服务机制进行判别的能力，选择优质的网络平台进行购物，加强与商家及其他消费者的互动沟通。

7 结论与展望

7.1 研究结论

本书对信用服务的内涵进行了界定，以电子商务链为路径视角，阐明了信用服务信息的传导机制及作用机理，并在此基础上提出基于信用服务机制有效性的消费者网络购物行为的分析框架；基于交易主体的视角，对四种环境下交易主体间信用服务机制的有效性进行了博弈分析；从平台自营和平台入驻商家经营两种交易模式入手，探讨了不同交易模式下信用服务机制的有效性及其对消费者网络购买意愿的影响。

本书的研究结论主要包括：

（1）在对前人文献进行梳理的基础上，对网上交易中的信用服务的内涵进行了界定。

信用服务是一种为了减少在线环境下的信息不确定性与交易风险，由电子商务企业、平台、服务业以及第三方信用机构等独立或合作提供的，在商品展示、沟通、谈判、签约、支付、配送及售后服务等不同的交易阶段为买卖双方或多方增进信任所提供的具有信用认证、信用评级及信用担保等功能的服务产品和服务机制。其中，服务产品主要体现为固化服务凝聚成的信用产品，如支付宝、诚信通、数字证书、商誉标识、消费者保障服务等；服务机制则表现为系统内部的作用机理，如声誉反馈机制、支付担保机制、平台保障机制等。

（2）以电子商务链为路径视角，分析了信用服务机制的作用机理。

身份认证和信用印章只在交易链的前端身份确认和商品展示环节起作用，支付担保机制主要作用在交易支付环节，投诉维权作用于售后服务环节，声誉反馈机制和平台保障机制几乎贯穿于整个交易链的前后。关于平台保障机制，针对不同的交易阶段有着不同的保障机制；声誉反馈机制中所包含的信用信息主要体现为跨期传导，即跨期作用于新一轮交易的上游环节。各种信用服务信息沿电子商务链向下游节点传输，直接或间接影响后续环节，最终增强消费者对于商家的信任度，促进交易达成。

（3）基于交易主体的研究视角，对四种环境下交易主体间信用服务机制的有效性进行博弈分析。

无政府与无第三方监管下的网上交易市场中的买卖双方博弈无法达到均衡，最终形成囚徒困境；在引入声誉反馈体系后，可以有效减少买卖双方的信息不对称，在一定程度上激励了双方的诚信交易，良好声誉的建立和维护需要付出“声誉租金”，但对于信誉度高的卖方缺乏有效激励，无法解决重新进入、卖家共谋和恶意评价的问题，需要与第三方中介机制相结合，建立更为严厉的惩罚机制；政府监管成本较高，且无论怎样政府管理者的收益都是负值，不可能完全杜绝失信行为，只有根据折现因子判断网上交易者的类型，据此决定惩罚力度，决定其监管力度；相比之下，第三方中介监管效率较高，数字认证与信用印章、支付担保、平台保障三种信用服务机制的作用机理各不相同。

（4）探讨平台自营和平台入驻商家经营两种不同的交易模式下信用服务机制的有效性及其对消费者网络购买意愿的影响。

结果表明，声誉反馈、投诉惩罚、支付担保、信用印章机制的有效性对平台信任均有显著的正向影响，前两者对平台信任的影响普遍大于后两者；平台保障机制对于平台信任的作用不显著。两种交易模式下对于不同信用服务机制的感知有效性是有差异的，支付担保和声誉反馈机制的感知有效性在平台入驻商家经营模式下更为重要，信用印章的感知有效性在平台自营模式下更显重要，投诉惩罚机制在两种交易模式中的差异不明显。

（5）平台和商家作为两个不同的信任客体，信用服务机制有效性显著影响平台信任，卖家声誉和规模显著影响卖家信任，信任在个人信任倾向、平台信任与卖家信任间实现了传递与转移。

平台信任显著增加消费者网络购买意愿，感知风险显著降低网购意愿，平台中的卖家信任对于消费者网购意愿没有显著影响。

（6）探索性地选取网站熟悉度作为调节变量，构建分组结构方程模型，实证得出网站熟悉度在消费者感知信用服务机制的有效性与平台信任之间的调节效应在平台入驻商家经营模式下显著，在平台自营模式下不显著。

（7）基于前面的研究结论，结合我国的现实状况，从我国政府、第三方中介、在线商家和消费者四个层面，提出了促进电子商务信用服务的发展与信用服务机制有效性提升的对策建议。

政府应建立和完善电子商务信用服务的法律法规；加强政府监管，建立电子商务信用服务体系；推动公用信用信息和市场信用信息数据共享。第三方中介应首先强化其自身信用建设；完善现有的信用服务机制，提高服务透明度；推进信用服务产品创新与机制创新。在线商家应注重自身声誉的建立与维护，合理使用消费者保障标识，注重与消费者进行互动与沟通。消费者应加强对信用服务机制进行判别的能力，选择优质的网络平台进行购物，加强与商家及其他消费者的互动沟通。

7.2 研究展望

本书对网上交易中信用服务机制的有效性进行了研究框架构建、博弈分析论证与结构方程检验，但基于主观或者客观原因，依然存在一些局限性，值得今后进一步深入研究。

（1）目前学术界对于信用服务机制的实证研究比较薄弱，可借鉴的研究成果较少，从交易信任与信任建立机制延伸而来的信用服务机制的研究视角与研究思路都具有较强的尝试性与探讨性，难免有考虑不周的地方，有待后续研究中进一步完善。

（2）本研究中问卷调研的样本选择有一定的局限性。

本研究通过网络回收的问卷数量较多，而网下回收的问卷数量较少，在一定程度上限定了调查样本的人口统计学特征；另外，针对平台自营部分的问卷回收数量较少，可能会对结论的普适性产生影响。今后应专门针对平台自营部分发放问卷，增加样本量，进一步对研究结论进行验证。

（3）平台自营和平台入驻商家经营两种不同的交易模式下，平台所提供的信用服务机制各有侧重，用统一的问项对信用服务机制的有效性进行测度可能会有所偏差。随着信用服务机制的发展，应对不合适的机制进行淘汰，增加新的有效机制，进一步完善信用服务机制的研究模型。

附录　网上交易中的信用服务调查问卷

尊敬的女士/先生：

您好！为了解大家对网购平台及商家所提供的信用服务的认识及看法，课题组展开本调查。您的意见对本研究十分重要，恳请您在百忙之中抽出一点宝贵的时间填写本问卷。本问卷采取匿名方式调查，承诺所获资料仅供学术研究之用，请您放心回答。您的回答无关对错，重要的是您的真实想法和感受！

非常感谢您的参与与支持，祝您一切顺利！

《网上交易中的信用服务体系研究》课题调查组

2015 年 10 月

问卷说明（请您在填写问卷前阅读下面两段说明，了解信用印章和消费者保障服务的概念）：

1. 信用印章，是由政府部门或者第三方颁发的用以证明身份的表征手段，通常体现为网站首页底端加载的一些文字链接或徽标，例如网络警察、工商部门备案、ICP 营业执照备案、第三方提供的可信网站认证、银联支付与支付宝支付图标等。示例：

2. 消费者保障服务，是平台承诺的或者为平台入驻商家提供的诸如正品保障、发货时限、退换货、售后等服务，旨在保障消费者权益。示例：

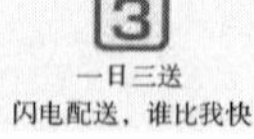

3. 每个题目包含从“完全不同意”到“完全同意”程度依次递进的七个选项，请勾选出您认为最符合您的情况的选项。

一、网络购物基本情况

请根据您使用互联网的实际情况及最近一年来的网络购物经历，回答下列问题。

1. 您接触互联网的时间：

（1）1 年以下；（2）1 ~ 2 年；（3）3 ~ 4 年；（4）5 ~ 7 年；（5）7 年以上

2. 您平均每天的上网时间：

（1）1 小时以内；（2）1 ~ 2 小时；（3）2 ~ 3 小时；（4）3 ~ 4 小时；（5）4 小时以上

3. 过去的一年中，您在网上购买过商品吗？

（1）是；（2）否

4. 您最近一年来平均每个月购物频率为：

（1）3 个月 1 次；（2）2 个月 1 次；（3）每月 1 次；（4）每月 2 ~ 3 次；（5）每月 4 ~ 5 次；（6）每月 6 次以上

5. 您最近一年来网上购物平均每笔消费金额大概为：

（1）低于 50 元；（2）50 ~ 100 元；（3）100 ~ 300 元；（4）300 ~ 500 元；（5）500 元以上

6. 您最近一次购买了什么商品（可多选）：

服装鞋帽；化妆品及饰品；书刊杂志；计算机及相关产品；家用电器；手机、MP3 等；办公用品；Q 币、游戏点卡；音像制品、电影视频；电影票、优惠券等；收藏品，如古董、邮票、钱币等；其他__________

7. 您从哪个网站上购买了这些商品？

淘宝；天猫；京东；易迅；国美；苏宁易购；当当；拍拍；易趣；亚马逊；新蛋；一号店；凡客；唯品会；麦包包；聚美优品；乐蜂网；品牌直营网店；其他__________

8. 您购买的产品属于：

（1）平台自营产品（由平台发货和售后）；

（2）平台入驻商家（卖家）出售产品（由卖家自主发货和售后）

9. 此次购买花费金额：

（1）30 元以下；（2）30 ~ 60 元；（3）60 ~ 100 元；（4）100 ~ 200 元；（5）200 ~ 400 元；（6）400 ~ 600 元；（7）600 元以上

二、对于购物网站或平台的认知

我经常在该网站上搜寻我所需要的产品或服务信息。

我熟悉在这个网站购物的流程。

我经常在该网站上购物。

总体来说，我熟悉这个网站。

使用支付宝等第三方支付工具能确保我支付货款后收到货物。

支付宝等第三方支付工具可以保证我在交易过程中的资金安全。

支付宝等第三方支付工具可以保护我免受对方不恰当交易行为的影响。

使用支付宝等第三方支付工具进行交易能有效地保证对方不能轻易行骗。

平台承诺的消费者保障服务（正品保障、退换货、售后服务等）能在对方的非善意行为下维护和保障消费者的利益。

消费者保障服务能有效地保证对方不能轻易实施欺诈。

消费者保障服务能保障我收到较高品质的商品、得到更好的服务。

消费者保障服务能缓解我在网上购物的疑虑，与商家交易更放心。

有信用印章标识的网站我认为其是正规合法的。

有信用印章标识的网站我认为其是值得信赖的。

在有信用印章的网站进行网上交易让我觉得更安全。

在有信用印章的网站购物消费者的权益会得到较好保障。

网站中的信用评价信息是真实可靠的。

网站使用的信用评价积分规则是科学合理的。

从网站的信用评价体系中可获得大量有用的关于商家历史交易的信息。

网站采用信用评价这种措施能够有效激励商家诚实交易。

网站的信用评价相关信息对我的购买决策很有帮助。

网站能及时回复用户提出的问题和意见。

向网站投诉举报商家的欺诈行为是较容易的。

网站处理用户的投诉和举报很及时。

客服和投诉能有效地解决交易中出现的问题。

网站很重视顾客的意见。

网站处理用户的投诉和举报很及时。

客服和投诉能有效地解决交易中出现的问题。

该网站总体来说是值得信赖的。

作为一个交易平台，该网站有很高的声誉。

我会依赖该网站提供的服务。

我认为该网站会注重我的需求，并尽可能保护我的利益不受侵害。

三、对于平台中卖家的认知

该卖家销售的产品种类较多。
该卖家过去售出的产品数量较多。
该卖家的规模较大。
该卖家拥有良好的口碑与声誉。
该卖家的信用度（信用分数）较高。
该卖家的信用评价较好。
该卖家的好评率较高。
我认为平台中大多数卖家是值得依赖的。
我认为平台中大多数卖家都诚实守诺。
如果交易出现问题，卖家愿意提供帮助与支持。
卖家有足够的专业知识和能力促进交易的达成。

四、对于个人信任和感知风险的认知

我容易相信他人。
我认为人本性是善良的。
我认为人们通常是诚实可靠的。
我相信大多数情况下人们都会恪守诺言、履行承诺。
在该网站购物具有较大的风险。
在该网站购物遭受损失的可能性较大。
我认为通过该网站购买产品有很大的不确定性因素。

五、网络购买意愿

我愿意在该网站上查询所需要的商品或购物信息。
我愿意使用该网站作为我网络购物的途径之一。
我愿意将该网站或网站上的商家推荐给朋友。
我愿意在该网站的商家那里购买商品。
未来有需要的话我还会在该网站上的商家那里继续购买商品。

六、个人基本信息

您的性别：男；女
您的年龄：18 岁以下；18 ~25 岁；26 ~30 岁；31 ~40 岁；40 岁以上

您的学历：高中及以下；大专；本科；硕士及以上

您的职业：在校学生；公司职员；事业单位；自己创业；其他

您的月平均收入：1000 元以下；1000 ~ 2000 元；2001 ~ 3000 元；3001 ~ 5000 元；5000 元以上

参考文献

[1] Antony S, Lin Z, Xu B. Determinants of Online Escrow Service Adoption: An Experimental Study [C]. Proceedings of the 11th Workshop on Information Technology and Systems (WITS 01) 2001: 71 –76.

[2] Atif, Y. A Distributed and Interoperable Object – Oriented Support for Safe e – Commerce Transactions. Information and Software Technology [J]. 2004, 46 (3): 149 –164.

[3] Ba, S., and P. A. Pavlou. Evidence of the Effect of Trust Building Technology in Electronic Markets: Price Premiums and Buyer Behavior. MIS Quarterly, 2002, 26 (3): 243 –268.

[4] Beldad A, De Jong M, Steehouder M. How Shall I Trust the Faceless and the Intangible? A Literature Review on the Antecedents of Online Trust [J]. Computers in Human Behavior, 2010, 26 (5): 857 –869.

[5] Bosnjak M, Galesic M, Tuten T. Personality Determinants of Online Shopping: Explaining online Purchase Intentions Using a Hierarchical Approach [J]. Journal of Business Research, 2007, 60 (6): 597 –605.

[6] Chang H H, Chen S W. The Impact of Online Store Environment Cues on Purchase Intention Trust and Perceived Risk as a Mediator [J]. Online Information Review, 2008, 32 (6): 818 –841.

[7] Chang Y P, Zhu D H, Alfred U. Factors Influencing Consumers' Initial Intention of Online Shopping in China [C]. 6th Wuhan International Conference on E – Business, 2007: 48 –52.

[8] Chen J, Dibb S. Consumer Trust in the Online Retail Context: Exploring the Antecedents and Consequences [J]. Psychology & Marketing, 2010, 27 (4): 323 – 346.

[9] Chiu C M, Chang C C, Cheng H L, et al. Determinants of Customer Repur-

chase Intention in Online Shopping [J]. Online Information Review, 2009, 33 (4): 761 -784.

[10] Chiu C M, Lin H Y, Sun S Y, et al. Understanding Customers' Loyalty Intentions towards Online Shopping: an Integration of Technology Acceptance Model and Fairness Theory [J]. Behaviour & Information Technology, 2009, 28 (4): 347 -360.

[11] Chiu C M, Huang H Y, Yen C H. Antecedents of Trust in Online Auctions [J] . Electronic Commerce Research and Applications, 2010, 9 (2): 148 -159.

[12] Cho J, Kwon K, Park Y. Q - rater: A Collaborative Reputation System Based on Source Credibility Theory [J]. Expert Systems with Applications, 2009, 36 (2): 3751 -3760.

[13] Chung H E, Park J. A Role of Referring Website on Online Shopping Behavior [J]. In: McGill A L, Shavitt S, editors. Advances in Consumer Research, Vol. Xxxvi, 2009: 850 -851.

[14] Connolly R. A Study of the Antecedents of Consumer Trust in online Shopping in Ireland [C]. 6th International Business Information Management Association Conference (IBIMA), 2006 : 383 -388.

[15] Cook D, Luo W. The Role of Third - party Seals in Building Trust Online [J]. E -Service Journal, 2003, 2 (3): 71 -84.

[16] Dan J Kim, Yong I Song, Braynov S B, et al. A Multidimensional Trust Formation Model in B to C e -Commerce: a Conceptual Framework and Content Analyses of Academia/practitioner Perspectives [J]. Decision Support Systems, 2005, 40 (2): 143 -165.

[17] Delafrooz N, Paim L H, Haron S A, et al. Factors Affecting Students' Attitude toward Online Shopping [J]. African Journal of Business Management, 2009, 3 (5): 200 -209.

[18] Dellarocas C. Strategic Manipulation of Internet Opinion Forums: Implications for Consumers and Firms [J]. Management Science, 2006, 52 (10): 1577 - 1593.

[19] Doolin B, Dillon S, Thompson F, et al. Perceived Risk, the Internet Shopping Experience and Online Purchasing Behavior: a New Zealand Perspective [J]. Journal of Global Information Management, 2005, 13 (2): 66 -88.

[20] Dong T N, Yang N D. A Empirical Study of Consumers' Online Shopping Behavior [C]. Proceedings of the 13th International Conference on Industrial Engineering and Engineering Management, 2006: 208 -213.

[21] Dundar S, Yoruk D. The Factors Affecting Consumers' Attitudes towards Online Shopping [J]. Iktisat Isletme Ve Finans, 2009, 24 (278): 92 - 109.

[22] ElKordy M M. An Exploratory Study of the Determinants of Online Trust and Electronic Commence Activities in Egypt [J]. Innovation and Knowledge Management in Twin Track Economics: Challenges & Solutions, 2009: 1212.

[23] Engel J F, R. D. Blackwell, P. W. Miniard. Consumer Behavior [M]. New York: the Dryden Press, 1990.

[24] Ethier J, Hadaya P, Talbot J, et al. B2C Web Site Quality and Emotions during Online Shopping Episodes: An Empirical Study [J]. Information & Management, 2006, 43 (5): 627 - 639.

[25] Farag S, Schwanen T, Dijst M. Empirical Investigation of Online Searching and Buying and Their Relationship to Shopping Trips [J]. Traveler Behavior and Values 2005: 242 - 251.

[26] Fishbein M A, Ajzen. Understanding Attitudes and Predicting Social Behavior [M]. Prentice - Hall, Engelwood Cliffs, NI, 1980.

[27] F. M N. Consumer Decision Process, Marketing and Advertising Implication [M]. Prentice Hall New Jersey, 1968.

[28] Gefen D. E - commerce: The Role of Familiarity and Trust [J]. Omega, 2000, 28 (6): 725 - 737 (13) .

[29] Goode A W. How Product Differentiation Affects Online Shopping [C]. Symposium on Human Interface held at the HCI International 2009, 2009: 253 - 262.

[30] Goswami S, Tan C H, Teo H H, et al. Exploring the Website Features that can Support Online Collaborative Shopping? [C]. 11th Pacific Asia Conference on Information Systems, 2007: 2 - 15.

[31] Holzwarth M, Janiszewski C, Neumann M M. The Influence of Avatars on Online Consumer Shopping Behavior [J]. Journal of Marketing, 2006, 70 (4): 19 - 36.

[32] Hong H, Yu W. Research on Revenue Distribution of the Third - party Payment Enterprise and Bank [C]. Management of e - Commerce and e - Government (ICMeCG), 2010 Fourth International Conference on IEEE, 2010: 298 - 303.

[33] Hong W Y, Thong J Y L, Tam K Y. The Effects of Information Format and Shopping Task on Consumers' Online Shopping Behavior: A Cognitive Fit Perspective [J]. Journal of Management Information Systems, 2004, 21 (3): 149 - 184.

[34] Horne B, Pinkas B, Sander T. Escrow Services and Incentives in Peer -

to – peer Networks [C]. Proceedings of the 3rd ACM Conference on Electronic Commerce. ACM, 2001: 85 – 94.

[35] Hui, K. L., H. H. Teo, and S. Y. T. Lee. The Value of Privacy Assurance: An Exploratory Field Experiment [J]. MIS Quarterly March, 2007, 31 (1): 19 – 33.

[36] Hu X, Lin Z, Zhang H. Trust Promoting Seals in Electronic Markets: an Exploratory Study of Their Effectiveness for Online Sales Promotion [J]. Journal of Promotion Management, 2002, 9 (1 – 2): 163 – 180.

[37] Jeong S W, Fiore A M, Niehm L S, et al. The Role of Experiential Value in Online Shopping: The Impacts of Product Presentation on Consumer Responses towards an Apparel [J]. Internet Research, 2009, 19 (1): 105 – 124.

[38] Jin G Z, Kato A. Price, Quality, and Reputation: Evidence from an Online Field Experiment [J]. The RAND Journal of Economics, 2006, 37 (4): 983 – 1005.

[39] Joinson A N, Reips U D, Buchanan T, et al. Privacy, Trust, and Self – Disclosure Online [J]. Human Computer Interaction, 2010, 25 (1): 1 – 24.

[40] Jones C, Kim S. Influences of Retail Brand Trust, off – line Patronage, Clothing Involvement and Website Quality on Online Apparel Shopping Intention [J]. International Journal of Consumer Studies, 2010, 34 (6): 627 – 637.

[41] Josang A, Ismail R, Boyd C. A Survey of Trust and Reputation Systems for Online Service Provision [J]. Decision Support Systems, 2007, 43 (2): 618 – 644.

[42] Kimery K M, McCord M. Signals of Trustworthiness in e – Commerce: Consumer Understanding of Third – party Assurance Seals [J]. Journal of Electronic Commerce in Organizations (JECO), 2006, 4 (4): 52 – 74.

[43] King R C, Schilhavy R A M. Are All Commercial Websites Created Equal? Web Vendor Reputation and Security on Third Party Payment Use [J]. 2011.

[44] Korzaan M L. Going with the Flow: Predicting Online Purchase Intentions [J]. Journal of Computer Information Systems, 2003, 43 (4): 25 – 31.

[45] Kovar, S. E., K. Burke, and B. Kovar. Consumer Response to the CPA Webtrust Assurance. Journal of Information Systems. Spring 2000, 14 (1): 17 – 35.

[46] Lai C Y, Shih D H, Chiang H S, et al. The Key Factors of Influence Consumer Online Shopping Behavior [C]. Proceedings on the 8th WSEAS International Conference on E – Activities, 2009: 286 – 291.

[47] Lai Y. A Study of Secured Transaction on Third Party Payment Model

[J]. 2012.

[48] Lauer T W, Deng X D. Building Online Trust through Privacy Practices [J]. International Journal of Information Security, 2007, 6 (5): 323 -331.

[49] Lee J, Park D H, Han I, et al. The Effect of Site Trust on Trust in the Sources of Online Consumer Review and Trust in the Sources of Consumer Endorsement in Advertisement [C]. 10th Pacific Asia Conference on Information Systems, 2006 : 210 -221.

[50] Lee K C, Kwon S. Online Shopping Recommendation Mechanism and its Influence on Consumer Decisions and Behaviors: A Causal Map Approach [J]. Expert Systems with Applications, 2008, 35 (4): 1567 -1574.

[51] Levin A M, Levin I P, Heath C E. Finding the Best Ways to Combine Online and Offline Shopping Features [C]. 20th Annual Advertising and Consumer Psychology Conference, 2005: 401 -417.

[52] Lian J W, Lin T M. Effects of Consumer Characteristics on their Acceptance of Online Shopping: Comparisons among Different Product Types [J]. Computers in Human Behavior, 2008, 24 (1): 48 -65.

[53] Lin G T R, Sun C C. Factors Influencing Satisfaction and Loyalty in Online Shopping: an Integrated Model [J]. Online Information Review, 2009, 33 (3): 458 - 475.

[54] Lin Z, Li D, Janamanchi B, et al. Reputation Distribution and Consumer - to - consumer Online Auction Market Structure: An Exploratory Study [J]. Decision Support Systems, 2006, 41 (2): 435 -448.

[55] Lu Y B, Zhou T. A Research of Consumers' Initial Trust in Online Stores in China [J]. Journal of Research and Practice in Information Technology, 2007, 39 (3): 167 -180.

[56] Livingston J A. How Valuable is a Good Reputation? A Sample Selection Model of Internet Auctions [J]. Review of Economics and Statistics, 2005, 87 (3): 453 -465.

[57] Mayer R. C. , J. H. Davis, F. D. Schoorman. An Integrative Model of Organizational Trust [J]. The Academy of Management Review, 1995, 20 (3): 709 - 734.

[58] Mcallister, D, J. Affect and Cognition - based Trust as Foundations for Interpersonal Cooperation in Organizations [J]. Academy of Management Journal, 1995, 38 (1): 24 -59.

[59] McCole P, Ramsey E, Williams J. Trust Considerations on Attitudes towards Online Purchasing: The Moderating Effect of Privacy and Security Concerns [J]. Journal of Business Research, 2010, 63 (9 – 10): 1018 – 1024.

[60] McKnight, D. H. , Choudhury, V. , and Kacmar, C. The Impact of Initial Consumer Trust on Intentions to Transact with a Web Site: a Trusting Building Model [J]. Journal of Strategic Information Systems, 2002, 11: 297 – 323.

[61] Mcknight. D, Y. Chervany. N. What Trust Means in e – Commerce Customer Relationships: an Interdisciplinary Conceptual Typology [C]. International Journal of Electronic Commerce, 2002, 6 (2): 35 – 59.

[62] Melnik M I, Alm J. Does a Seller's e – Commerce Reputation Matter? Evidence from eBay Auctions [J]. The Journal of Industrial Economics, 2002, 50 (3): 337 – 349.

[63] Miyazaki A D. Online Privacy and the Disclosure of Cookie Use: Effects on Consumer Trust and Anticipated Patronage [J]. Journal of Public Policy & Marketing, 2008, 27 (1): 19 – 33.

[64] Mukherjee A, Nath P. Role of Electronic Trust in Online Retailing: A Re – examination of the Commitment – trust Theory [J]. European Journal of Marketing, 2007, 41 (9 – 10): 1173 – 1202.

[65] Parra J F, Ruiz S. Consideration Sets in Online Shopping Environments: the Effects of Search Tool and Information Load [J]. Electronic Commerce Research and Applications, 2009, 8 (5): 252 – 262.

[66] Patel A, Scipioni G. Escrow Payment to Faciliate on – line Transactions: US, US 8452666 B2 [P]. 2013.

[67] Pavlou P A. Consumer Acceptance of Electronic Commerce: Integrating Trust and Risk with the Technology Acceptance Model [J]. International Journal of Electronic Commerce, 2003, 7 (3): 101 – 134.

[68] Qiu L Y, Jiang Z H, Benbasat I, et al. Real Experience in a Virtual Store: Designing for Presence in Online Shopping [C]. 10th Pacific Asia Conference on Information Systems, 2006 : 1150 – 1158.

[69] Qureshi I, Fang Y L, Ramsey E, et al. Understanding Online Customer Repurchasing Intention and the Mediating Role of Trust: An Empirical Investigation in Two Developed Countrie [J]. European Journal of Information Systems, 2009, 18 (3): 205 – 222.

[70] Ratnasingam P. Implicit Trust in the Risk Assessment Process of EDI [J] .

Computer and Security, 1999, 18: 317 –321.

[71] R E A Macatangay. Market Definition and Dominant Position Abuse under the New Electricity Trading Arrangements in England and Wales [J]. Energy Policy, 2001, 4 (5): 337 –340.

[72] Resnick P., Zeckhauser R., Friedman E., and Kuwabara K. Reputation Systems [J]. Communications of the ACM, 2000, 43 (12): 45 –48.

[73] Resnick P, Zeckhauser R. Trust among Strangers in Internet Transactions: Empirical Analysis of eBay's Reputation System [J]. Advances in Applied Microeconomics, 2002, 11: 127 –157.

[74] Rhee H S, Riggins F J, Kim C. The Impact of Product Type and Perceived Characteristics of the Web on Multifaceted Online Shopping Behavior [J]. Journal of Organizational Computing and Electronic Commerce, 2009, 19 (1): 1 –29.

[75] Rice S C. Reputation and Uncertainty in Online Markets: An Experimental Study [J]. Information Systems Research, 2012, 23 (2): 436 –452.

[76] Salo J, Karjaluoto H. A Conceptual Model of Trust in the Online Environment [J]. Online Information Review, 2007, 31 (5): 604 –621.

[77] S Antony, Z X Lin, B Xu. Determinants of Escrow Service Adoption in Consumer – to – consumer Online Auction Market: An Experimental Study [J]. Decesion Support Systems, 2006, 42 (3): 1889 –1900.

[78] Sun H S. Sellers' Trust and Continued Use of Online Marketplaces [J]. Journal of the Association for Information Systems, 2010, 11 (4): 182 –211.

[79] Swamynathan G, Almeroth K C, Zhao B Y. The Design of a Reliable Reputation System [J]. Electronic Commerce Research, 2010, 10 (3 –4): 239 –270.

[80] Tang Z L, Hu Y, Smith M D. Gaining Trust through Online Privacy Protection: Self – regulation, Mandatory Standards, or Caveat Emptor [J]. Journal of Management Information Systems, 2008, 24 (4): 153 –173.

[81] Tan Y H, Thoen W. Toward a Generic Model of Trust for Electronic Commerce [J]. International Journal of Electronic Commerce, 2001 (2).

[82] Xiao K H, Ieee. An Empirical Study of Custumer's Online Initial Trust Production Model Based on Consumer's Perception [C]. 2008 4th International Conference on Wireless Communications, Networking and Mobile Computing, Vol. 1 – 31, 2008: 9061 –9064.

[83] Yan X B, Dai S L. Consumer's Online Shopping Influence Factors and Decision – Making Model [J]. Value Creation in E – Business Management, 2009: 89 –

102.

[84] Yao W. Mobile Third Party Payment Competitive Strategy with Five Forces Model [C]. E – Business and E – Government (ICEE), 2010 International Conference on. IEEE, 2010: 164 – 167.

[85] Zahedi F, Bansal G, Ische J. Success Factors in Cooperative Online Marketplaces: Trust as the Social Capital and Value Generator in Vendors – Exchange Relationships [J]. Journal of Organizational Computing and Electronic Commerce, 2010, 20 (4): 295 – 327.

[86] Zeng F, Zhang H, Ieee. An Empirical Study on Inexperienced Online Consumer's Window Shopping Behavior: A Trust – cost – behavior Model [C]. Ieem: 2008 International Conference on Industrial Engineering and Engineering Management, Vol. 1 – 3, 2008: 2181 – 2185.

[87] Zhang, H., X. Hu, G. Wu, and Y. Wu. The Effects of Third – Party Web Assurance Seals on Consumers' Trust of E – Vendors: A Functional Perspective [C]. 2005 Information Resources Management Association International Conference (16th Annual IRMA International), May 15 – 18, 2005, San Diego, California, USA.

[88] Zhang, Z. Z. Lin, and X. Hu. The Effectiveness of the Escrow Model: An Experimental Framework for Dynamic Online Environments [J]. Journal of Organizational Computing & Electronic Commerce. 2007, 17 (2): 119 – 143.

[89] Zhou M, Dresner M, Windle R J. Online Reputation Systems: Design and Strategic Practices [J]. Decision Support Systems, 2008, 44 (4): 785 – 797.

[90] Zimmer J C, Arsal RE, Al – Marzouq M, et al. Investigating Online Information Disclosure: Effects of Information Relevance, Trust and Risk [J]. Information & Management, 2010, 47 (2): 115 – 123.

[91] 艾瑞咨询. 2017 年中国网络经济年度监测报告 [R]. 2017 (5).

[92] 曹振华，褚荣伟，陆雄文. 消费者在线交易信任影响因素的实证研究——来自台湾的证据 [J]. 南开管理评论，2006 (4): 91 – 95.

[93] 陈艺妮. 中国消费者网络购物中信任与不信任的形成机理研究 [D]. 吉林大学博士学位论文，2010.

[94] 董雅丽，杨蓓. C2C 电子商务平台下消费者购买行为的影响因素分析 [J]. 消费经济，2007 (3): 32 – 35.

[95] 方健雯. 网上拍卖信任机制的建立——基于不同信息来源的分析 [D]. 复旦大学博士学位论文，2006.

[96] 发展改革委办公厅，商务部办公厅，中国人民银行办公厅，海关总署

办公厅，国家税务总局办公厅，国家工商总局办公厅，国家质检总局办公厅．关于推动电子商务发展有关工作的通知［Z］．2016－05－20.

［97］冯炜．消费者网络购物信任影响因素的实证研究［D］．浙江大学博士学位论文，2010.

［98］工业和信息化部．电子商务“十二五”发展规划［Z］．2012－03－27.

［99］国家发改委，中国人民银行，中央网信办等．关于全面加强电子商务领域诚信建设的指导意见［Z］．2016－12－30.

［100］国家发改委．2016 年“双十一”网购节综合信用评价报告［R］．2016（12）．

［101］国家工商行政管理总局．关于加强互联网领域消费者权益保护工作的意见［Z］．2016－10－19.

［102］国家工商行政管理总局．网络交易管理办法［Z］．2014－01－26.

［103］国家工商行政管理总局．网络购买商品七日无理由退货暂行办法［Z］．2017－01－06.

［104］国家质量监督检验检疫总局．关于印发《质量技术监督电子商务产品执法协查工作规范》的通知［Z］．2016－02－05.

［105］国务院办公厅．关于加快电子商务发展的若干意见［Z］．2005－01－08.

［106］国务院．关于大力发展电子商务 加快培育经济新动力的意见［Z］．2015－05－07.

［107］国务院．关于公布《消费者权益保护法实施条例（送审稿）》公开征求意见的通知［Z］．2016－11－16.

［108］国务院．社会信用体系建设规划（2014－2020 年）［Z］．2014－06－14.

［109］韩小红．网络消费者行为［M］．西安：西安交通大学出版社，2008.

［110］韩艳敏．消费者网上购物意向的多层 SEM 模型［J］．统计与决策，2007（7）：9－11.

［111］胡祖光，周昊．网络交易成本对消费者网购意愿的影响［J］．商业研究，2013（6）：48－54.

［112］荆林波，梁春晓．中国电子商务服务业发展报告（No.1）［M］．北京：社会科学文献出版社，2011.

［113］荆林波，梁春晓．中国电子商务服务业发展报告（No.2）［M］．北京：社会科学文献出版社，2013.

［114］金玉芳，董大海．消费者信任影响因素实证研究——基于过程的观点

[J]. 管理世界，2004 (7)：33－99.

[115] 纪淑娴. C2C 电子商务中在线信誉反馈系统有效性研究 [D]. 西南交通大学博士学位论文，2009.

[116] 雷强. 基于制度信任的 C2C 电子商务信任研究 [D]. 南京理工大学硕士学位论文，2007.

[117] 廖以臣，刘意. 在线信任及其前因后果研究的文献综述 [J]. 武汉大学学报（哲学社会科学版），2009 (4)：467－471.

[118] 李楠. B2C 模式中信任与感知风险的实证研究 [J]. 经济导刊，2007 (S3)：38－39.

[119] 李琪. 电子商务导论（第二版） [M]. 北京：电子工业出版社，2017.

[120] 李琪，张仙锋. 面向交易的电子商务理论与实践的综合分析框架——电子商务三维分析模型 [J]. 经济管理，2006 (14)：65－72.

[121] 李沁芳，刘仲英. 基于制度的 C2C 在线信任实证研究 [J]. 经济管理，2008 (4)：91－96.

[122] 李思曼，王宇航，李亚平. 基于顾客满意的消费者网上购物影响因素分析 [J]. 商业研究，2009 (1)：203－206.

[123] 李维安，吴德胜，徐皓. 网上交易中的声誉机制——来自淘宝网的证据 [J]. 南开管理评论，2007 (5)：36－46.

[124] 李欣. C2C 电子商务中消费者网上购物行为的影响因素分析 [J]. 中国经贸导刊，2009 (20)：61.

[125] 刘满成，石卫星，章华东. 基于年龄变量分组的消费者电子商务采纳影响因素分析 [J]. 统计与决策，2015 (11)：96－99.

[126] 鲁耀斌，周涛. B2C 环境下影响消费者网上初始信任因素的实证分析 [J]. 南开管理评论，2005 (6)：96－101.

[127] 吕晓玲，吴喜之. 电子商务客户网络购物行为挖掘 [J]. 统计与信息论坛，2007 (3)：29－32.

[128] 马芸菲. "双十一"信用评价报告：售假成头号"毒瘤"跨境电商受关注 [R]. 中国经济导报，2016－01－01.

[129] 孟繁华. 影响消费者网上购物的因素分析及对策 [J]. 中国经贸导刊，2010 (15)：86.

[130] 庞川，冯叶. 全面质量管理在电子商务中的实施 [J]. 中国质量，2003 (7)：32－34.

[131] 潘勇. 网络交易中的逆向选择：基于"柠檬市场"模型的分析

［M］. 北京：经济管理出版社，2005.

［132］潘钟发. 我国电子商务信用服务创新探讨［J］. 全国商情，2010（20）：42-44.

［133］潘钟发. 我国电子商务信用服务产品问题的研究［J］. 企业家天地，2010（10）：40-41.

［134］乔岳，陈丽云. 我国网上交易的机制演化与信息传导［J］. 中南财经政法大学学报，2012（3）：48-55.

［135］全国人大财经委. 中华人民共和国电子商务法（草案）［Z］. 2016-12-19.

［136］邵兵家，吴传淑，许博. C2C 网上交易中感知风险与第三方支付担保服务使用［J］. 软科学，2007（5）：45-48.

［137］商务部电子商务和信息化司. 2016 年中国电子商务报告［R］. 2017（6）.

［138］商务部，国家发展改革委，中央网信办. 电子商务"十三五"发展规划［Z］. 2016-12-24.

［139］商务部. "十二五"电子商务发展指导意见［Z］. 2011-10-18.

［140］帅雯婷. 网络购物环境下信任对消费者购买倾向的影响研究［D］. 江西财经大学硕士学位论文，2009.

［141］所罗门，卢泰宏，杨晓燕. 消费者行为学（第 8 版）［M］. 北京：中国人民大学出版社，2009.

［142］王传美，鲁耀斌，童恒庆. 基于 SEM 的 B2C 在线信任评价模型及算法［J］. 南开管理评论，2006（6）：104-108.

［143］王海萍. 网络顾客满意度指数模型构建［J］. 山东社会科学，2008（4）：101-103.

［144］王海萍. 在线消费者行为影响因素研究述评［J］. 消费经济，2009（5）：92-95.

［145］王济川，王小倩，姜宝法. 结构方程模型：方法与应用［M］. 北京：高等教育出版社，2011.

［146］王利艳. 电子商务环境下女性消费者的购买决策分析［J］. 中国商贸，2011（31）：178-179.

［147］王全胜，吴凡. B2C 环境下信任服务机制作用的实证研究［J］. 情报杂志，2009（3）：10-18.

［148］王全胜，姚砚清，吴少微. 在线购物环境下的信任与风险：理论回顾与概念模型［J］. 科技进步与对策，2007（6）：40-44.

［149］王小宁，李琪．声誉与保障机制对网上交易的影响研究［J］．当代经济科学，2009（6）：106－112.

［150］王小宁，张仙锋，李琪．信任影响因素对消费者网络购物行为的影响：学生与职员的视角［J］．消费经济，2009（5）：53－55.

［151］王秀芝，吴清津，唐碧翠．消费者网店感知对信任感和忠诚度影响的实证研究［J］．消费经济，2008（5）：42－46.

［152］魏明侠，肖开红．电子商务信用图章经济功能：基于中国背景样本的实验研究［J］．商业经济与管理，2006（8）：10－14.

［153］温琛．网络商店形象对消费者网购意愿的影响研究［D］．重庆工商大学硕士学位论文，2012.

［154］温忠麟，刘红云，侯杰泰．调节效应与中介效应分析［M］．北京：教育科学出版社，2012.

［155］吴凡．B2C 环境下电子商务信任服务的定义澄清和作用分析［J］．沿海企业与科技，2007（3）：100－103.

［156］吴明隆．结构方程模型——AMOS 的操作与应用［M］．重庆：重庆大学出版社，2009.

［157］吴明隆．问卷统计分析实务——SPSS 操作与应用［M］．重庆：重庆大学出版社，2010.

［158］肖俊极，刘玲．消费者保障计划的有效性研究——基于 C2C 网上交易的实证分析［J］．财贸经济，2009（11）：112－119.

［159］肖俊极，刘玲．C2C 网上交易中信号机制的有效性分析［J］．中国管理科学，2012（1）：161－170.

［160］谢康，肖静华．电子商务信任：技术与制度混合治理视角的分析［J］．经济经纬，2014（3）：60－66.

［161］杨柳．企业非正规债务融资中的信用服务研究［D］．湖南大学博士学位论文，2011.

［162］杨艳，孟炬．我国电子商务信用服务标准体系构建研究［J］．信息技术与标准化，2016（11）：53－57.

［163］严海波．交易，制度与信用［D］．西南财经大学博士学位论文，2006.

［164］姚砚清，姚海明．基于电子商务交易市场的信任机制分析［J］．经济学研究，2007（9）：63－69.

［165］尹世久，吴林海，刘梅．消费者网络购物影响因素分析［J］．商业研究，2009（8）：193－195.

［166］于建红，鲁耀斌．网上三种信任模型的分析与比较［J］．工业工程与管理，2006，11（4）：74－78.

［167］于坤章，陈琳，俞赟芳．善因营销中顾客信任对行为意向的影响研究［J］．经济经纬，2009（5）：124－127.

［168］张景安，刘军．电子商务市场客户信任度评估模型研究——基于客户与客户的电子商务［J］．中国流通经济，2009（2）：35－38.

［169］张仙锋．网络欺诈与信任机制：基于交易链面向网上消费者的信任机制研究［M］．北京：经济管理出版社，2007.

［170］张仙锋．消费者网上购物的信任模型及实证分析［J］．山西财经大学学报，2008（4）：40－45.

［171］张仙锋．信誉的价值：基于淘宝数据对我国电子市场的特色解释［J］．当代经济科学，2009（3）：30－39.

［172］张仙锋，张勇．我国网上信用印章服务的采用行为研究［J］．海南大学学报（人文社会科学版），2010（3）：69－75.

［173］中国互联网信息中心．第 41 次中国互联网发展状况统计报告［R］．2018（3）．

［174］中华人民共和国主席令．中华人民共和国网络安全法［Z］．2016－11－07.

［175］中华人民共和国主席令．中华人民共和国反不正当竞争法［Z］．2017－11－04.

［176］曾小春，孙宁．基于消费者的电子商务风险界定及度量［J］．当代经济科学，2007（3）：95－102.

［177］曾勇．电子商务信用风险机理研究［D］．武汉理工大学博士学位论文，2005.

［178］郑也夫．信任论［M］．北京：中国广播电视出版社，2001.

［179］周黎安，张维迎，顾全林，沈懿．信誉的价值：以网上拍卖交易为例［J］．经济研究，2006（12）：81－124.

［180］周涛，鲁耀斌．C2C 交易中第三方信任机制作用的实证分析［J］．工业工程与管理，2008（3）：104－110.

［181］周一骑，焦观生．分析消费者网上购买决策的形成及影响诸因素［J］．消费经济，2005（2）：82－85.

［182］周月书，黄健．大学生网上购物意愿及影响因素分析——基于南京市大学生的调查［J］．消费经济，2010，（5）：67－69.